Elogios a *Pivotar para o Futuro*

"Omar e a equipe da Accenture escreveram um livro magnífico que descreve o que é preciso para ter sucesso em um mundo modificado — e sobrecarregado — por uma disrupção baseada em tecnologia."

— **Satya Nadella, CEO da Microsoft**

"Para qualquer um de nós que tenta construir negócios duradouros e sustentáveis — o que é difícil —, o mais importante é ouvir atentamente o que seus consumidores querem de você e, em seguida, inovar rapidamente a fim de melhorar a experiência do cliente. Omar e seus colegas fornecem informações práticas e exemplos reais que serão úteis às empresas que desejam aderir à mudança e adotar estratégias e tecnologias para continuar reinventando e reiterando as experiências dos clientes."

— **Andy Jassy, CEO da Amazon Web Services (AWS)**

"Em *Pivotar para o Futuro*, Omar Abbosh e seus coautores apresentam um argumento poderoso de que a inovação de sucesso é um projeto de longo prazo que requer pivots constantes para evoluir e mudar. *Pivotar para o Futuro* incitará, energizará e capacitará líderes ao ajudá-los a inovar com inteligência, progredir e estar sempre prontos para o futuro."

— **Michael Dell, CEO da Dell**

"Toda empresa busca se reinventar. *Pivotar para o Futuro* fornece conceitos, ideias e exemplos poderosos e estimulantes que orientam esses esforços. É leitura obrigatória para todos aqueles que buscam auxílio na jornada!!"

— **Hubert Joly, presidente e CEO da Best Buy**

"Todos enfrentamos transformações disruptivas impulsionadas pelas tecnologias digitais. *Pivotar para o Futuro: Descubra Valor e Gere Crescimento em um Mundo Disruptivo* é uma comprovação inestimável de como a Accenture se transformou e adaptou com êxito considerável. Mais do que uma nova estratégia, é preciso uma nova abordagem à estratégia. Este livro é um guia bem estruturado sobre como pivotar 'com sabedoria' os negócios em direção a novas oportunidades na era digital. Definitivamente é uma leitura obrigatória."

— **Jean-Pascal Tricoire, presidente e CEO da Schneider Electric**

"O conceito de 'pivotar com sabedoria' é uma estrutura poderosa que pode moldar as decisões que englobam estratégias digitais e novos modelos operacionais. Com a ajuda de Omar, usamos essa estrutura para desenvolver uma estratégia digital que atingisse o equilíbrio entre o crescimento de nossa principal atividade e a criação de novas formas de operação."

— **Giovanni Caforio, CEO da Bristol-Myers Squibb**

"Devemos nos preparar para a disrupção. Aprecio as estratégias que possibilitam liberação de valor e ao mesmo tempo reinventam o legado atual e as novas áreas de um negócio. Acredito que os autores deste livro possam contribuir muito para que nós — e outras empresas — alcancemos o objetivo."

— **John Pettigrew, CEO da National Grid**

"Enfrentamos um período de disrupção, do tipo que nunca presenciei em minha carreira. Ele tem o potencial para destruir setores e fazer com que empresas se tornem obsoletas. Mesmo as já disruptivas estão sendo afetadas pela disrupção!

Estratégias tradicionais não são mais suficientes, como argumentado de forma convincente em *Pivotar para o Futuro*. Com base em sua própria experiência, os autores evidenciam que, atualmente, a reinvenção deve ser uma constante, direcionada não apenas às empresas com legados, mas também aos novos negócios escaláveis. Isso requer que as organizações adotem mudanças tecnológicas e culturais e tomem medidas ousadas considerando a perspectiva de fora para dentro. A mudança deve ser medida por três horizontes: o antigo, o atual e o novo.

Recomendo este livro para aqueles que aceitaram esse desafio empolgante, compreenderam a magnitude do que é necessário e estão dispostos a aprender com seus colegas."

— **Gordon Cairns, presidente do Woolworths Group e da Origin Energy**

"*Pivotar para o Futuro* — finalmente — apresenta uma perspectiva extremamente necessária que revitaliza conceitos de estratégia batidos e ultrapassados. Em vez de estabelecer uma vantagem e defendê-la, este livro mostra como as organizações podem gerar ondas de vantagem competitiva ao liberar o valor retido. Em vez de focar a inovação para o Próximo Grande Sucesso, ele demonstra como a inovação tem relevância em todas as fases do negócio. Em vez de apenas teorizar para apresentar uma solução, a base deste livro é uma jornada factual."

— **Rita McGrath, autora best-seller por** *The End of Competitive Advantage* **e docente na Columbia Business School**

"*Pivotar para o Futuro* auxilia os responsáveis pelas decisões a se libertarem do pensamento tradicional e linear e das preocupações imediatas para prosperar na Quarta Revolução Industrial ao alavancar a disrupção em vez de temê-la."

— **Klaus Schwab, fundador e presidente executivo do Fórum Econômico Mundial**

"Os autores conseguem ir além da teoria da disrupção ao compartilhar as experiências das empresas que pivotaram com sucesso. Com estudos de caso e ensinamentos adquiridos, *Pivotar para o Futuro* fornece uma ferramenta inestimável para a reinvenção."

— **Luis Maroto, presidente e CEO da Amadeus**

"A grande oportunidade da era digital é liberar o valor retido dos processos de legado que a entravam. *Pivotar para o Futuro* proporciona aos líderes empresariais o foco muito necessário nessas oportunidades, que muitas vezes ficam ocultas à vista de todos. Este livro fornece um manual sobre como prosperar — e continuar prosperando — na revolução digital."

— **Geoffrey Moore, autor de** *Atravessando o Abismo* **e** *Zone to Win*

"*Pivotar para o Futuro* é oportuno, perspicaz e prático. Para compreender sua importância, basta considerar o pivot da manufatura aditiva e digital que se inicia agora. É uma leitura obrigatória para qualquer um que se importe com a longevidade de sua empresa e carreira."

— **Richard D'Aveni, autor de** *The Pan-Industrial Revolution: How New Manufacturing Titans Will Transform the World* **e Docente Bakala de Estratégia na Tuck School of Business, Dartmouth**

"Não vivemos mais em um mundo de divisão digital. Os futuros mercados, nos quais só haverá lugar para vencedores, criarão uma disrupção inédita. Para prosperar, os vencedores devem pivotar de forma sábia e ousada. Este livro evidencia e prova, com exemplos de vários setores, a insuficiência da inovação incremental. Quando o iPhone foi lançado, ele destruiu 27 modelos de negócios e mais de 10 mil produtos. ISSO é disrupção. Por esse motivo, precisamos do tipo de conselho que encontrei neste livro oportuno."

— **R "Ray" Wang, analista principal e fundador da Constellation Research, Inc.**

"Se as empresas não aprendem a inovar e, como diz a Accenture, pivotar com sabedoria, elas correm o risco de se tornar irrelevantes. Mas quando se combina a capacidade de articulação com a de fazer parcerias com startups, outras empresas, universidades e centros de pesquisa, você se direciona ao crescimento sustentável."

— **Francesco Starace, CEO da Enel**

"As mudanças tecnológicas e de comportamento do consumidor vivenciadas pelas empresas atualmente são de uma magnitude sem precedentes. Assim, o 'convencional' já não é mais suficiente. Os líderes da Accenture têm uma percepção clara dessa questão. Mas o que realmente conta é que os autores não apontam apenas o que está errado, eles definem uma estrutura poderosa para o sucesso."

— **Patrick Koller, CEO da Faurecia**

"Novas tecnologias como Internet das Coisas, 5G, big data e inteligência artificial já nos conduzem para a próxima revolução industrial. *Pivotar para o Futuro* ajuda os líderes empresariais a transformar essas 'disrupções' em oportunidades na era da inteligência."

— **Yuanqing Yang, presidente e CEO da Lenovo**

"Quando a literatura sobre esse assunto tem dificuldade de acompanhar os desenvolvimentos, é revigorante ler um trabalho sucinto que apresenta uma perspectiva única e objetiva sobre como pequenas e grandes empresas podem não apenas sobreviver, mas prosperar nessa época complexa, desafiadora e incrivelmente empolgante. Os vários estudos de caso que corroboram a visão singular da Accenture não somente trazem à tona esse fascinante assunto, mas também reforçam e validam a necessidade de pivotar em direção a caminhos que outras pessoas temem trilhar."

— **Antonio Huertas, presidente e CEO da MAPFRE**

"Em uma época na qual líderes empresariais buscam valor e crescimento, Omar e seus coautores nos proporcionam um esquema de como alcançar esses aspectos ao pivotar os negócios existentes, alavancar a tecnologia e optar por um caminho novo. Para aqueles que simplesmente buscam uma boa leitura, os contextos e análises de negócios históricos são extremamente relevantes."

— **Alistair Phillips-Davies, CEO da SSE plc**

"A sociedade está se transformando indefinidamente. Mudanças graduais já não são suficientes. As tecnologias digitas em evolução constante exigem uma mudança fundamental de atitude. As empresas devem sempre pivotar em direção ao novo. Mas como há poucas chances de lucro e um pivot sucede o outro, as oportunidades são vastas. Abbosh, Nunes e Downes explicam com humildade como a Accenture, a empresa em que trabalham, aprendeu a difícil lição sobre a transformação contínua. *Pivotar para o Futuro* proporciona uma percepção profunda sobre como lidar com as reviravoltas."

— **David Kirkpatrick, fundador e editor-chefe da Techonomy Media**

"Nessa época de mudanças abruptas, a agilidade estratégica se tornou a característica distintiva dos vencedores. *Pivotar para o Futuro* capta bem esse aspecto. Este livro não hesita em mencionar os erros comuns dos CEOs e enfatiza devidamente as habilidades de liderança necessárias para ser ousado e corajoso, modificar mentalidades e montar equipes que trabalham com propósito. Presenciei a essência deste livro ser discutida por um grupo de CEOs e muitos deles comentaram o quão enriquecidos e energizados se sentiram. É uma leitura obrigatória para aqueles que desejam ser os disruptores, e não os afetados pela disrupção."

— **Fred Hassan, autor de Reinvent:** *A Leader's Playbook for Serial Success*, **ex-presidente e CEO da Schering-Plough e atual consultor sênior da Warburg Pincus**

PIVOTAR
PARA O
FUTURO

Omar Abbosh
Paul Nunes
Larry Downes

PIVOTAR
PARA O
FUTURO

Descubra Valor e
Gere Crescimento em
um Mundo Disruptivo

ALTA BOOKS
EDITORA
Rio de Janeiro, 2021

Pivotar para o Futuro

Copyright © 2021 da Starlin Alta Editora e Consultoria Eireli.
ISBN: 978-85-5081-057-7

Translated from original Pivot to the Future: Discovering value and creating growth in a disrupted world. Copyright © 2019 by Accenture Global Solutions Limited. ISBN 978-1-5417-4267-3. This translation is published and sold by permission of PublicAffairs, the owner of all rights to publish and sell the same an imprint of Perseus Books, LLC. PORTUGUESE language edition published by Starlin Alta Editora e Consultoria Eireli, Copyright © 2021 by Starlin Alta Editora e Consultoria Eireli.

Todos os direitos estão reservados e protegidos por Lei. Nenhuma parte deste livro, sem autorização prévia por escrito da editora, poderá ser reproduzida ou transmitida. A violação dos Direitos Autorais é crime estabelecido na Lei nº 9.610/98 e com punição de acordo com o artigo 184 do Código Penal.

A editora não se responsabiliza pelo conteúdo da obra, formulada exclusivamente pelo(s) autor(es).

Marcas Registradas: Todos os termos mencionados e reconhecidos como Marca Registrada e/ou Comercial são de responsabilidade de seus proprietários. A editora informa não estar associada a nenhum produto e/ou fornecedor apresentado no livro.

Impresso no Brasil — 1ª Edição, 2021 — Edição revisada conforme o Acordo Ortográfico da Língua Portuguesa de 2009.

Erratas e arquivos de apoio: No site da editora relatamos, com a devida correção, qualquer erro encontrado em nossos livros, bem como disponibilizamos arquivos de apoio se aplicáveis à obra em questão.

Acesse o site **www.altabooks.com.br** e procure pelo título do livro desejado para ter acesso às erratas, aos arquivos de apoio e/ou a outros conteúdos aplicáveis à obra.

Suporte Técnico: A obra é comercializada na forma em que está, sem direito a suporte técnico ou orientação pessoal/exclusiva ao leitor.

A editora não se responsabiliza pela manutenção, atualização e idioma dos sites referidos pelos autores nesta obra.

Dados Internacionais de Catalogação na Publicação (CIP) de acordo com ISBD

A125p	Abbosh, Omar
	Pivotar para o futuro: descubra valor e gere crescimento em um mundo disruptivo / Omar Abbosh, Paul Nunes, Larry Downes ; traduzido por Ana Gabriela Dutra. - Rio de Janeiro : Alta Books, 2021.
	288 p. ; 17cm x 24cm.
	Tradução de: Pivot to the Future
	Inclui índice.
	ISBN: 978-85-5081-057-7
	1. Gerenciamento. 2. Gestão. 3. Liderança. 4. Sistemas de planejamento. I. Nunes, Paul. II. Downes, Larry. III. Dutra, Ana Gabriela. IV. Título.
2021-1779	CDD 658.401
	CDU 658.011.2

Elaborado por Odilio Hilario Moreira Junior - CRB-8/9949

Rua Viúva Cláudio, 291 — Bairro Industrial do Jacaré
CEP: 20.970-031 — Rio de Janeiro (RJ)
Tels.: (21) 3278-8069 / 3278-8419
www.altabooks.com.br — altabooks@altabooks.com.br

Produção Editorial
Editora Alta Books

Gerência Comercial
Daniele Fonseca

Editor de Aquisição
José Rugeri
acquisition@altabooks.com.br

Produtores Editoriais
Illysabelle Trajano
Maria de Lourdes Borges
Thiê Alves

Marketing Editorial
Livia Carvalho
Gabriela Carvalho
Thiago Brito
marketing@altabooks.com.br

Equipe de Design
Larissa Lima
Marcelli Ferreira
Paulo Gomes

Diretor Editorial
Anderson Vieira

Coordenação Financeira
Solange Souza

Produtor da Obra
Thales Silva

Equipe Ass. Editorial
Brenda Rodrigues
Caroline David
Luana Rodrigues
Mariana Portugal
Raquel Porto

Equipe Comercial
Adriana Baricelli
Daiana Costa
Fillipe Amorim
Kaique Luiz
Victor Hugo Morais
Viviane Paiva

Atuaram na edição desta obra:

Tradução
Ana Gabriela Dutra

Copidesque
Wendy Campos

Capa
Rita Motta

Revisão Gramatical
Fernanda Lutfi
Thamiris Leiroza

Diagramação
Lucia Quaresma

Ouvidoria: ouvidoria@altabooks.com.br

Editora afiliada à:

Em memória de Pierre Nanterme (1959–2019), nosso ex-presidente e diretor executivo. Ele foi um amigo querido, chefe, mentor, parceiro, crítico, patrocinador e capitão de equipe para muitos de nós na Accenture. Ele rompeu as barreiras do *status quo* repetidas vezes, nos ensinou a pensar diferente e, o mais importante, nos mostrou o que poderíamos ser.

Para honrar o legado de Pierre, doaremos nossos lucros líquidos provenientes da venda deste livro ao l'Hôpital Européen Georges-Pompidou.

Para Julien e Aurelien,
por sua energia, sua luz e seu riso —
eles já são pequenos líderes promissores

— OMAR

Em memória de Hilda e Ann,
que aproveitaram ao máximo todas as situações

— PAUL

Para Eric, sempre

— LARRY

Sumário

Prefácio: Tornando-se a Força Motriz da Reinvenção Contínua e Perpétua	xv
Sobre os Autores	xix
Agradecimentos	xxi
Introdução: Reinventando a Reinvenção	1

PARTE UM. Liberação de Valor Retido

1. A Lacuna de Valor Retido
Transformando a Disrupção em Oportunidade ... 13

2. Os Sete Erros
Obstáculos à Liberação de Valor Retido ... 45

3. Os Sete Acertos
Estratégias para Liberar Valor Retido ... 65

PARTE DOIS. O Pivot Sábio

4. O Pivot Sábio
Descubra Valor e Gere Crescimento no Antigo, no Atual e no Novo ... 103

5. O Antigo, O Atual e o Novo
Reiniciar o Crescimento, Acelerar os Lucros e
Escalar Seu Negócio para Vencer   129

6. O Pivot de Inovação
Concentração, Controle e Ambição   163

7. O Pivot de Finanças
Ativos Fixos, Capital de Giro e Capital Humano   195

8. O Pivot de Pessoas
Liderança, Trabalho e Cultura   223

Encerramento: Encontre sua Peça de Encaixe   251

Índice   257

Prefácio

Tornando-se a Força Motriz da Reinvenção Contínua e Perpétua

Nos meus 35 anos na Accenture, testemunhei inúmeras mudanças, mas as maiores acontecem agora. As ondas de uma épica disrupção que começaram há cerca de cinco anos incitam uma revolução digital que, a maioria concorda, parece ser ainda mais significativa do que a revolução industrial.

Navegar com sucesso os mares da mudança não é para os receosos. É necessário "repensar" de forma tão épica quanto as forças disruptivas. É preciso sabedoria para alcançar o delicado equilíbrio entre manter o curso e a velocidade, criar capacidade de investimento e continuar investindo em sua atividade principal — ao mesmo tempo que se aventura em novas fronteiras de negócios e inovações de escala lucrativa para impulsionar o crescimento.

É preciso coragem.

Os líderes devem estar dispostos a resistir ao desejo de abandonar prematuramente seus negócios antigos. Eles devem reengajar suas "vacas leiteiras", encontrando um novo crescimento com a inovação, e se tornar ainda mais ambiciosos em relação à expansão de seus negócios emergentes. Além disso, eles precisam inspirar uma organização inteira a acompanhá-los à medida que adotam mudanças constantes.

Como sabemos tudo isso? Porque a Accenture enfrentou ondas potencialmente destrutivas capazes de naufragar nosso barco e nos tornar menos relevantes. Nossos líderes sabiam que não podíamos ficar parados com o sopro constante do vento das inovações. Tivemos que nos reinventar.

Este livro, escrito em coautoria com Omar Abbosh, capitão de nossas próprias estratégias para dominar a disrupção e prosperar em direção ao novo, Paul Nunes e Larry Downes, é sobre realidades.

Omar entende a mudança porque, junto comigo, arquitetou o pivot da Accenture, nos levando a turbinar nossa cultura de inovação e reinvenção perpétua. A empresa industrializou essas habilidades e transmite o ensinamento a vários clientes. Suas histórias são compartilhadas por meio de mais de 100 exemplos de estudos de caso que comprovam que "pivotar com sabedoria" é, de fato, uma estratégia vencedora não apenas para a Accenture, mas também para as empresas que abrangem vários setores e regiões.

Permita-me esclarecer como aprendemos com a experiência. No início de 2010, reconhecemos que os serviços profissionais e a terceirização passariam pelo processo de comoditização. Havia muitos bons players no mercado e sabíamos que enfrentaríamos grandes desafios se continuássemos nos diferenciando. As habilidades básicas de tecnologia, antes escassas, logo se tornaram amplamente disponíveis.

Assim, investimos em cinco recursos digitais promissores e que poderiam proporcionar maiores benefícios a nossos clientes e alto crescimento para nós: interativo, móvel, analítico, de nuvem e cibersegurança.

Mas não foi o suficiente. Sou economista por natureza e formação; então, desde o início de nossa jornada, criei uma nova ferramenta para medir o progresso de nosso pivot. Tivemos que desenvolver uma forma de incentivar mudanças constantes e identificar o que funcionava, para que, assim que nos tornássemos líderes nessas categorias escolhidas, pudéssemos *continuar* a liderar. Questionamo-nos inúmeras vezes: Qual é a nossa receita e taxa de crescimento no "novo" caminho? Que era, na época, nossos cinco novos recursos.

No fim do ano fiscal de 2017, as vendas nessas 5 áreas aumentaram para mais de 50% da receita total da Accenture. Até o fim do ano fiscal de 2018, cresceram acima de 60%. Quando começamos a experimentar um crescimento dramático, compartilhamos essas métricas com nossos investidores. Assim, eles puderam ver que, à medida que nossas principais ofertas antigas começavam a desacelerar, conseguíamos compensá-las tranquilamente com novas fontes de receita sustentáveis. Como não

PREFÁCIO

fomos afetados pela disrupção de uma mudança tecnológica, mas incitados por ela, comprovamos nosso potencial de manter o crescimento no futuro.

Construímos uma força motriz de mudança constante ao reinvestir bilhões no negócio e impulsionar o pivot mais significativo da história do setor de serviços de consultoria e tecnologia. Na verdade, desde 2014, contratamos mais 154 mil pessoas, aumentamos a receita em US$10 bilhões e nosso valor de mercado praticamente dobrou para mais de US$100 bilhões.

O próprio pivot da Accenture desafiou muitas crenças centrais de nossa orgulhosa cultura corporativa. Mas os resultados falam por si. E, como Omar, Paul e Larry evidenciam nestas páginas, qualquer empresa pode pivotar com sabedoria.

Para ser bem honesto, quando cheguei à Accenture 35 anos atrás, gostaria de ter tido acesso às estratégias práticas específicas que este livro oferece. Ele revela o como e o porquê de nosso próprio pivot sábio em direção ao futuro. E ilustra que, em vez de temer a disrupção, as empresas podem descobrir valor e impulsionar o novo crescimento necessário para pivotar com sabedoria e prosperar na revolução digital.

Chegou a sua vez.

Pierre Nanterme
Ex-presidente e Diretor Executivo
Accenture

Sobre os Autores

OMAR ABBOSH é diretor executivo das equipes de operação de Comunicação, Mídia e Tecnologia da Accenture. Anteriormente, era diretor de estratégia da Accenture, responsável por supervisionar todos os aspectos da estratégia de investimento da empresa, e também pela gestão da Accenture Security, do Accenture Centre for Innovation (The Dock) em Dublin, de Empreendimentos e Aquisições, Programas do Setor, Pesquisa e Cidadania Corporativa. É membro do Comitê de Gestão Global da Accenture.

PAUL NUNES é diretor-geral de liderança de pensamento da Accenture Research. Ele lidera a empresa no desenvolvimento de insights inovadores sobre tecnologia e mudanças estratégicas de negócios. É coautor de três livros: *Big Bang Disruption: Strategy in the Age of Devastating Innovation*; *Jumping the S-Curve: How to Beat the Growth Cycle, Get on Top, and Stay There*; e *Mass Affluence: 7 New Rules of Marketing to Today's Consumers*.

LARRY DOWNES é Membro Sênior da Accenture Research e especialista no desenvolvimento de estratégias de negócios na era de inovações disruptivas. É autor e coautor de vários livros, incluindo *Big Bang Disruption: Strategy in the Age of Devastating Innovation*; *The Laws of Disruption: Harnessing the New Forces That Govern Business and Life in the Digital Age*; e *Unleashing the Killer App: Digital Strategies for Market Dominance*.

ACCENTURE é uma empresa líder global de serviços profissionais que fornece uma ampla gama de serviços e soluções em estratégia, consultoria, plataformas digitais, tecnologia e operações. Ao combinar experiência incomparável e habilidades especializadas em mais de 40 setores e todas as funções empresariais — sustentada pela maior rede de distribuição do mundo —, a Accenture atua na interseção de negócios e tecnologia para auxiliar clientes a melhorarem sua performance e criar valor sustentável para seus acionistas. Com aproximadamente 469 mil pessoas atendendo clientes em mais de 120 países, a Accenture impulsiona a inovação para melhorar o modo como o mundo trabalha e vive.

Saiba mais em www.accenture.com/br-pt.

Agradecimentos

Antes de pivotar totalmente para o futuro, devemos primeiro olhar para o passado e nos certificar de expressar a gratidão que sentimos por aqueles que contribuíram muito para tornar este livro realidade. Ao escrevê-lo, tivemos a ajuda e o apoio de inúmeros clientes, colegas, chefes, mentores e amigos. Embora não possamos reconhecê-los individualmente, somos gratos a cada um por tudo o que fizeram.

Ainda assim, há algumas pessoas que gostaríamos de mencionar por suas contribuições únicas e extraordinárias.

Primeiro, Vedrana Savic e sua equipe de pesquisa exemplar na Accenture: Amy Chng, Mike Moore, Babak Mousavi e Koteswara Ivaturi. Agradecemos por seus anos de pesquisa, concepção de ideias e reflexão sobre o assunto; vocês fizeram do livro o que ele é.

Agradecemos a Ivy Lee, também da Accenture, que "ofereceu" seu tempo livre para realizar uma pesquisa inestimável de muitas das histórias empresariais contidas nestas páginas, bem como valiosa ajuda editorial em inúmeros momentos críticos. Mais uma vez, não teríamos conseguido sem ela.

Também somos gratos à excelente equipe editorial da Accenture Research. Paul Barbagallo deu um apoio inestimável por todo o processo e desempenhou um papel crítico em manter nosso raciocínio linear e as mensagens claras; somos muito gratos. Em relação a comentários, ideias, sugestões e correções úteis sobre o texto, nossos agradecimentos também a David Light e Regina Maruca.

Agradecemos também a todos os membros da Accenture Research que nos deram todo tipo de feedback, incentivo e apoio infinitos durante todo o projeto. Agradecimentos especiais a Francis Hintermann (cujo incentivo a Omar possibilitou a escrita deste livro) e Barbara Harvey, bem como Josh Bellin, Svenja Falk, Raghav Narsalay, Andre Schlieker, Mark Purdy, Matthew Robinson, Prashant P. Shukla e H. James Wilson.

Pelo imenso apoio que recebemos de todos da equipe de marketing da Accenture, agradecemos a Amy Fuller e Ginny Cartwright Ziegler, além de Gwen Harrigan e Jill Kramer. Nosso reconhecimento a Marc Appel, Stacey Jones, Jani Spede, Amy Eiduke, Tourang Nazari e Allison Tesnar.

Na Fletcher & Company, nosso agradecimento a Eric Lupfer pelo apoio para além das obrigações de um agente literário.

Na Hachette Book Group e na PublicAffairs, agradecemos a John Mahaney, cujas habilidades aprofundadas de edição se igualam apenas a sua interminável paciência. Expressamos nossa imensa gratidão a Lindsay Fradkoff, Jaime Leifer e Christine Marra.

Por seu apoio magnífico em trazer o livro ao mercado, agradecemos a Carolyn Monaco e Jill Totenberg.

Agradecemos imensamente a todos os editores fantásticos que nos ajudaram a desenvolver os aspectos deste livro e a levar essas ideias ao público empresarial. Na *Harvard Business Review*, nossos agradecimentos a Sarah Cliffe, Eben Harrell, Maureen Hoch, Steve Prokesch, Melinda Merino e Martha Spaulding. Na *MIT Sloan Management Review*, agradecemos especialmente a Paul Michelman e, na *European Business Review*, somos muito gratos a Elenora Elroy.

Um agradecimento muito especial a Tim Breene, diretor de estratégia aposentado da Accenture, cuja reflexão sobre a estratégia e cujo papel de CSO nos precedeu e cujas ideias e exemplos nos inspiraram. Omar e Paul são especialmente gratos por seus anos de orientação sábia e desafiadora.

Em sua essência, *Pivotar para o Futuro* é a história da Accenture e dos pivots sábios de seus clientes. Essas histórias foram escritas por equipes incríveis. No caso da Accenture, inúmeras pessoas estão envolvidas. Ainda assim, gostaríamos de agradecer especificamente a Pierre Nanterme, David Rowland, KC McClure, Jo Deblaere, Gianfranco Casati, Paul Daugherty, Bhaskar Ghosh, Chad Jerdee, Mark Knickrehm, Sander van't Noordende, Dan London, Richard Lumb, Laurence Morvan, Jean-Marc Ollagnier, Debbie Polishook, Gene Reznik, Ellyn Shook, Mike Sutcliff e Julie Sweet.

AGRADECIMENTOS

Também somos gratos aos muitos envolvidos que foram generosos em ceder seu tempo para entrevistas, que nos apresentaram às pessoas e empresas mencionadas neste livro e que nos ajudaram a divulgá-lo de inúmeras formas. Agradecemos expressamente a Debra Alliegro, Muqsit Ashraf, Arjun Bedi, Bruno Berthon, Marc Carrel-Billiard, Gemma Catchpole, Chris Donnelly, Stephen Ferneyhough, Piercarlo Gera, Scott Hahn, Louise Howard, Hirotaka Kawata, Jiorgis Kritsotakis, Peter Lacy, Dinah Laredo, Kathleen Leslie, Tomas Nyström, Angie Park, Emilie de Possesse, Kyriacos Sabatakakis, Jill Standish, Bill Theofilou e Marco Ziegler.

OMAR ABBOSH

Omar agradece à sua família, especialmente a seus dois filhos, que sempre suportaram seu entusiasmo excessivamente espontâneo. Ele também agradece a seus clientes ao longo dos anos, os quais o ensinaram muito sobre as lutas do mundo real da liderança e que confiaram nele para compartilhar os difíceis desafios que envolvem funcionários, competição, regulamentação e mais — especificamente Paul Whittaker, Phil Nolan, Steve Holliday, Chris Train, John Pettigrew e Alistair Phillips-Davies.

Omar não teria se tornado a pessoa que é sem a confiança, o treinamento e o espaço que lhe foram dados por seus patrocinadores de carreira ao longo dos anos — Gill Rider, David Thomlinson, Mark Spelman, Bill Green, Sander van't Noordende e Jean-Marc Ollagnier — e pelos quais ele é eternamente grato.

Omar teve sorte em sua carreira ao ser acompanhado ao longo do caminho por centenas de pessoas incríveis; agradecimentos especiais a Kelly Bissell, Scott Brown, Simon Eaves, Dan Elron e aos ninjas, Trevor Gruzin, Kathleen O'Reilly, Big Dan Reid, Narry Singh, John Zealley, Stuart Niccol, Mike Corcoran, Kishore Durg, Simon Whitehouse, Beat Monnerat, Silvio Mani, Julie Spillane, Ryan Shanks, Dave "Big Mac" McKenzie, Lisa Dunnery, Dave Abood, Jill Huntley, Anand Swaminathan, Nicola Morini-Bianzino, Ryan LaSalle, Tom Parker e a incrível e inspiradora rede de crescimento e estratégia.

As pessoas que deram vida à estratégia são muitas, incluindo Atsushi Egawa, Bob Easton, Wei Zhu, Juan Pedro Moreno, Frank Riemensperger, Sergio Kaufman, Anoop Sagoo, Leo Framil, Olly Benzecry, Jimmy Etheredge, Alan McIntyre, Anne O'Riordan, Francesco Venturini, Eric Schaeffer, David Sovie, Matias Alonso, Rachael Bartels, Billy Smart, Mark Curtis, Olof Schybergson, Glen Hartman, Brian

Whipple, Narendra Mulani, Aidan Quilligan, Edwin VanderOuderaa, Steve Culp, Eva Sage-Gavin, Don Schulman, Robert Wollan, Daniel Schwartmann, Jon Coltsmann, Jeff(ers) Doyle, Claire Grazioso, Joel Unruch, Rheka Menon e Maureen Costello.

Por fim, Omar agradece especialmente a seu chefe, Pierre Nanterme, ex-presidente e CEO da Accenture, por sua sabedoria, exigência e abertura para promover mudanças. Com sua inteligência admirável, humor e pragmatismo, Pierre criou as melhores condições possíveis para permitir nossos repetidos pivots, criando gerações de grandes líderes. Aprender com Pierre tem sido a jornada mais inspiradora e emocionante possível; todos sentimos muito sua falta.

PAUL NUNES

Paul agradece à família: sua esposa, Joan, e seus três filhos, Jonathan, Charlotte e Michael, Jane Cummings, Jennifer Cummings (pelas melhores acomodações em Nova York), Kevin e Julie Mullen, Joseph Nunes, Wendy Heimann-Nunes e Marcus e Amy Nunes. Ele também agradece a Eric Clemons, William "Doc" Napiwocki, Jim e Lucy Hospodarsky, Mike Cavanaugh e Gong Li, Mike Davis, Tom Davenport, Ajit Kambil, Joe Prendergast, Len Sherman, Rick Stuckey e toda a equipe da Week 31.

LARRY DOWNES

Larry agradece a Eric Apel, Rebecca Arbogast, Nancy Bacal, Derek Carter, Shirlee Citron, Peter Christy, Eric Hower, Andrew Keen, Anna-Maria Kovacs, Judy Lasley, Roslyn Layton, Ellen Leander, Blair Levin, Larry Loo, Sarah Loo, Carl Morison, Kevin Morison, Lynn Parks-Carter, Richard Posner, Zhang Ruimin, Hedy Straus, Dennis Summers e Madura Wijewardena.

Introdução

REINVENTANDO A REINVENÇÃO

O CEO DE uma grande empresa de serviços profissionais poderia ter se divertido um pouco com a ironia da situação se o problema não fosse tão sério quanto percebera. Ele e seus colegas passaram décadas aconselhando empresas em todo o mundo a como prosseguir, uma vez que a disrupção subvertia um setor após o outro. Agora, à medida que as tecnologias digitais proliferavam, incluindo a internet de banda larga, serviços em nuvem e dispositivos móveis, seu próprio negócio de consultoria estava sendo pressionado em ambas as extremidades.

Da base, fornecedores de alta qualidade na Índia ofereciam aos clientes globais uma terceirização de baixo custo para desenvolvimento de aplicativos e outros serviços de tecnologia essenciais ao seu negócio; e eles começavam a adotar serviços de maior valor agregado que competiam diretamente com sua empresa. Do topo, gigantes de hardware e fornecedores de plataformas de software alavancaram produtos de software proprietário para se transformarem em grandes empresas de serviços, ameaçando interferir nos relacionamentos estratégicos que seu negócio cultivara com executivos seniores da Global Fortune 500.

No horizonte, formava-se uma tempestade de tecnologias emergentes, incluindo as digitais, baseadas na internet e em dispositivos móveis e mídia social colaborativa. As nuvens se aproximavam rápida e ameaçadoramente, com o potencial de causar disrupção, bem, em tudo. Economias de escala para plataformas baseadas em tecnologia, por exemplo, em breve possibilitarão que produtos de software substituam um grande número de profissionais especializados.

Mesmo quando os mercados existentes da empresa enfrentavam um crescimento estagnado ou em declínio, as outras escolhiam novos valores nos negócios emergentes de tecnologia. A oportunidade estava lá e era sua especialidade, mas a gerência não conseguiu alcançá-la. Era como se o valor estivesse de alguma forma retido.

Era necessário não apenas uma nova estratégia, mas uma nova abordagem da estratégia: uma que permitisse à empresa aproveitar ao máximo as novas tecnologias, transformando-as de ameaças disruptivas em oportunidades lucrativas. Uma que permitisse à empresa um ritmo mais rápido o tempo todo. Para prosperar, ela precisaria superar as empresas mais ágeis em relação à inovação e provocar disrupção em seu próprio negócio principal antes que alguém o fizesse.

Essa empresa potencialmente afetada pela disrupção há alguns anos, em 2014, para ser mais preciso, era a Accenture, a casa dos três autores: Omar Abbosh, Paul Nunes e Larry Downes. Este livro se originou das experiências da Accenture não apenas em se reinventar, mas também em reinventar a própria ideia de reinvenção como algo essencial e possível em meio à constante disrupção tecnológica.

Para acelerar o crescimento atual *e* instaurar liderança nas oportunidades futuras, a Accenture precisou redefinir seu negócio. Tivemos que, sistematicamente, reinvestir em nossos principais ativos — incluindo nossos funcionários, nossa propriedade intelectual, nossa cultura e nossos sistemas de informação —, os quais já enfrentavam intensas adversidades.

Ao agir assim, nosso ponto-chave foi compreender que, diante da imprevisibilidade previsível, uma única "transformação" em larga escala não seria o suficiente. Ao analisar a história de sucesso e fracasso do negócio ao longo do último meio século, concluímos que a única solução para mudanças contínuas e potencialmente devastadoras é a reinvenção constante, ou seja, reestruturar o negócio de uma maneira que nos permitisse pivotar de uma oportunidade à outra com rapidez e eficiência.

Especificamente, a Accenture precisaria equilibrar suas iniciativas estratégicas em torno de três estágios distintos no ciclo de vida do negócio: produtos e serviços consolidados que se aproximam da obsolescência (o antigo); as ofertas mais lucrativas no presente (o atual); e empreendimentos inovadores orientados ao futuro imediato (o novo).

Precisávamos aumentar os lucros em todos os estágios ao liberar valor já existente, mas que de alguma forma estava retido. Era preciso pivotar continuamente os negócios em torno de um ponto de apoio dos principais ativos, mudando de um estágio ao outro, reagindo rapidamente ao passo que as condições do mercado mudavam e os disruptores da tecnologia surgiam — uma abordagem à criação de valor comercial que passamos a chamar de "pivot sábio".

Como parte do pivot sábio da Accenture, nosso laboratório de ideias interno, a Accenture Research, conduziu mais de dois anos de pesquisa sobre como a tecnologia impactava empresas de todos os tamanhos, tanto as antigas quanto as novas, em diferentes setores e regiões.

Queríamos compreender três aspectos: quais setores eram vulneráveis à disrupção; como as empresas de sucesso encontram suas oportunidades de valor; e como as principais organizações pivotam em resposta à mudança disruptiva. Nossa intenção também era entender como os líderes expandem o crescimento em empresas de legado e, ao mesmo tempo, mudam rapidamente para novos negócios que logo atingem a escala necessária para obtenção de lucros.

Até o momento, havíamos realizado pesquisas econômicas e análises de casos de mais de 3 mil das empresas com as maiores receitas nos 20 principais segmentos do setor. Com essas informações, determinamos os fatores de disrupção e as novas estratégias que as principais organizações desenvolveram para aproveitá-los.

Além disso, entrevistamos ou conversamos com milhares de executivos para obter suas perspectivas. Toda essa pesquisa foi validada pela experiência prática em trabalhar com clientes de todos os setores para ajudá-los a criar os tipos de pivots estratégicos que executamos em nosso próprio negócio.

Ao longo deste livro, mencionaremos as descobertas de nossa pesquisa, incluindo informações de estudos de caso detalhados e do nosso envolvimento com as principais empresas. Para saber mais sobre como o trabalho foi conduzido, e para ler nossas considerações mais recentes, visite nosso site: https://www.accenture.com/us-en/innovation-architecture-accenture-research [conteúdo em inglês].

Nosso estudo das histórias inspiradoras e, às vezes, alarmantes de líderes renomados em setores tão diferentes quanto varejo, manufatura, serviços financeiros e produtos de consumo, revelou, assim como em nossa própria experiência, que aproveitar a disrupção requer mais do que apenas visão.

Entre outros fatores, ela exige uma ousada liderança tecnológica conduzida por executivos seniores, a criação e aquisição de negócios disruptivos promissores e um processo coordenado para recapacitar os funcionários e reequilibrar ativos de um estágio ao outro do ciclo de vida do negócio.

Esses elementos críticos são mais do que apenas aspirações. São imperativos que devem ser convertidos em novas estratégias da era digital e executados com precisão, usando o tipo de tática de guerrilha preferido das startups disruptivas.

Desenvolver novas estratégias que liberam valor retido, executar simultaneamente o antigo, o atual e o novo, e reorientar repetidamente o negócio em torno de um núcleo de ativos antigos e novos constituem os elementos do pivot sábio.

>

Qualquer empresa pode executar seu próprio pivot e transformar ameaças existenciais em oportunidades valiosas ao liberar valor retido. Mas não se engane: essa não é uma empreitada para os temerosos. Em mercados impulsionados por mudanças contínuas baseadas em tecnologia — cada vez mais, todos eles —, um pivot é sucedido por outros, o que exige uma abordagem estratégica que não rema contra a maré com a mesma intensidade com que surfa ondas de disrupção.

O pivot sábio transpõe empresas e prazos, liberando valor já existente, mas atualmente retido. Por meio de estratégias interconectadas e ininterruptas que atuam dentro e entre os estágios do ciclo de vida — o antigo, o atual e o novo —, os líderes realocam ativos e investimentos de forma contínua para equilibrar os três. Isso garante receita constante dos principais ativos próximos ao fim de sua vida útil e gera lucros necessários para investimentos futuros, conforme o negócio e seus funcionários avançam rapidamente pelo atual e chegam de forma sustentável ao novo.

Em vez de explorar os principais ativos — produtos, clientes e tecnologias —, o pivot sábio gira ao seu redor, ingressando no campo de controle, e não saindo dele:

O ANTIGO — Mesmo que clientes e mercados mudem rápido e com frequência, a manutenção da empresa ainda exige um foco intenso nas principais ofertas atuais e nas receitas que elas geram. Se você se retirar prematuramente ou simplesmente tiver uma insuficiência de produtos e tecnologias já consolidados, mas ainda viáveis, perderá lucros adicionais essenciais para investimentos posteriores. Executivos que dominam o pivot sábio aplicam novas tecnologias a ofertas antigas, reiniciando o crescimento que pode incitar um pivot em direção ao futuro.

O ATUAL — Mestres do pivot sábio continuam a investir estrategicamente em seus produtos e serviços de maior sucesso, com a expectativa de acelerar ainda mais rapidamente o crescimento da receita e dos lucros. Nesse ponto, infusões de novas tecnologias e inovações também podem aumentar as oportunidades de negócios e até redirecionar as atividades principais para caminhos inesperados ou despercebidos devido à pressa de chegar ao novo.

O NOVO — O pivot sábio requer planejamento cuidadoso e insights sobre o momento da próxima disrupção. O êxito só será alcançado após vários fracassos surpreendentes, como aconteceu com os livros digitais e os serviços de streaming de música. O segredo é minimizar suas falhas, enquanto chega ao novo de maneira lucrativa e em escala. A combinação certa de preços da tecnologia inserida e da disponibilidade de componentes, com o comprometimento e a capacidade de crescer no mesmo ritmo que os mercados decolam, deve ter um alinhamento perfeito.

Segundo nossa experiência, poucas empresas estão preparadas para aderir ao novo, mesmo quando é evidente que a atividade principal está perdendo força. As petrolíferas sabem que seu futuro em longo prazo não se baseará inteiramente em combustíveis fósseis. Mas e então? À medida que os automóveis se tornam autônomos, as seguradoras precisam encontrar novos produtos para oferecer. Cada empresa deve encontrar seu próprio caminho para o novo, preservando os aspectos centrais, como sua cultura, que a tornaram bem-sucedida em primeiro lugar.

Mesmo quando o caminho parece seguro, pivotar para o novo envolve muitos obstáculos. Os líderes das empresas com as quais trabalhamos nos dizem com frequência que não têm recursos para investir no novo, e muito menos escalar rapidamente os empreendimentos, pois comprometeram todos os ativos para manter o núcleo atual.

Mesmo que haja capital suficiente, a inércia ainda pode impedir a verdadeira mudança. Afinal, os processos e sistemas de TI atuais e que dão suporte ao núcleo, às vezes, foram otimizados por décadas. Em outras palavras, eles são literalmente codificados para implementar uma estratégia que talvez tenha sido esquecida há muito tempo. Esses "anticorpos" corporativos podem destruir de forma involuntária as iniciativas com potencial de conduzir os gerentes ao futuro. O antigo acorda todas as manhãs determinado a destruir o novo.

A solução requer uma realocação de recursos direcionados do topo: o CEO, o CFO e outros membros da equipe executiva. Considere as decisões corajosas de Satya Nadella, CEO da Microsoft. Depois que os esforços anteriores para competir em mídias sociais e smartphones geraram resultados decepcionantes, ele decidiu pivotar para uma nova direção.

A empresa passou da versão autônoma do Windows para a computação em nuvem, julgando que esse era o melhor caminho para um novo núcleo. Para enfrentar o rápido crescimento da Amazon Web Services (AWS), Nadella conduziu a empresa em várias aquisições de apoio à missão "líder em nuvem, líder em IA". Desde o lançamento do Microsoft Azure em 2010, seus negócios de computação em nuvem para empresas geraram mais de US$23 bilhões em receita, com uma margem bruta de 57% no ano fiscal de 2018.

Recentemente, a Microsoft investiu US$7,5 bilhões na aquisição da GitHub, plataforma de desenvolvimento de software de código aberto, ampliando ainda mais seu status de uma das principais fornecedoras mundiais de computação em nuvem. Ao criar uma potência de IA com o auxílio de sua divisão de pesquisa e seus oito mil funcionários especializados em inteligência artificial, a Microsoft se orienta ao seu "próximo novo".

Como demonstrado pelo exemplo, um pivot sábio também exige abordagens radicais para o crescimento rápido de novos negócios. Para realmente lucrar com a disrupção, uma empresa deve estar preparada para gerenciar oportunidades cada vez menores de lucratividade ao ampliar sua escala rapidamente, à proporção que os clientes aderem ao novo de uma só vez, e ao acompanhar o ritmo de redução da demanda.

Para obter escala rapidamente, os gerentes precisam de acesso antecipado às tecnologias emergentes e aos relacionamentos para explorar esses aspectos quando for oportuno. Para alcançar os insights necessários sobre o mercado e a tecnologia, o pivot sábio depende muito de experimentação e investimento inicial. Isso pode assumir várias formas, incluindo startups internas que surgem em instalações conhecidas como "incubadoras" ou investimentos em incubadoras externas patrocinadas por várias empresas, conhecidas como "aceleradoras".

As empresas que enfrentam a disrupção também iniciaram e formalizaram fundos de capital de risco corporativo que lhes conferem participação parcial em startups que desenvolvem tecnologias relevantes. Porém, em alguns casos, a melhor maneira de garantir escala rápida em novos mercados é simplesmente adquirir startups que já desenvolveram novos produtos e relacionamento com os clientes.

Considere o sofisticado pivot da Royal Philips, a gigante holandesa de produtos de consumo. No início dos anos 2000, a empresa reconheceu que, ao longo de uma década ou menos, a tecnologia LED (diodo emissor de luz) se tornaria melhor, mais barata e mais sustentável do que a iluminação incandescente tradicional — uma categoria que a Philips ajudou a inventar e que lhe deu vantagem competitiva por mais de um século.

Ao alavancar seus antigos ativos em fabricação, distribuição e marketing, a empresa fez investimentos estratégicos de curto prazo na CFL (lâmpada fluorescente compacta) — uma tecnologia de iluminação provisória e aprimorada — mesmo após aumentar suas pesquisas, desenvolvimento e investimentos em LEDs. Como a Philips havia vendido os ativos do negócio de iluminação incandescente aos concorrentes, a empresa estava pronta para entrar no mercado de LED como prestadora de serviços, oferecendo um dos primeiros sistemas de iluminação programáveis com base em sua tecnologia proprietária Hue.

Durante todo esse período, a empresa investiu e expandiu seu negócio de tecnologia em saúde, o qual se tornou seu novo núcleo. Após 100 anos no setor de iluminação, a Philips praticamente se retirou do mercado. Ela enxergou uma outra oportunidade de futuro e, graças ao planejamento cuidadoso do antigo e do atual, a empresa tinha a inovação, os recursos financeiros e o talento para pivotar com sucesso em direção ao novo.

Um outro exemplo é a Amazon. Apesar de quase não ter experiência em eletrônicos de consumo, a empresa aproveitou seu êxito na venda de livros para entrar com sucesso no mercado de e-books ao lançar seu produto Kindle. A Amazon começou aumentando os investimentos em tecnologias essenciais, incluindo armazenamento, tela, bateria e rede, que foram negligenciadas pela concorrência em seus leitores digitais lançados anteriormente.

Depois que essas tecnologias amadureceram o suficiente para serem agrupadas em um produto eficaz e acessível, a Amazon aproveitou seu conhecimento no setor editorial e o aliou à experiência em varejo, e à sua poderosa base de clientes, para entrar com rapidez no mercado ao lançar um leitor digital que finalmente atendesse às necessidades dos consumidores. Ao mesmo tempo, a empresa planejava seu próximo "novo" ao buscar outras utilidades para as habilidades, os relacionamentos e as tecnologias que desenvolvera para dar suporte à sua plataforma de varejo em grande escala.

Ao alavancar esses ativos principais, a Amazon transformou sua infraestrutura de TI em um serviço para terceiros; primeiro para os pequenos varejistas que hospedava em sua plataforma e, em seguida, à medida que crescia, como Amazon Web Services, a empresa de hospedagem baseada na nuvem. Ao oferecer praticidade e considerável redução de custos aos usuários corporativos, a AWS disparou e se tornou um negócio de quase US$20 bilhões no decorrer de uma década.

Por fim, considere o pivot sábio da Netflix, que começou como um serviço de aluguel de DVD pelo correio. Mesmo enquanto a empresa lançava seu serviço — que acabou sendo mortal para locadoras tradicionais como Blockbuster e West Coast Video —, Reed Hastings, seu CEO, se preparava para mudar em direção ao "novo": um serviço de streaming de vídeo baseado em assinatura, transmitido por redes de banda larga de alta capacidade cada vez mais onipresentes.

A obtenção e a análise de dados de clientes do serviço de streaming foi, por sua vez, um pivot essencial para levar a empresa à sua próxima novidade: a criação da programação original. O mecanismo de inferência que a Netflix criou lhe proporcionou insights aprofundados sobre as preferências e hábitos televisivos dos clientes, o que ajudou a impulsionar sua entrada radical e bem-sucedida no novo negócio como um grande estúdio de vídeo, superando as empresas estabelecidas que realizam essa mesma atividade há décadas, se não mais. Em 2018, a empresa ultrapassou suas concorrentes de mídia tradicional e nova ao receber o maior número de indicações ao Emmy.

Para a Netflix, o equilíbrio dos investimentos nos três estágios do ciclo de vida exigiu mudanças sutis e constantes na estratégia, e nem todas foram executadas perfeitamente. Por exemplo, enquanto aprimorava incansavelmente a eficiência operacional do negócio ainda viável de entrega de DVD com o objetivo de manter a receita, já que a maioria dos clientes passava para o serviço de streaming, Hastings tentou separar os dois negócios — de forma precipitada, como se constatou. Os clientes se revoltaram com os novos planos de preços e a Netflix rapidamente voltou atrás. Do mesmo modo, quando o mercado de streaming foi sobrecarregado por produtos concorrentes de empresas estabelecidas e novas, a Netflix continuou a investir em compressão digital e outras tecnologias de otimização, pois sabia que sua plataforma seria a base de distribuição do seu conteúdo original a ser lançado em breve.

Por fim, no novo de hoje, a Netflix conta com um relacionamento profundo e orientado por dados com seus mais de 100 milhões de assinantes globais. Ao rejeitar o antigo modelo hollywoodiano baseado em intuição e sucesso de bilheteria, a Netflix aplicou uma abordagem científica para desenvolver e promover conteúdo original, ampliando sua escala com rapidez para manter uma lista crescente de concorrentes em toda a cadeia de suprimentos continuamente desprevenida.

Esses casos deixam claro que o pivot sábio não apenas equilibra investimentos independentes nos três estágios do ciclo de vida do negócio de uma empresa. Ele encontra sinergias valiosas entre eles — algumas planejadas, outras totalmente aleatórias.

Ao criar nossa futura prática de IA, por exemplo, a Accenture descobriu maneiras inovadoras de automatizar o processo de teste de software tedioso e propenso a erros, um componente essencial de nossos negócios na época. Essas novas ferramentas melhoraram exponencialmente a eficiência e a confiabilidade do processo, bem como o desempenho de nossos negócios no atual.

Os concorrentes podem ter considerado esse desenvolvimento como uma canibalização da valiosa experiência que a Accenture adquiriu por décadas. Em contrapartida, enxergamos a oportunidade de liberar valor retido, que só aumentava em um processo ineficiente, caro e trabalhoso, mas que agora a IA era capaz de automatizar. Em vez de esperar que os outros identificassem esse valor, fizemos isso sozinhos.

Mais cedo ou mais tarde, sabíamos que a IA transformaria os testes, se não pela Accenture, talvez por outra empresa sem um legado prático de proteção. Enquanto trabalhamos para pivotar nossos especialistas de testes para outras áreas, o pivot sábio deu nova vida — e novos lucros — a um negócio em declínio.

Como esse último exemplo sugere, dominar um pivot sábio requer uma rotação constante e corajosa por meio do antigo, do atual e do novo. Eventualmente (e talvez de forma rápida), o novo se tornará antigo, e o ciclo continua. O excesso ou a escassez de investimento em qualquer estágio é um risco constante, que pode ser catastrófico. Os líderes devem revisar os índices de investimento em cada um deles, mantendo-os em equilíbrio diante da disrupção às vezes imprevisível. Com efeito, os estágios formam um triângulo de equilíbrio, pivotando de um para o outro.

Nas páginas a seguir, analisaremos detalhadamente as estratégias vencedoras de empresas antigas e novas que prosperam sob ameaça competitiva constante e mudanças tecnológicas incessantes. Ademais, examinaremos atentamente as ferramentas e táticas que elas criaram para sustentar o crescimento em uma era de disrupção contínua.

A principal conclusão de nossa pesquisa é que existe uma crescente lacuna entre o que é tecnologicamente possível e o que as empresas realmente fazem com esse potencial. A incompatibilidade gera ricas reservas de valor retido, incitadas por melhorias contínuas na velocidade, no tamanho, na potência, no preço e na eficiência das tecnologias digitais.

Apesar dessa oportunidade, em muitos dos setores que estudamos, as principais empresas estabelecidas não mais têm lucros crescentes, mesmo quando a inovação baseada em tecnologia cria vastas quantias de novo valor. Outra empresa, geralmente uma nova, é quem identifica e capta esse valor. O pivot sábio é impulsionado pela compreensão aprofundada dos obstáculos que, cada vez mais, impedem as empresas mais antigas de progredir. Ele oferece estratégias para reverter essa tendência ao transformar competências e recursos essenciais de ativos antigos em mecanismos de crescimento mais rápido.

Há muitas oportunidades para descobrir e liberar valor retido, mas o tempo disponível para encontrá-lo e liberá-lo diminui a cada nova geração de disruptores. Nossa pesquisa revelou quatro áreas distintas em que o valor retido se acumula e cada uma delas atrai diferentes tipos de concorrentes e novos participantes de mercado.

Como encontrar e captar esse valor é o primeiro tópico que abordaremos.

Parte Um
LIBERAÇÃO DE VALOR RETIDO

Capítulo 1

A LACUNA DE VALOR RETIDO

Transformando a Disrupção em Oportunidade

O que acontece quando tecnologias novas e de melhoria rápida criam oportunidades para liberar fontes de receita inexploradas, algumas delas há muito retidas por ineficiências de mercado? À medida que os componentes digitais se tornam continuamente melhores, mais baratos e menores, essa é uma questão que empresas de todos os tamanhos e em todos os setores precisam responder, e muito provavelmente mais rápido do que pensam.

Por quê? Bem, cada vez mais, a tecnologia está fornecendo as ferramentas que os concorrentes — empresas estabelecidas e empresários — utilizam para criar novos produtos e serviços digitais que visam e liberam demanda latente e satisfazem necessidades não atendidas. Chamamos essa receita potencial de "valor retido". Se você não liberá-lo antes de seus concorrentes, poderá não apenas observar a disrupção prejudicar seu crescimento futuro, mas também seus negócios atuais. Essa disrupção pode acontecer de forma rápida ou gradual; de qualquer modo, é provável que já tenha começado.

Para os empreendedores, valor retido é como mel para ursos. Ele atrai novas fontes de investimento de capital, bem como novos concorrentes ávidos por testar seus mercados e colaborar com seus consumidores, fornecedores e outras partes interessadas. Esses concorrentes estão satisfeitos em compartilhar o valor que liberam, desenvolvendo novos tipos de relações comerciais e novas abordagens de estratégia e execução que subvertem grande parte da sabedoria convencional da mentalidade de gestão.

Não desanime. Por experiência própria em nosso setor e pelo trabalho realizado com companhias em todo o mundo, sabemos que empresas estabelecidas podem liberar valor retido de forma tão eficaz (e geralmente melhor) quanto a startup mais disruptiva do Vale do Silício.

A dificuldade, no entanto, não é dominar as novas tecnologias, mas superar planos, processos e sistemas antigos, que foram otimizados para uma época em que a concorrência era praticamente estável, as mudanças no setor eram lentas e as melhorias tecnológicas, incrementais.

Para ilustrar, comecemos com um setor cuja difícil disrupção e subsequente reinvenção foram assunto de manchetes diárias.

PRESOS NO SHOPPING

Os últimos anos foram extremamente ruins para o setor de varejo.

Os varejistas tradicionais, que por muito tempo alegaram imunidade em relação à disrupção de concorrentes digitais relativamente pequenos, estão se dando por vencidos. Os pedidos de falência bateram recordes, incluindo os de empresas familiares como Sears, Radio Shack, The Limited, Sports Authority, Toys "R" Us e Payless ShoeSource. Apenas em 2017, outras marcas respeitáveis anunciaram planos para fechar mais de 3,5 mil lojas físicas. Não se trata de uma perda de interesse dos consumidores em comprar, mas, sim, que simplesmente o estão fazendo em outro lugar.

A disruptora evidente aqui é a Amazon. A pioneira do e-commerce quintuplicou suas vendas desde 2010. Agora, ela vende 5 vezes mais do que a Sears, que, em 2018, registrou uma perda de receita iniciada em 2007 que equivale à mesma quantidade de ganhos da Amazon. Em 2019, metade das residências norte-americanas assinou o Amazon Prime, que inclui entrega grátis e serviço de streaming com conteúdo original. No geral, de US$3,5 trilhões em vendas anuais do setor, o e-commerce representa aproximadamente US$400 bilhões.

Todavia, a queda do varejo físico não era inevitável. Na verdade, o setor teve mais de duas décadas para reagir. Em 1996, vender pela internet era apenas um artifício para atrair clientes, porém, o e-commerce se expandiu gradualmente, aumentando cerca de 15% a 25% por ano. Em 2016, ele foi responsável por aproximadamente

US$100 bilhões das vendas de fim de ano. Ainda assim, esse valor representava apenas 10% do total.

Primeiro, as varejistas estabelecidas negaram o risco que os sites representavam para seus negócios e, depois, tentaram imitá-los criando sites semelhantes. No entanto, devido ao receio das marcas estabelecidas de canibalizar suas lojas físicas e ofender os fornecedores, suas ofertas online sempre foram afetadas, por exemplo, pelo fornecimento de mercadorias limitadas, em liquidação ou pela exigência de retirada e devolução nas lojas. Além disso, os preços raramente refletiam o menor custo do serviço online.

Muitas lojas tradicionais não perceberam que a queda nos preços da tecnologia e a disseminação da internet criavam novas oportunidades, sobretudo para atender aos consumidores de forma mais eficiente e personalizada. No entanto, as varejistas em geral haviam desistido da inovação tecnológica. Até o atendimento mais básico ao cliente desaparecera em meio a reduções de custos que deixaram os consumidores frustrados e se sentindo ignorados. Mas, então, onde esses consumidores comprariam? Era como se eles estivessem presos no shopping.

Essa sensação durou até que as empresas de e-commerce quebraram as portas de vidro do shopping e deram atenção ao coro retumbante de insatisfação dos consumidores. Preços menores? Sem problemas. Soluções personalizadas? Entendido. Autoatendimento no lugar de atendimento nenhum? Feito. O que diferenciava as primeiras varejistas online não era sua tecnologia digital inovadora, mas seu foco persistente em fazer das compras uma experiência mais personalizada, conveniente, divertida, econômica e até mesmo socialmente responsável.

Amazon, eBay, Apple, Zappos, Dell e outras empresas se engajaram profundamente com os consumidores, descobriram seus desejos e ofereceram o que eles queriam. Elas implementaram pagamentos seguros, vídeos e outras melhorias em seus sites. Nos bastidores, construíram armazéns e redes de distribuição de ponta, investindo em robótica, drones e poderosas ferramentas de análise de dados que informavam o que os clientes queriam e quando. Agora, os pedidos de produtos podem ser feitos por meio de dispositivos de smarthome ativados por voz, como o Echo da Amazon e o Google Home.

Enquanto as varejistas tradicionais demitem funcionários, diminuem as luzes da loja e deixam o estoque antigo nas prateleiras, as vendedoras online continuam investindo tudo o que têm e muito mais. Elas adicionaram em seus sites frete grátis, devoluções fáceis, entrega no mesmo dia, promoções direcionadas, avaliação de clientes e interface móvel. Todos esses aspectos transformaram as compras online em uma experiência mais rica do que entrar no carro, dirigir até o shopping, procurar vaga de estacionamento e torcer que a loja tenha o produto que você procura e que algum caixa esteja disponível para receber seu dinheiro e concluir a transação.

As líderes do e-commerce até mesmo abriram lojas físicas, descredibilizando as empresas estabelecidas em seus próprios shoppings. As lojas da Apple, que oferecem autocaixa, aulas presenciais e o serviço de atendimento ao cliente Genius Bar, estão constantemente cheias. Com base em novas tecnologias, incluindo visão computacional, aprendizado de máquina e inteligência artificial (IA), a Amazon está testando supermercados que cobram automaticamente os clientes pelas compras quando eles saem.

Ao mesmo tempo, armazéns automatizados e a ausência de locais físicos que precisam ser alugados, climatizados, monitorados e compostos de funcionários, independentemente de os clientes estarem na loja, possibilitaram às vendedoras online cobrar menos por mercadorias, às vezes, com uma redução significativa de preço.

Em determinado momento, o e-commerce se tornou melhor *e* mais barato do que as lojas físicas — dois catalisadores que desencadeiam o tipo de disrupção que não pode mais ser ignorado. Depois que a reação começou, foi apenas uma questão de tempo até que as portas começassem a se fechar em um ritmo acelerado nos shoppings de todos os lugares.

Como Barbara Kahn, professora de marketing e ex-diretora do núcleo de varejo da Wharton School, afirmou sucintamente ao *New York Times:* "As varejistas que entendem a situação reconhecem que a Amazon mudou definitivamente o comportamento do consumidor. Não é mais preciso ter tanto trabalho para fazer compras."

A queda do varejo foi menor do que sua evolução. Um fluxo constante de novas tecnologias, redes e dispositivos identificou e liberou novo valor sob a forma de personalização, conveniência e análise preditiva que os consumidores e os novos concorrentes ficaram satisfeitos em compartilhar por meio de aplicativos colaborativos. E o que cada um deles aprendeu com os primeiros experimentos levou a ainda mais inovação, tecnologia e valor.

Muito desse valor acumulava-se há anos; ele estava retido, apenas aguardando a tecnologia certa, pelo preço certo, para libertá-lo. Todavia, as empresas estabelecidas não estavam condenadas a ficar de fora da reinvenção de seu setor. De fato, elas poderiam ter analisado os sucessos e fracassos públicos das startups, adaptado as inovações que deram certo e alavancado suas relações antigas com fornecedores, clientes e agências de publicidade para afastar as novas empresas. Elas poderiam ter transformado seus inúmeros locais físicos em vantagens competitivas formidáveis.

Em vez disso, as empresas estabelecidas adotaram tecnologias benéficas ao cliente com hesitação, ou mesmo ressentimento. Elas observaram os ativos, aos poucos e, depois, rapidamente, se tornarem passivos — lojas âncoras de alto custo que as puxavam para uma espiral mortal de retornos decrescentes de escala ao passo que o volume de vendas diminuía. Muitas pouco fizeram, esperando o fim.

O impacto que atingiu as varejistas norte-americanas foi particularmente acentuado, visto que a área útil mínima para circulação de pessoas nos Estados Unidos era a mais alta do mundo, mais que o dobro da Austrália e quase cinco vezes a do Reino Unido.

Ainda assim, algumas empresas estabelecidas prosperaram, principalmente as que já haviam inovado no varejo. O Walmart fez investimentos significativos na internet, incluindo a aquisição da Jet.com e da Flipkart, promissora empresa indiana de e-commerce. Outras, como a Dollar General, expandiram-se para mercados esquecidos, por exemplo, localidades rurais. Na parte sofisticada do setor, a Tiffany optou por renovar sua flagship store em Manhattan, alavancar sua marca em novos serviços de hospitalidade e criar um "café da manhã na Tiffany" em seu Blue Box Cafe.

Todas as sobreviventes estão expandindo as ofertas digitais e integrando-as em suas lojas físicas, transformando imóveis caros novamente em ativos. Elas estão articulando novas oportunidades, possibilitadas por uma adoção entusiasmada da tecnologia.

COMO O VALOR É RETIDO

A revolução contínua no varejo e em outros setores maduros ilustra o que acontece quando o valor retido, que estava latente há décadas, é repentinamente liberado. As regras de engajamento são radicalmente reformuladas, a alavancagem entre os participantes do ecossistema é distorcida em direções distintas e as barreiras ao acesso desaparecem subitamente, permitindo a entrada de invasores das indústrias adjacentes e de quaisquer outras. A liberação de valor retido também pode reiniciar o crescimento das empresas estabelecidas, ampliar a receita e facilitar a mudança para novos mercados e clientes aparentemente muito caros ou distantes.

No entanto, quando há necessidade de pivotar, você pode acabar preso em um paradoxo de maturidade, assim como as varejistas tradicionais. Após algumas décadas de relativa estabilidade na atividade principal, os gerentes experientes podem ter pouca ou nenhuma experiência em pensar grande, formular estratégias ousadas ou prever várias fontes de nova concorrência.

Um novo valor potencialmente ilimitado está sendo criado no mercado, mas as empresas estabelecidas não conseguem acessá-lo. Para essas empresas, esse novo valor está tão retido quanto elas. Por quê? As organizações otimizadas para desempenho previsível podem ter contratos de longo prazo difíceis de rescindir, com recursos intransigivelmente dedicados a um modelo de negócios decadente e sistemas internos, tanto técnicos quanto humanos, que estabelecem a precaução em detrimento da criatividade. Os ativos, o relacionamento com fornecedores, a base de clientes e o capital humano que exigiram tanto esforço para se solidificar podem se revelar inflexíveis, mesmo quando é evidente que há necessidade e oportunidade de mudanças drásticas.

Nos próximos capítulos, mostraremos como qualquer empresa pode diagnosticar e solucionar as causas de valor retido, bem como desenvolver as habilidades para identificá-lo e liberá-lo simultaneamente nos três estágios do ciclo de vida dos negócios existentes — a abordagem do pivot sábio para mudanças contínuas e sustentáveis. Mas primeiro, precisamos entender o que significa valor retido — por que, como e onde ele fica retido — e de que forma encontrá-lo.

Como sugerido pelo exemplo do varejo, o valor retido é acumulado quando a tecnologia possibilita para os consumidores uma experiência melhor do que aquela oferecida por você e seus concorrentes. Esse aspecto pode aparecer sob a forma de receitas não exploradas por conta de elementos ou recursos ausentes do serviço ao cliente. Também pode se evidenciar como valor perdido para o próprio cliente, quando ele precisa ter mais trabalho do que o necessário, talvez devido a informações incompletas do produto, ferramentas ineficientes de pedidos e rastreamento ou ofertas genéricas que não atendem às suas necessidades reais.

Dentro da organização, o valor também fica retido quando as ineficiências operacionais que poderiam ser eliminadas por uma melhor automação são mantidas para se agravarem, retirando lucros diretamente do rendimento líquido.

Para além do varejo, o acúmulo crescente de valor retido e seu potencial de causar disrupção às empresas estabelecidas não é o resultado de uma falha de investimento em inovação. No geral, esse investimento aumentou de forma considerável. As mil maiores empresas do mundo em receita elevaram os tradicionais gastos anuais em pesquisa e desenvolvimento em 6%, de US$361 bilhões para US$465 bilhões, entre 2012 e 2017. Isso significa um gasto de mais de US$3 trilhões em pesquisa e desenvolvimento, fusões e aquisições baseadas em tecnologia e capital de risco corporativo, em que as empresas adquirem participação em startups ao investir junto a gestores de fundos de risco tradicionais.

Embora os líderes empresariais possam pensar que todos esses US$3 trilhões são direcionados a inovações potencialmente disruptivas, na maioria dos casos não é o que acontece. Apesar dos investimentos prolíficos, muitas empresas estão apenas experimentando superficialmente a inovação, incapazes de obter quaisquer mudanças fundamentais em seus negócios. Pelo visto, boa parte dos gastos é direcionada a melhorias incrementais. E mudanças incrementais não são suficientes para aproveitar as maiores oportunidades de valor retido criadas pelas novas tecnologias.

Para muitas empresas, tornar-se quem causa e não quem sofre a disrupção começa com uma mudança fundamental na atitude em relação às tecnologias digitais. Em vez de considerá-las ferramentas adicionais para desenvolver um site ou aprimorar sistemas internos, é preciso integrá-las às ofertas de produtos e às operações internas. Deve-se elaborar e reformular suas interações com as partes envolvidas, priorizando inovações e novas tecnologias e, assim, tornar-se o que chamamos de "digital first" [digital em primeiro lugar, em tradução livre].

Na Accenture, ser digital first significa fornecer novos recursos viabilizados por tecnologia a clientes em todo o mundo, enquanto digitalizamos nossos processos internos. Isso nos levou a criar a Accenture Interactive, atualmente a maior provedora mundial de serviços de marketing digital. Ao mesmo tempo, migramos quase todos os nossos sistemas internos para a nuvem pública. Ser digital first também nos fez melhorar bastante nossa capacidade de trabalhar em conjunto, à proporção que nossa empresa crescia rapidamente. Nossos funcionários em todo o mundo se conectam usando um único conjunto de ferramentas virtuais, incluindo o Skype for Business e o OneDrive da Microsoft. Treinamentos, elaboração de documentos, colaboração da equipe de projeto e gestão de relacionamento com o cliente foram todos digitalizados. Os executivos da empresa administram efetivamente os negócios a partir de seus smartphones.

Ainda que para muitas empresas seja significativo e potencialmente caro, tornar-se digital first é apenas o primeiro passo. É uma condição necessária, embora não suficiente, para pivotar com sabedoria. Como isso ajuda? As empresas digital first têm uma plataforma para mudanças contínuas. Conforme o ritmo da disrupção aumenta, elas podem usar sua plataforma para pivotar mais depressa do que suas concorrentes em direção a quaisquer inovações que surgirem, reagindo às rápidas mudanças das necessidades dos clientes e expandindo ou reduzindo conforme os mercados emergem, disparam e retraem.

Esse tipo de flexibilidade é essencial, já que a revolução digital continua a acelerar. Conforme explicado pela lei de Moore — a previsão de Gordon Moore, fundador da Intel, de que os principais componentes computacionais dobrariam em capacidade, miniaturização e eficiência energética sem aumento de custo —, as tecnologias digitais há muito tempo melhoram em algum aspecto que se aproxima periodicamente de uma taxa exponencial. Como resultado, tudo, desde armazenamento em nuvem a sequenciamento genômico, impressoras 3D, drones comerciais e largura de banda das comunicações básicas, sofreu quedas logarítmicas no preço. Entre 2001 e 2017, por exemplo, o custo do sequenciamento de um genoma humano completo caiu de US$100 milhões para cerca de US$1 mil.

Reduções de custos semelhantes, aplicadas por um período prolongado, mas previsível, aumentaram os riscos e as oportunidades de disrupção para uma gama crescente de setores. Isso porque as empresas se distanciam cada vez mais da possibilidade de aproveitar ao máximo os componentes digitais simultaneamente melhores, mais rápidos e mais baratos.

Como mostra a Figura 1.1, o ritmo de mudança possibilitado pela tecnologia e a velocidade com que essa mudança está sendo concretizada são divergentes. À medida que a lacuna entre a criação de valor potencial e real aumenta, o bem que as novas tecnologias podem causar fica cada vez mais oculto, uma força latente, mas crescente, de disrupções futuras.

Figura 1.1 Mudança Tecnológica Gera Valor Retido

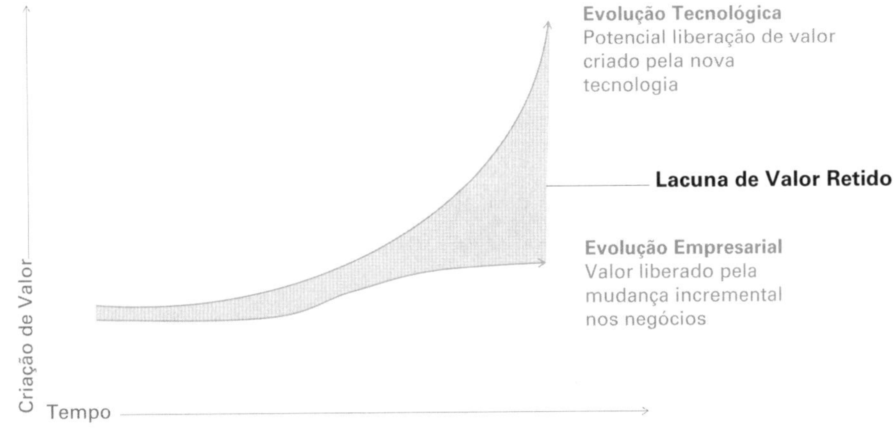

Evolução Tecnológica
Potencial liberação de valor criado pela nova tecnologia

Lacuna de Valor Retido

Evolução Empresarial
Valor liberado pela mudança incremental nos negócios

Criação de Valor

Tempo

Copyright © 2018 Accenture. Todos os direitos reservados.

Chamamos essa divergência de "lacuna de valor retido". Quanto mais rápido as tecnologias melhoram, mais rapidamente a lacuna aumenta. E maior é a urgência da implementação de novas estratégias para atingir e fechar essa lacuna de maneira mais veloz e eficaz. Antes que concorrentes, novos participantes ou empreendedores façam isso primeiro.

Somente na tecnologia digital, a melhoria sustentada, em funcionamento por mais de meio século, gera um fluxo constante de disrupções em toda a economia, inclusive em setores distantes da computação e dos eletrônicos de consumo. Agora, temos redes digitais de alta velocidade quase onipresentes que superam as tecnologias com e sem fio, conectando não apenas pessoas e empresas, mas também, cada vez mais, objetos industriais e domésticos, mantendo tudo e todos em constante comunicação.

Essas redes também possibilitaram que a computação, os aplicativos, o armazenamento e os dados fossem dissociados da necessidade de proximidade física de quem os utiliza. O setor de computação em nuvem de rápido crescimento tornou os serviços de TI de baixo custo prontamente disponíveis, eliminando muitas das restrições que antes exigiam que toda empresa desenvolvesse, operasse e mantivesse seu próprio sistema exclusivo.

Conforme mais coisas se conectam de maneiras mais interessantes, a economia das redes multiplica essas melhorias, tornando a tecnologia digital ainda mais valiosa, em um ritmo constantemente mais rápido. Mesmo que os limites da física diminuam a taxa da lei de Moore e seus efeitos, as empresas podem levar uma década ou mais apenas para acompanhar essa transformação. Para auxiliar a redução desse tempo, nas próximas páginas forneceremos exemplos reais de como empresas de todos os setores utilizam essas tecnologias para liberar valor retido.

A Figura 1.2 apresenta uma pequena lista de algumas das novas tecnologias com as quais trabalhamos mais diretamente. Uma lista um pouco maior incluiria análise de dados, serviços de mobilidade e localização, visão artificial, processamento de linguagem natural, criptografia, transações seguras, biometria, veículos autônomos, drones e algoritmos adaptativos.

Embora muitas dessas tecnologias sejam digitais, outras se baseiam em avanços na ciência dos materiais, na genética, na astrofísica e até na mecânica quântica. A inovação na fabricação de fibra de carbono ultraleve e ultrarresistente, por exemplo, está revolucionando o design de aeronaves, carros sofisticados e até bicicletas. A inovação contínua logo reduzirá drasticamente o preço da fibra de carbono, tornando-a um insumo de substituição econômico para diversas aplicações em transporte, energia e outros setores que podem se beneficiar do melhor desempenho desse material.

Figura 1.2 Novas Tecnologias

Dez novas tecnologias

Realidade Estendida
Software de experiência interativa que combina, sobrepõe ou substitui a realidade verdadeira pela virtual. Abrange as realidades virtual, aumentada e mista.

Computação em Nuvem
Modelo de computação distribuída em que terceiros fornecem software, infraestrutura de TI, plataforma ou outros recursos virtualmente e em escala.

Impressão em 3D
Um processo de manufatura aditiva, em que objetos 3D são impressos camada por camada. Viabiliza a prototipagem rápida e inovações em materiais, possibilitando a impressão em 4D.

Interações Humano-Computador
Tecnologias de detecção que permitem interações mais naturais entre humanos e computadores, incluindo reconhecimento de gestos e mapeamento de ondas cerebrais.

Computação Quântica
Na computação clássica, um computador é executado em bits com valor de 1 ou 0. Os bits quânticos podem conter informações muito mais complexas ou até valores negativos.

Computação de Borda e em Névoa
Computação de borda e em névoa são métodos para otimizar aplicativos em nuvem afastando parte de um aplicativo, seus dados ou serviços de um ou mais nós centrais.

Inteligência Artificial
Algoritmos que imitam a inteligência humana, o raciocínio e a tomada de decisões, e que melhoram com o tempo. Novas ramificações incluem IA bayesiana e de enxame, bem como AutoML, que automatiza a produção de aplicativos de IA.

Internet das Coisas
Ecossistema de sensores e análises que monitoram a condição e o desempenho de ativos físicos. Novas aplicações incluem gêmeos digitais, sensores Smart Dust e segurança cibernética específica da Internet das Coisas.

Blockchain
Registro distribuído com alterações verificadas de modo linear e cronológico. As aplicações úteis incluem rastreamento de ativos, gerenciamento de documentos, pagamentos e contratos inteligentes.

Robótica Inteligente
Robôs que combinam recursos robóticos tradicionais com sensores, visão computacional e inteligência, que permitem novos recursos, como robótica colaborativa, veículos autônomos ou robótica de enxame.

Copyright © 2018 Accenture. Todos os direitos reservados.

Além disso, alguns dos outros disruptores de tecnologia emergentes de hoje afetam os setores, multiplicando o valor retido e dificultando os esforços para descobri-lo e liberá-lo. As aplicações da inteligência artificial já eliminam e redefinem os antigos limites entre o trabalho feito por máquinas e o realizado por seres humanos, um ciclo que continuará bem além de nossas próprias vidas.

Da mesma forma, o sequenciamento e a manipulação genômicos de baixo custo, também impulsionados pelo preço decrescente da computação, geram incontáveis quantidades de novos dados científicos brutos, determinados a revolucionar serviços de saúde, produtos farmacêuticos, agricultura e setores que atendem populações longevas há décadas.

Para dar um último exemplo, considerando a potência das redes em nuvem e de banda larga, uma "Internet das Coisas" (IoT, na sigla em inglês) para fins industriais conectará quase 100 milhões de itens físicos, possibilitando a reinvenção constante de tudo, incluindo eletrodomésticos, transporte, produção e distribuição de energia.

A IoT também alimentará carros autônomos e as estradas inteligentes necessárias para conduzi-los. Da mesma forma, nos últimos cinco anos, houve uma redução considerável de custo dos componentes do sistema LIDAR, a tecnologia usada pelos veículos autônomos para detectar o ambiente. Os fabricantes estimam um preço de US$500 por veículo quando a produção em massa de fato começar.

O potencial de valor dessas três tecnologias é surpreendente. As previsões para o impacto da IA, por exemplo, sugerem uma duplicação do crescimento econômico de países desenvolvidos entre 2017 e 2035, com a possibilidade de adicionar US$7,4 trilhões apenas à economia dos EUA.

Não menos importante, a genômica de seres humanos, que ajudará a identificar riscos individuais para a saúde e criar produtos farmacêuticos personalizados, já é uma indústria multibilionária. A IoT, por sua vez, deve gerar US$14,2 trilhões em novo valor até 2030, contribuindo com um aumento de 1,5% no crescimento real do PIB.

DISRUPÇÃO BIG BANG E DISRUPÇÃO COMPRESSIVA

O tipo de valor retido crescente e imprevisível sobre o qual estamos falando evidencia por que é tão difícil para as empresas aproveitar de forma rápida e eficiente as novas tecnologias enquanto sua implementação se torna economicamente viável.

No Vale do Silício e em outros centros de tecnologia, é claro, a busca por grandes quantidades de valor retido não explorado é a força motriz do investimento e do empreendedorismo. Isso porque as novas tecnologias geram um aumento substancial da lacuna de valor retido, motivando a criatividade que originou alguns dos disruptores mais conhecidos das últimas décadas, incluindo as contribuições revolucionárias, e agora onipresentes, de empresas como Google, Amazon, Uber, Airbnb, Apple, Netflix, Microsoft, Facebook, Alibaba, Tencent, Salesforce, Baidu e Ant Financial.

Em conjunto, essas e algumas outras empresas norte-americanas e chinesas constituem os negócios online mais valiosos segundo a pesquisa anual da investidora de risco Mary Meeker. Em relação ao crescimento da liberação de valor retido, as 20 principais empresas selecionadas por Meeker em 2018 valiam juntas US$5,5 trilhões, um aumento de mais de US$4 trilhões desde 2013. Quase toda essa riqueza — o valor retido atual e potencial que essas empresas têm e se espera que continuem liberando — foi gerada nos últimos 20 anos.

O livro de Larry e Paul, *Big Bang Disruption* ["Disrupção Big Bang", em tradução livre], *r*evisa as estratégias de muitas das empresas da lista de Meeker. Foca novos produtos e serviços que adentravam o mercado e eram melhores e mais baratos do que itens concorrentes de empresas estabelecidas.

Historicamente, as melhorias incrementais geram o padrão de adoção pelo consumidor em forma de curva de sino, descrito pela primeira vez em 1962 pelo sociólogo Everett Rogers. Quando isso acontece, as disrupções big bang experimentam uma ascensão e queda muito mais consistentes, o que chamamos de "barbatana de tubarão". Essa denominação ocorre devido à sua forma intimidante e à ameaça do tipo predadora que representa. Sempre que há um ataque, ele rapidamente termina. Para ilustrar, pense na adoção repentina de aplicativos de navegação para smartphones, que praticamente substituíram de imediato dispositivos GPS e mapas impressos.

De fato, as tecnologias que repentinamente expandem a lacuna de valor retido provocam uma disrupção big bang, criando uma abertura para que novos concorrentes e empresas estabelecidas dinâmicas ofereçam aos consumidores algo drasticamente melhor do que o existente. Não é de surpreender que os consumidores bem informados sobre os méritos relativos das ofertas disruptivas pelas mídias sociais e pelos fóruns de usuários tendem a subitamente abandonar o antigo pelo novo (veja a Figura 1.3).

Figura 1.3   Disrupção Big Bang — Fases de Adoção da Inovação pelo Mercado

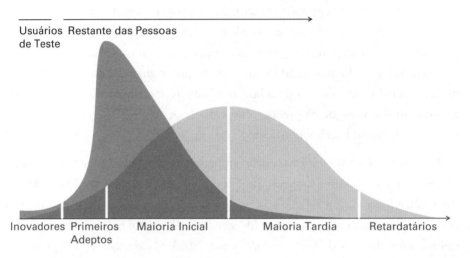

Copyright © 2018 Accenture. Todos os direitos reservados.

À medida que descrevermos o sucesso das companhias que pivotam com sabedoria, veremos muitos exemplos de disrupção big bang de startups e empresas estabelecidas.

Porém, há um segundo tipo de disrupção, mais abrangente e insidioso, que desempenha um papel importante no incentivo e na formação de pivots sábios e que se desenvolve por um período maior. Ele é particularmente evidente em setores maduros e com ativos abundantes, nos quais os clientes podem ter mais dificuldade para substituir ofertas mais antigas pelas mais novas. Denominamos esse segundo tipo de "disrupção compressiva", a qual já está alterando a forma dos setores, incluindo o de telecomunicações, de serviços públicos, de energia, de materiais, de assistência médica, de finanças, automobilístico e industrial (veja a Figura 1.4).

Por que a disrupção compressiva é mais lenta? Cada um desses setores é caracterizado por grandes investimentos de capital ou outros recursos, incluindo marcas poderosas, que proporcionam economias de escala potentes às empresas estabelecidas. Em alguns casos, restrições regulatórias substanciais acabam atrasando involuntariamente a introdução de tecnologias disruptivas por novos concorrentes. A associação desses fatores cria barreiras protetoras em torno das empresas estabelecidas que podem afastar disruptores digitais ainda melhores e mais baratos, pelo menos por um tempo.

Figura 1.4   Disrupção Compressiva

Crescimento Vazio
Há picos no crescimento dos lucros, depois desaceleram

Declínio
Lucros declinam mais rápido que as receitas

Falsa Esperança
Lucro e receitas se recuperam de forma breve

Declínio
Declínio prolongado nos lucros e nas receitas

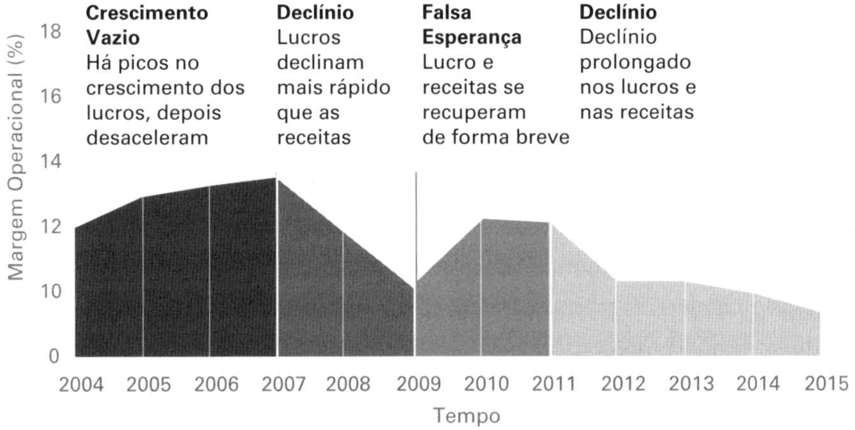

Fonte: Capital IQ — 1.396 empresas de setores asset-heavy, incluindo industrial, de telecomunicações, de energia, de recursos naturais, de serviços públicos e automobolístico.

Copyright © 2018 Accenture. Todos os direitos reservados.

Ainda assim, conforme o valor retido se acumula, a disrupção ocorre, mesmo que apenas de forma velada. O crescimento de receita pode continuar nesses setores, mas as margens de lucro invariavelmente se comprimem ao passo que as principais tecnologias se tornam obsoletas. Depois que o declínio real nas margens operacionais de fato começa, há pouco que se pode fazer para revertê-lo, não importa quão ousadamente você inove.

Enquanto a liberação de valor retido acelera na fase final do processo, as regras sobre as quais um setor opera são completamente reformuladas, assim como ocorre com a introdução radical de um disruptor big bang instantaneamente melhor e mais rápido.

A disrupção compressiva pode demorar mais que a big bang, mas o resultado é o mesmo: a reconfiguração completa e contínua das cadeias de suprimentos tradicionais do setor, do modelo de negócios, da alocação de lucros entre os concorrentes e outras partes interessadas, incluindo os consumidores.

A história do varejo apresentada anteriormente é um exemplo de disrupção compressiva. Afinal, as ofertas iniciais de e-commerce não eram consistentemente melhores ou mais baratas do que a experiência pessoal das compras. Mas a tecnologia necessária para experimentar era barata e melhorava depressa. Ao mesmo tempo, as crescentes necessidades não satisfeitas dos consumidores, as quais poderiam ser atendidas com novas tecnologias, continuaram a aumentar cada vez mais a lacuna de valor retido, exercendo uma força quase gravitacional que atraiu ainda mais investimento e experimentação daqueles que perceberam a oportunidade.

Assim como em outros setores asset-heavy, as varejistas tradicionais concluíram desde o início que o e-commerce não representava nenhuma ameaça ou oportunidade séria, pelo menos nenhuma que fosse economicamente viável para ser implantada em escala. A receita chegou a crescer quando os concorrentes mais fracos encerraram suas atividades, impulsionando temporariamente a participação de mercado. As empresas estabelecidas tiveram a falsa esperança de que seriam as sobreviventes, atendendo a um mercado consolidado de clientes existentes que não queriam nem sabiam comprar online. Por fim, as varejistas digital first obtiveram a tecnologia e as economias de escala para realmente competir com as empresas estabelecidas, desencadeando o inevitável e irreversível declínio que agora está evidente.

Uma situação semelhante está ocorrendo em outros setores asset-heavy, em alguns de forma mais prolongada do que outros, mas sempre com o mesmo resultado. Independentemente de a consequência ser a disrupção big bang ou a compressiva, as tecnologias que melhoram a taxas quase exponenciais geram um valor retido significativo, atraindo concorrentes e startups financiadas por capital de risco que procuram novas maneiras de liberar e capturar pelo menos parte desse valor.

De que forma? O primeiro passo é saber onde procurar.

OS QUATRO ESCONDERIJOS DO VALOR RETIDO

Encontrar e liberar valor retido não é simples. Analisamos o desempenho de mais de mil empresas públicas, com foco em dois indicadores principais: o crescimento atual e o potencial crescimento futuro. O crescimento atual, é claro, é medido pela receita. Para estimar o potencial crescimento futuro, analisamos melhorias na relação preço-lucro das empresas, que sinaliza a confiança dos investidores no aumento contínuo de receita.

A LACUNA DE VALOR RETIDO

Apenas 2% das empresas que analisamos melhoraram consistentemente as medidas de crescimento atuais e futuras. Por que esse percentual é tão baixo? Acreditamos que existem várias razões, todas relacionadas à falha dos líderes empresariais em reconhecer o crescimento da lacuna de valor retido.

Em primeiro lugar, os executivos geralmente ignoram as oportunidades de uso de novas tecnologias para melhorar as ofertas existentes e futuras de produtos e serviços. Em vez disso, muitos pensam na tecnologia apenas como uma ferramenta para reduzir custos. Todavia, mesmo em seus estágios iniciais, muitas das tecnologias listadas na Figura 1.2 podem ser utilizadas para gerar um aumento de receita e lucratividade.

Ademais, essa mentalidade de reduzir custos pode fazer com que os gerentes avaliem oportunidades de tecnologia apenas dentro de seus próprios negócios. Mas o valor retido também está se acumulando fora da empresa, onde, de fato, as oportunidades para o crescimento atual e futuro de receita podem ser ainda mais atraentes.

Dentro de um setor, o valor geralmente fica retido porque uma infraestrutura desatualizada talvez atenda centenas de empresas, o que reduz os incentivos para que qualquer uma delas invista de forma considerável em tecnologias mais eficientes. Afinal, tal situação acabaria por beneficiar os concorrentes tanto quanto, se não mais, do que a empresa que investiu o dinheiro. Esse é o obstáculo que, desde o início da revolução da internet, impede a mudança de infraestrutura em setores maduros e frequentemente regulamentados. Pense na geração e na distribuição de energia ou nos bancos comerciais.

A terceira fonte de valor retido está nos consumidores. Por conta dos investimentos insuficientes em tecnologia de empresas das quais compram, eles podem ser afetados por mau atendimento ao cliente, preços altos e ofertas estagnadas. Porém, nas cadeias de suprimentos tradicionais do setor, os consumidores têm poucas oportunidades de expressar suas preferências coletivas e muito menos de exercer a alavancagem necessária para que os produtores reajam. Assim, o valor retido acumula-se como uma espécie de demanda latente.

Um valor ainda mais retido acumula-se nas economias ou, de fato, em escala global. Há tecnologias que podem melhorar as condições de vida das pessoas nos países em desenvolvimento e gerar grandes receitas no processo, mas poucos executivos se concentram em mercados tão amplos. Por exemplo, bilhões de pessoas não têm acesso a necessidades humanas básicas, incluindo água limpa, energia e comunicações confiáveis. Coletivamente, o impacto de práticas ambientais insustentáveis impõe custos a todos os seres vivos, e o faz de uma forma que dificulta a percepção das empresas de transformar isso em oportunidade.

Há também uma verdade fundamental sobre o valor retido que é um anátema para as formas tradicionais de fazer negócios. Nossa pesquisa revelou que a liberação consistente de valor exige que as empresas concedam muito mais valor a terceiros, incluindo consumidores, fornecedores e parceiros do ecossistema, do que elas mantêm para si mesmas, talvez em uma proporção de dez para um. Portanto, se sua abordagem ao investimento em inovação estiver limitada a possibilidades nas quais se pode reter todo ou quase todo o valor criado, você está ignorando as maiores oportunidades.

Até você perceber o quão ampla já é a lacuna de valor retido, liberar valor para terceiros pode parecer decepcionante. Sistemas simples de pagamento digital por dispositivos móveis, por exemplo, permitiram novos serviços, incluindo carona compartilhada, jogos avançados e serviços bancários básicos para transações de baixo valor, que anteriormente exigiam que o comprador e o vendedor estivessem no mesmo lugar ao mesmo tempo, com dinheiro em mãos.

De modo semelhante, em nosso exemplo de varejo, o e-commerce liberou valor retido na forma de preços inflacionados, serviços inapropriados ou ruins e uma experiência geral do cliente que se tornava cada vez mais desagradável à medida que a interrupção compressiva exigia um corte de custos catastrófico. É por isso que mesmo as empresas de e-commerce mais bem-sucedidas continuam devolvendo grande parte do seu valor aos clientes, e não aos investidores. Essas empresas podem ter capitalizações de mercado extraordinárias, mas esses números refletem principalmente a confiança que os investidores têm no potencial de disrupção futura — e de lucros futuros.

É improvável que empresas estabelecidas tenham disposição para considerar tal estratégia, pois os executivos veem os lucros como um jogo de soma zero: um conjunto fixo a ser disputado de maneira gradual (o que W. Chan Kim e Renée Mauborgne chamam de oceano vermelho versus oceano azul em seu livro *A Estratégia do Oceano Azul*). Esses executivos se concentram no aumento das margens de um mercado pequeno, quando deveriam visar novas receitas em um mercado muito maior — aumentar o "bolo econômico" em vez de competir por diferenças insignificantes no tamanho da fatia.

A difusão das tecnologias de rede — e as economias de escala que as tornam tão poderosas — significa que as oportunidades futuras estão mudando fundamentalmente da concorrência para a colaboração. É preciso se considerar um parceiro, não um concorrente, fazer negócios em um amplo ecossistema colaborativo, e não em uma cadeia de suprimentos restrita do setor. Até os consumidores podem fazer parte desses ecossistemas, enviando eletricidade de volta à rede por meio de seus painéis solares ou permitindo que dados sobre o funcionamento de seus dispositivos inteligentes fluam pela cadeia de suprimentos na emergente Internet das Coisas.

Qual é o tamanho do novo "bolo"? Apenas pela comparação entre o valor atual e o valor futuro das mil empresas públicas em nosso estudo, Wall Street acha que a resposta é: enorme. Para 2016, os analistas atribuíram 42% da avaliação total dessas empresas ao valor futuro que esperam que elas realmente entreguem. Isso significa quase US$14 trilhões, um aumento em comparação aos US$8 trilhões em 2000.

Em sua busca pela liberação de valor retido, comece pelas quatro fontes interconectadas: a empresa, a indústria, o consumidor e a sociedade como um todo (veja a Figura 1.5).

Figura   1.5   Onde se Encontra o Valor Retido

Consideremos mais detalhadamente cada um deles.

EMPRESA — Ao avaliar novas tecnologias, muitos gerentes se concentram apenas em seu potencial de inovação disruptiva. Ao fazer isso, não conseguem reconhecer o potencial das tecnologias para melhorar as partes triviais de seu negócio, o que poderia gerar significativas reduções de custos e aprimoramentos nos processos. Tais mudanças reduzem o que os economistas chamam de "custos de transação" — ineficiências que se manifestam sob a forma de burocracia, informações incompletas e processos desatualizados. O valor retido da empresa também se acumula quando uma oportunidade econômica é perceptível, mas impossibilitada pelos modelos e competências existentes.

Outros participantes, principalmente os novos concorrentes, utilizam tecnologias disruptivas para melhorar radicalmente a eficiência dos processos empresariais ou introduzir rapidamente novos produtos e serviços inovadores. Mas sua empresa pode não conseguir reagir depressa, impedida por regras e procedimentos desatualizados, uma cultura corporativa que não incentiva a inovação, ou sistemas de TI e outras tecnologias que não acompanham os concorrentes.

O valor também pode estar retido no gerenciamento diário das atividades principais. Restrições engendradas sobre como delegar autoridade, definir orçamento para iniciativas de tecnologia e gerenciar relacionamentos com partes interessadas internas e externas podem criar obstáculos não intencionais. Pode-se identificar uma grande oportunidade de automatizar atividades de alto custo aplicando a IA, por exemplo, mas ser impedido de fazê-lo devido a contratos e normas de trabalho.

A geração de outras eficiências pode exigir uma colaboração mais próxima com os usuários finais. Com as ferramentas digitais certas, incluindo sites interativos e aplicativos fáceis de usar, seus consumidores podem estar dispostos a assumir algumas de suas onerosas funções de serviço, como entrada de pedidos, rastreamento e resposta a perguntas de outros usuários. O problema é que você pode ser isolado de seus consumidores por parceiros intermediários da cadeia de suprimentos — incluindo agentes, revendedores, varejistas e profissionais de serviços que controlam cuidadosamente o acesso —, o que impossibilita a colaboração ou mesmo a interação direta.

Por fim, a liberação de valor retido em nível corporativo geralmente exige uma combinação de processos empresariais aprimorados e tecnologias mais eficientes. As fabricantes de vestuário, por exemplo, estão implementando novas tecnologias robóticas capazes de aprender novas tarefas rapidamente. A Nike, em conjunto com seus parceiros de fabricação, pode produzir uma gáspea em 30 segundos, com 30 etapas a menos e até 50% menos trabalho. Similarmente, a Adidas está trabalhando com a Carbon, uma empresa que oferece tecnologia de fabricação 3D, ou "aditiva", para "imprimir" calçados personalizados pelo consumidor, reduzindo o processo de design tradicional de meses para dias.

SETOR — O valor retido se acumula no nível do setor quando tecnologias que podem melhorar todo o ecossistema beneficiam principalmente apenas um pequeno número de players do setor, acarretando impasses e problemas de holdout, ou o que os economistas chamam de "custos de coordenação".

Aqui, tecnologias disruptivas criam oportunidades de melhorias, talvez possibilitadas por novas plataformas e um ecossistema ampliado que conecta mais partes interessadas. Considere o serviço de streaming de música Spotify, que permite que artistas independentes enviem suas músicas de forma direta, evitando, assim, a exclusiva e ineficiente cadeia de suprimentos otimizada para mídia física, como discos e CDs. O Spotify compartilha 50% da receita e 100% dos royalties que esses artistas geram — muito mais do que receberiam de uma gravadora, supondo que conseguissem ter acesso a uma.

Como as empresas estabelecidas geralmente carecem de agilidade, os novos participantes podem estabelecer regras diferentes para o setor ou criar uma cadeia de suprimentos alternativa que exclui os concorrentes existentes.

A Tesla, por exemplo, está aproveitando sua experiência em veículos elétricos para causar disrupção no armazenamento de energia com sua Tesla Powerwall. A Powerwall, uma bateria recarregável doméstica, permitirá que os consumidores armazenem e acessem a energia gerada por painéis solares em suas casas, em vez de devolvê-la à rede elétrica existente. Moradores podem, então, usufruir de custos mais baixos de energia e proteção contra apagões; nesse processo, eles causarão disrupção ao negócio principal das empresas de energia elétrica. Se, como esperado, os usuários iniciais forem os maiores consumidores de energia elétrica, é provável que essa situação ocorra muito mais rápido do que o previsto.

Outro exemplo é a complexa cadeia de suprimentos do setor automotivo. As montadoras tradicionais dominam o mercado de transporte privado devido aos altos custos de capital que lhes permitem alavancar economias de escala e uma ampla rede de distribuição. Mas uma combinação de tecnologias emergentes, incluindo eletrificação, direção autônoma, conectividade e economia do compartilhamento, tem o potencial de liberar um enorme valor retido, desafiando o modelo de negócios existente ao longo do processo.

Afinal, os carros são um ativo muito pouco utilizado. Embora as famílias norte-americanas gastem mais em transporte do que em alimentos, seus carros permanecem estacionados 95% do tempo. As empresas emergentes de compartilhamento de carros, incluindo serviços sob demanda como o DriveNow, bem como empresas de transporte por aplicativo como Uber e Lyft, liberam o valor retido da disponibilidade excedente. As estimativas do setor preveem que o compartilhamento de carros, associado a tecnologias autônomas, reduzirá a taxa de crescimento anual das vendas de veículos, com a obtenção de 40% dos lucros pelos novos concorrentes em um setor redefinido.

CONSUMIDOR — O valor retido do consumidor ocorre quando ele arca com custos excessivos que poderiam ser reduzidos pela tecnologia disponível. Isso inclui tempo, energia, dinheiro e aspectos como ir à loja, em vez de receber os produtos. Esse valor retido também abrange bens pouco utilizados, como casas desocupadas que poderiam ser alugadas. O valor retido liberado nesse nível é conhecido pelo termo econômico "excedente do consumidor".

As oportunidades para encontrar e liberar esse valor podem ser surpreendentes. Consideremos como exemplo a maioria das empresas online, nas quais os consumidores desfrutam de conteúdo, software e outros serviços sem pagar nada além da permissão de análise de suas interações para uma publicidade direcionada com mais precisão. Nossa pesquisa estima que a liberação de valor retido nos serviços online superou US$1,5 trilhão em 2016, crescendo mais de 10% ao ano desde 2007. Grande parte desse valor surge como bens de informação que podem ser infinitamente reproduzidos sem custo adicional.

Particularmente, liberar valor retido do consumidor significa compartilhar muito, se não a maioria, desse valor com os próprios consumidores. Considere os mercados online de hospedagem, compartilhamento de carros e outras inovações tecnológicas que melhoram a utilização de ativos pertencentes ao consumidor (incluindo capital intelectual, como expertise).

Após a aquisição de uma casa ou um carro, quem o vendeu pode ter pouco incentivo para ajudar você a tirar o máximo proveito desse bem, mesmo quando isso é facilitado pela nova tecnologia. Para o vendedor, ajudá-lo pode parecer contraproducente, talvez porque compartilhar esse ativo pode significar redução nas vendas de novos estoques.

Porém, o valor retido pode ser muito maior que a receita existente no setor atual, com muito a ser alocado entre o consumidor e o setor. Quando as empresas estabelecidas ignoram essa oportunidade, os novos concorrentes irrompem. Estima-se que, entre 2010 e 2016, o Airbnb tenha liberado US$20 bilhões em receita de usuários; ganhos que de outra forma seriam desperdiçados. Nesse ínterim, a própria empresa faturou US$2,5 bilhões em receita e US$100 milhões em lucro no mesmo período.

Analogamente, a Alibaba e o eBay faturaram US$140 bilhões entre 2004 e 2014, facilitando transações entre consumidores interessados em comprar e vender produtos novos e usados para os quais não havia mercado global de baixo custo e fácil de usar. A liquidez gerada pelas plataformas online liberou quase US$1,4 trilhão em valor, a maioria literalmente retida em garagens, sótãos e depósitos (veja a Figura 1.6). Além dos ativos pouco utilizados, o valor retido do consumidor pode ser liberado pela satisfação de necessidades não atendidas que se transformam em ganhos de produtividade e qualidade de vida — geralmente difíceis de medir, mas inconfundíveis quando experimentadas.

Figura 1.6 Valor Retido Liberado pela Inovação

Uso da tecnologia para liberação de valor retido...
eBay e Alibaba.com geraram US$1,4 trilhão

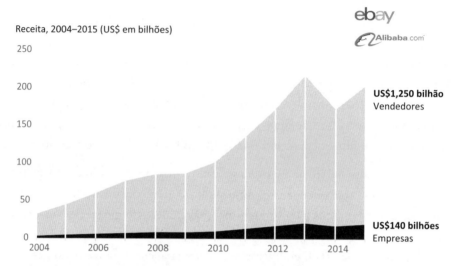

... a fim de causar disrupção em setores maduros
Airbnb gerou US$22,5 bilhões

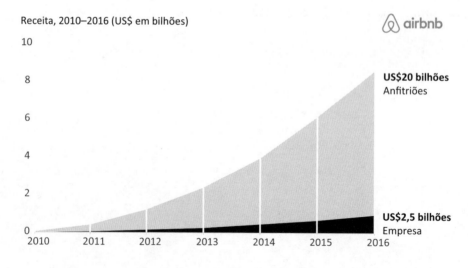

Fontes: eBay Press Releases, Market Watch; AirDNA Research, Airbnb Press Releases, CBRE Group Research.

Copyright © 2018 Accenture. Todos os direitos reservados.

Os exemplos incluem tecnologias que diminuem o tempo de espera ou reduzem erros, incluindo entrega no mesmo dia da Amazon, aplicativos que permitem que os clientes de fast-food façam pedidos sem a necessidade de telefonar, ou sites de rich media que proporcionam uma experiência de autoatendimento mais fácil e menos desagradável para os consumidores do que navegar pelas opções no telefone da empresa.

Outro valor pode estar escondido em produtos e serviços que os consumidores simplesmente não sabem que desejam até serem disponibilizados; a partir de então, torna-se impensável viver sem eles. Por exemplo, as câmeras foram incluídas nos smartphones como um recurso adicional. Porém, ter um único dispositivo que integra fotografia e vídeo à conectividade das redes sociais, incluindo Facebook, Instagram e Snapchat, liberou valor significativo para os usuários, ao mesmo tempo em que dizimou o mercado de câmeras avulsas.

SOCIEDADE — Por fim, o valor retido da sociedade se acumula quando as atividades comerciais fracassam em criar benefícios que ajudariam a todos, o que os economistas chamam de "externalidades positivas". Isso pode incluir redução da poluição e das emissões de carbono; melhoria da educação; alimentos seguros e água potável; e saúde e bem-estar.

O simples ato de aprimorar os canais de comunicação entre os moradores de uma comunidade, por exemplo, pode melhorar a habitabilidade de um bairro, liberando valor retido sob a forma de preços mais altos de imóveis. Mesmo os sistemas relativamente simples de quadro de avisos e alerta por e-mail, como Nextdoor e UrbanSitter, que podem enviar um profissional qualificado em questão de minutos, fortalecem os laços entre os vizinhos.

Aproveitar plataformas criadas para outros fins também pode revelar valor retido da sociedade. Os serviços de transporte por aplicativo, direcionados ao deslocamento de residentes urbanos mais jovens, encontram crescimento adicional no auxílio à locomoção de idosos e pessoas com deficiência sem que eles precisem dirigir, permitindo que mais pessoas envelheçam em suas próprias casas. Para os idosos, essa liberação adicional de valor proporciona benefícios consideráveis, embora não quantificáveis e intangíveis, incluindo melhoria da qualidade de vida e capacidade de permanecer ativo na comunidade, além de liberar um grande valor retido que não mais pertence às casas de repouso.

Nossa pesquisa descobriu algumas empresas dominantes que encontraram maneiras de identificar e liberar valor retido nos quatro níveis, geralmente usando a mesma combinação de inovações disruptivas (veja a figura 1.7).

Figura 1.7 Liberação de Valor Retido

	EMPRESA	SETOR
Tencent 腾讯	Os negócios de crescimento mais rápido da Tencent são pagamentos, serviços em nuvem e assinaturas de conteúdo digital (as assinaturas de vídeo aumentaram 85% em 2018)	O WeChat disponibiliza uma plataforma de e-commerce para empresas estrangeiras — 95% das marcas de luxo globais vendem por ela
illumina	Pioneira no sequenciamento avançado de genoma, a empresa representa mais de 70% do mercado	Criação de uma loja de aplicativos para informática em DNA, fornecendo aos provedores de assistência médica acesso fácil às ferramentas
Starbucks	Desde 2000, a Starbucks aumentou a localização de suas lojas em 12% da taxa de crescimento anual composta (CAGR, na sigla em inglês)	Parceria com o Spotify para fornecer streaming premium a seus baristas como parte de sua estratégia para criar um "ecossistema musical de próxima geração"

Fontes: Fortune, 2017; site da Starbucks, 2018; MarketWatch, 2018; Business Insider, 2018.

Copyright © 2018 Accenture. Todos os direitos reservados.

A Tencent, gigante chinesa de jogos, identificou valor retido em redes financeiras ineficientes e não confiáveis. Ela aproveitou seu relacionamento existente com consumidores chineses para agregar recursos de pagamento eletrônico, que agora geram US$1,3 bilhão em receita para a empresa. Em apenas alguns anos, o mercado de pagamentos móveis da China cresceu para mais de US$5,4 trilhões em transações, 50 vezes o tamanho do mercado norte-americano equivalente. Desse montante, a Tencent processa quase 40%, enquanto a Alibaba, que entrou antes nessa atividade, lida com mais da metade do tráfego. Os bancos tradicionais da China, por sua vez, têm uma participação insignificante nesse contexto.

A LACUNA DE VALOR RETIDO

 CONSUMIDOR

 SOCIEDADE

CONSUMIDOR	SOCIEDADE
O WeChat Pay é uma função do WeChat, o aplicativo de mensagens da Tencent usado por mais de 1 bilhão de pessoas	Atende à demanda global das pessoas que não têm acesso a bancos; o mercado de pagamento móvel na China é 50x o dos EUA
Com seu papel central na redução dos custos de sequenciamento de US$100 milhões para US$1.000 (com meta de US$100), a empresa possibilita a genômica do consumidor	Implementação de tecnologia na pecuária para atender à demanda global de alimentos
Lançou um portal online de envio de ideias, My Starbucks Idea, que reuniu mais de 100 mil sugestões de consumidores	Doou para bancos de alimentos mais de 1 milhão de refeições, provenientes de produtos que sobraram e não foram vendidos

Os consumidores também se beneficiam desses recursos, gerando diariamente 600 milhões de transações de pagamento, muitas em pequenos montantes que envolvem atividades diárias essenciais, como compra de alimentos e transporte.

Outro aplicativo da Tencent, o popular serviço de comunicações WeChat, libera valor retido do setor ao oferecer às empresas estrangeiras uma maneira de se comunicar e negociar com consumidores chineses que, de outra forma, seriam inacessíveis a elas.

Para a sociedade chinesa como um todo, o aplicativo bancário da Tencent alavancou a tecnologia de baixo custo, incluindo dispositivos inteligentes e redes de banda larga, para oferecer serviços básicos a milhões de consumidores de baixa renda que, do contrário, não teriam acesso a serviços financeiros. Com 2 bilhões de pessoas em todo o mundo que não são atendidas por bancos tradicionais, a empresa está indicando o caminho para a inclusão e a lucratividade.

A Illumina, com sede na Califórnia, também superou empresas homólogas no que diz respeito ao valor gerado por operações atuais e às expectativas de investidores. Fundada em 1998, o principal negócio da Illumina é o sequenciamento genético. Estimativas iniciais sugeriram que o custo de decodificação do genoma humano seria US$3 bilhões, mas o preço real caiu para US$300 mil com o lançamento do primeiro dispositivo da empresa em 2006. Então, em 2014, a Illumina lançou o HiSeq X, que faz o mesmo serviço por US$1 mil.

Mesmo com uma participação de 90% do mercado, a Illumina continua a liberar valor retido, com as últimas inovações que previsivelmente reduzirão o preço do serviço para menos de US$100. Nesse ínterim, com receita de US$2,4 bilhões em 2016, a empresa aumenta o tamanho do "bolo" geral, reivindicando novos mercados que está ajudando a criar. Em 2015, por exemplo, aproveitando a demanda latente dos consumidores por serviços e produtos personalizados, a Illumina fundou sua subsidiária Helix, que torna as informações baseadas em DNA e seus benefícios mais acessíveis.

Por US$80, a Helix pode sequenciar os principais componentes do DNA de um cliente a partir de uma amostra de saliva, criando um perfil individual. Os clientes podem usar seu perfil de várias maneiras, inclusive para saber mais sobre sua genealogia ou adquirir um plano personalizado de saúde e fitness dos fornecedores terceirizados na loja de aplicativos da Helix. Os provedores de aplicativos liberam mais valor retido ao negociar o acesso aos clientes da Helix e seus dados em troca de uma participação na receita que vai para a Illumina.

Outro exemplo é a Starbucks, a gigante do café, que encontrou maneiras de usar as tecnologias digitais para aumentar a receita nas lojas a uma taxa anual de 12% desde 2000. A empresa também investiu no que chama de "ecossistema musical de próxima geração", fazendo uma parceria com o Spotify para integrar a música ao aplicativo da empresa.

A Starbucks também colabora ativamente com seus 20 milhões de consumidores móveis, oferecendo uma caixa de sugestões online que atraiu mais de 100 mil ideias para aprimorar as ofertas da empresa. Por fim, a empresa reduz o desperdício de alimentos e melhora a vida dos mais necessitados. Desde 2016, ela doou mais de 10 milhões de refeições a bancos de alimentos, as quais foram feitas com seus produtos alimentares não vendidos, mas ainda consumíveis.

Cada uma dessas inovações, individualmente, melhora o rendimento líquido da Starbucks. Mas, juntas, elas representam uma dedicação total ao valor retido, e grande parte disso está refletido no balanço da empresa como melhoria do valor da marca, do patrimônio de marca e outros intangíveis.

Os investidores responderam à liberação de valor retido pela Starbucks com um aumento significativo na capitalização de mercado da empresa, que quase triplicou entre 2011 e 2017. Da avaliação de US$79 bilhões da Starbucks em 2018, bem menos da metade é explicada pelos ganhos atuais. O restante é o reflexo da confiança dos investidores de que a empresa pode continuar a aumentar suas receitas e lucros, liberando ainda mais valor no futuro.

A NECESSIDADE DE UM PIVOT

Como esses exemplos mostram, empresas de setores muito diferentes estão implementando com sucesso inovações que visam uma crescente fonte de valor retido. E as oportunidades para encontrar esse valor só aumentam, mesmo quando as tecnologias para liberá-lo se tornam mais acessíveis e econômicas. Nos capítulos a seguir, mostraremos como você pode aplicar as estratégias desses líderes de valor retido ao seu próprio negócio, usando a abordagem de pivot sábio.

Não há tempo a perder. À medida que a lacuna de valor retido aumenta, ela impulsiona a reinvenção global de todos os setores da economia. Nenhum negócio está imune. Assim como na antiga piada sobre os dois homens que são perseguidos por um urso na floresta, você não pode fugir do urso, mas se calçar seus sapatos rápido o suficiente poderá correr mais do que o outro homem. Apesar do que podem ter sido décadas de relativa maturidade no setor, você não pode escapar da atração gravitacional de tecnologias disruptivas. Nos setores que já foram reformulados pela revolução digital uma ou mais vezes, bem como naqueles cujas fortes barreiras à entrada os mantiveram imunes até agora, as disrupções big bang e compressivas já começaram a perseguição.

Com certeza você percebeu os sinais de mudança em seu próprio negócio. As cadeias de suprimentos estáticas estão se fragmentando, reformulando-se como ecossistemas dinâmicos que envolvem todas as partes interessadas, incluindo consumidores. Os produtos e serviços antigos, alguns dos quais podem ter desfrutado de um século de domínio, estão sendo substituídos por inovações impulsionadas pelas tecnologias digitais. As barreiras à entrada, criadas pelas empresas estabelecidas, pelos altos custos de infraestrutura ou pelos controles regulatórios, estão desmoronando. Os concorrentes estão encontrando novos parceiros e novos modelos de investimento, dando início, assim, ao pivot em direção ao novo.

Nessa nova realidade empresarial, as abordagens padronizadas de planejamento estratégico são de natureza muito lenta, incremental ou sequencial para dar certo. Na melhor das hipóteses, "transformações" únicas funcionam apenas por alguns anos, até que a próxima onda de disruptores tome conta do mercado. Concentrar-se em um único produto disruptivo, esperando um grande sucesso, acarreta carência de infraestrutura ou expertise necessária para lançar uma série de inovações a fim de satisfazer as ondas cada vez menores de demanda dos clientes. Ao apostar em um ou dois segmentos de mercado, você corre o risco de perder tudo, pois alternativas melhores e mais baratas atraem os clientes mais rentáveis, de forma gradual ou repentina.

Conforme a lacuna de valor retido aumenta, há oportunidade para que você a diminua, aproveitando suas próprias inovações, expertise, propriedade intelectual, cultura corporativa e seu capital humano para obter vantagem competitiva em vez de reduzi-la.

No entanto, para compreender o que chamamos de pivot sábio, é essencial perceber que não é preciso atacar a lacuna de uma só vez. Não há necessidade de abandonar prematuramente seus principais ativos, recursos e produtos. Em vez disso, como veremos, você precisa aproveitá-los para gerar mais receita, aplicando novas tecnologias a fim de reformular produtos mais antigos e estagnados e, assim, acelerar o desenvolvimento de novos produtos. Em seguida, você investirá essa receita para criar a próxima geração da sua organização, adquirindo escala rapidamente com novas ofertas baseadas em tecnologias ainda mais novas.

Em outras palavras, disrupção não é mais um problema único na carreira a ser resolvido. É um ciclo contínuo. Em todos os setores que analisamos, uma crescente lacuna de valor retido entre o que é possível e o que está disponível aparece e reaparece com maior frequência.

Isso se converte em novas oportunidades e novos imperativos para reformular continuamente sua empresa e seu setor. Para pivotar com sabedoria e repetidamente, as habilidades que descreveremos para encontrar e liberar valor retido se tornarão parte integrante do seu modo de fazer negócios, um princípio essencial da missão da sua organização.

No entanto, antes de obter as informações práticas, é preciso descobrir o que não se deve fazer.

Capítulo 2

OS SETE ERROS

Obstáculos à Liberação de Valor Retido

AS LIBERADORAS DE VALOR RETIDO são as empresas que constantemente encontram maneiras inovadoras de direcionar e liberar esse valor acumulado nos níveis da empresa, do setor, do consumidor e da sociedade. Nos capítulos seguintes, descreveremos as novas estratégias utilizadas para acelerar a reinvenção de setores, criar ecossistemas dinâmicos e enfrentar problemas ambientais e sociais de escala global. Porém, primeiro é preciso analisar os fatos.

Apesar de ter reconhecido as oportunidades de liberação de valor, a maioria das empresas que estudamos simplesmente não estava pronta para iniciar o percurso de pivot sábio. Os líderes dedicavam-se a tecnologias, produtos e mercados existentes. Nas empresas públicas, os gerentes eram instruídos a priorizar as necessidades dos analistas de Wall Street em detrimento das necessidades dos consumidores. As organizações eram intransigentes, com sistemas de TI frágeis e funcionários focados em aperfeiçoar e aprofundar habilidades para satisfazer carreiras obsoletas e limitadas.

Muitas dessas limitações, como aprendemos na reinvenção da Accenture, decorrem de práticas empresariais que funcionavam perfeitamente em uma época em que a mudança do mercado era lenta e o comportamento dos concorrentes era praticamente previsível. O problema é que, quando a disrupção causada pela tecnologia surge, esses comportamentos, de virtudes, logo se transformam em vícios.

Antes de iniciar seu próprio pivot, é importante entender as mudanças de direção que algumas empresas fazem e que involuntariamente as impedem de reconhecer e liberar valor retido. Chamamos essas escolhas de "os sete erros".

Como um exemplo de alerta, considere a impressionante ascensão e a trágica queda da Tower Records, gigante de música e mídia. Em 1960, a Tower surgiu de um único local, dos fundos de uma farmácia, e, no fim da década de 1980, se tornou a empresa dominante do varejo global de música. Ela era a disruptora de sua época.

No entanto, após abrir 200 lojas em 15 países, ver suas receitas aumentarem todos os anos e registrar mais de US$1 bilhão em vendas anuais, de repente, em 2006, a empresa entrou em processo de liquidação. A sabedoria convencional sobre o colapso da Tower atribui a culpa ao boom inesperado de distribuição de música digital, primeiro de forma ilegal pelo Napster e outras plataformas de compartilhamento online e, depois, legalmente pelo iTunes da Apple e serviços de streaming como Pandora e Spotify. Mas o surgimento da distribuição de música digital estava longe de ser o único desafio da empresa. Esse fato simplesmente expôs o quão mal projetada e gerenciada a Tower fora desde o início.

A empresa se expandiu para novos países por impulso, fez empréstimos de forma imprudente e canalizou toda a tomada de decisões para seu famoso CEO, Russell Solomon, que notoriamente ignorava os conselhos de seu antigo diretor financeiro e dos credores. Solomon não tinha um plano estratégico e se orgulhava de sua filosofia operacional improvisada. Em suma, a Tower não tinha um mecanismo para reagir a mudanças significativas no mercado, muito menos a uma ameaça existencial ao seu modelo de negócios causada pelo avanço das tecnologias digitais. Para usar um termo da indústria da música, a empresa foi "um artista de um único sucesso".

Na verdade, a empresa nem sequer era uma empresa. Pelo contrário, ela era uma ideia única e oportuna: a criação de um espaço de varejo imenso e extravagante para fãs de música frequentarem, com vendedores jovens e animados que eram ainda mais audiófilos do que seus clientes. A Tower aproveitou uma última grande leva de crescimento da mídia gravada que começou na década de 1960 e foi motivada pelos baby boomers, mas que já apresentava sinais de declínio bem antes de a internet mudar definitivamente o setor.

No entanto, os próprios comportamentos que determinaram o futuro da Tower foram enaltecidos na época. Solomon era um visionário, um dissidente que entendia o mercado da música e construiu uma empresa dedicada a seus funcionários e clientes. O crescimento da Tower consolidou a ineficiência e a hostilidade das lojas de discos locais, justificando, assim, sua rápida expansão. Novas tecnologias, incluindo CDs e DVDs, ampliavam o mercado de mídia física de alta qualidade e estimulavam ciclos rápidos de substituição, incentivando uma estratégia de expansão acelerada.

Nesse ínterim, a distribuição digital, que era a verdadeira solução para aumentar o valor retido, se tornava melhor, mais barata e mais rápida a cada dia, apenas esperando por alguém sem a obsessão da Tower por mídia física e com mais experiência em lojas.

Além dos audiófilos, os consumidores regulares queriam mais músicas do que álbuns e se ressentiam com as constantes atualizações de mídia e os preços pretensiosamente altos dos produtos mais recentes. Eles também queriam se atualizar sobre uma variedade muito maior de estilos e artistas independentes, que não se adaptavam à cadeia de suprimentos ineficiente que se centrava em gravadoras e para a qual a Tower atuava como varejista.

Havia uma lacuna entre a experiência desejada pelos clientes de música a qualquer hora e em qualquer lugar e os planos elaborados das gravadoras determinadas a ditar preferências e tecnologias. O estudante universitário Shawn Fanning, criador do Napster, precisou apenas de acesso à internet e um pouco de conhecimento em software para expor o crescente ressentimento dos consumidores de música e dos músicos não remunerados. Quando a questão legal foi resolvida, foram as empresas de tecnologia, e não as gravadoras ou os varejistas, que aceitaram o desafio de compensar o desequilíbrio.

Em outras palavras, os acertos da Tower de repente se tornaram erros. Quando chegou o momento de pivotar em direção à tecnologia digital, uma nova fonte de valor retido com potencial significativo, as decisões de gerenciamento que pareciam se adequar a todos os dogmas das faculdades de administração na verdade levaram a Tower, e as produtoras musicais igualmente atônitas, a um beco sem saída; incapacitadas, a única alternativa possível era a decadência.

UMA CRISE CRESCENTE DE VALOR RETIDO

O colapso da Tower foi tão impressionante que se tornou tema de um documentário. Ainda assim, a empresa não foi a única a encerrar suas atividades abruptamente por conta de uma mudança tecnológica subestimada e do crescimento de valor retido em seu setor. Até os disruptores podem ser vítimas, pois os consumidores esperam pela próxima geração de inovação e, ao não consegui-la com rapidez suficiente, abrem caminho para concorrentes ainda mais novos ou outras empresas que prestam mais atenção a eles. Quando o valor retido que se acumulou atingir um ponto crítico, talvez seja necessário mais do que apenas um teste com a nova tecnologia — um Napster, uma Uber, um Airbnb — para expô-lo e fazer com que sua futura redistribuição seja inevitável.

As empresas estabelecidas que erguem barreiras organizacionais e de gestão — as quais eliminam as necessidades reais dos clientes quando elas não se enquadram no plano de negócios atual — certamente cambalearão quando enfrentarem a difícil realidade. Se não se prepararem e não tiverem a agilidade para pivotar em direção à próxima inovação, correrão o risco de não ter nada para substituir a receita em declínio, além de comprometerem todos os seus recursos com um produto agora ofuscado. O colapso rápido e total geralmente é o resultado dessa situação.

As razões para essas falhas drásticas têm sido o foco de nossa pesquisa há algum tempo. Analisamos algumas das causas, por exemplo, em nosso recente artigo publicado na *Harvard Business Review*, o qual versa sobre a reinvenção e as dificuldades que as empresas têm para encontrar sua "segunda chance". Descobrimos que, tanto para empresas respeitáveis quanto para startups que já foram notáveis, o problema não é o simples fato de que a nova tecnologia as torna obsoletas. A indústria musical pode ter ficado mais caótica, mas era provável que os consumidores ainda estivessem dispostos a comprar mídia gravada, mesmo quando começaram a mudar suas preferências para produtos digitais como o iTunes, da Apple, e os serviços de assinatura que o sucederam.

As empresas estabelecidas tinham à disposição as ferramentas necessárias para se reinventarem não apenas uma vez, mas continuamente. Então, por que Solomon, o CEO da Tower, não conseguiu encontrar maneiras de aprimorar e revitalizar seu negócio principal, pelo menos o suficiente para gerar capital a fim de investir em tecnologias emergentes de música digital? O que impediu a Tower, com sua poderosa marca global conquistada por meio da paixão pela música compartilhada com seus clientes fiéis, de liderar o ciclo subsequente da indústria do entretenimento? Como a vivacidade e a expertise de seus jovens funcionários foram simplesmente desperdiçadas? E por que ela falhou tão rapidamente diante de seu primeiro desafio real?

É muito comum que os fracassos empresariais ocorram devido à lacuna gradativa entre o valor possibilitado por novas tecnologias e a porcentagem reduzida que a estrutura existente da empresa pode captar — um abismo crescente de valor retido.

Os executivos vislumbram um futuro brilhante em que seus negócios continuam a liderar, mas simplesmente não conseguem alcançá-lo. Muitas vezes, nem sequer são capazes de dar os primeiros passos em sua direção.

Por que não? Em muitos casos, a resposta tem pouco a ver com a disruptora e tudo a ver com os aspectos básicos. Ao longo do tempo, a empresa falhou em adotar os princípios fundamentais do negócio; por estar tão deslumbrada com seu próprio sucesso no mercado, nunca conseguiu institucionalizar seus valores em uma cultura que equilibra inovação e sustentabilidade. Ela pode não ter controles financeiros e possuir muita dívida ou sistemas inadequados para contratar e manter o melhor capital humano. Assim como o colapso lento e repentino da Tower e de outras varejistas diante da adoção crescente do e-commerce pelo consumidor, a disruptora simplesmente bate à porta da empresa, revelando um negócio que se tornou praticamente uma vila de Potemkin — uma fachada que desmorona com facilidade se confrontada.

Nossa pesquisa revela uma causa ainda mais profunda, de fato irônica, para a evasão das empresas que sofrem disrupção. Em muitos casos, a falta de resiliência é uma consequência trágica da alta gerência que faz tudo "corretamente", ao menos do ponto de vista das teorias populares de gestão. Ao buscar "valor para o acionista", operar sob uma estrutura "enxuta", adotar o "design thinking" ou o desenvolvimento "ágil", ou realizar o spin-off de P&D de nova geração a fim de superar o "dilema da inovação", as empresas menos capazes de liberar valor retido são sempre as mais rigidamente comprometidas com as abordagens das faculdades de administração à estratégia e à execução. Mesmo que os métodos acadêmicos já tenham funcionado, eles dificilmente se adaptarão a um mundo em que as tecnologias disruptivas surgem de forma cada vez mais rápida e imprescindível.

Erros diferentes geram caminhos distintos para a retenção de valor. Algumas empresas se concentram tanto em atender os clientes antigos, por exemplo, que não conseguem captar um segmento de mercado novo e muitas vezes maior emergindo rapidamente de outras populações ou localidades. Ou, depois de abrirem o capital da empresa que fundaram, os empreendedores veem sua cultura ser dominada por um foco frenético nos ganhos trimestrais, abdicando, assim, do tipo de pensamento inovador que os tornou bem-sucedidos no início.

Em setores maduros, incluindo serviços financeiros, serviços públicos e transporte, a causa principal do valor retido geralmente é uma relação prejudicial com as autoridades reguladoras. Após um longo período de controle intensivo, que pode incluir a definição de preços e a aprovação de novos serviços, toda a cadeia de suprimentos se torna subserviente à autoridade reguladora — na verdade, seu único cliente real. Quando os disruptores rompem as barreiras que afastavam os novos concorrentes, os responsáveis pela gestão se perdem, pois esqueceram, se é que um dia já souberam, como competir.

Pela nossa experiência, uma simples falha de execução é ainda mais comum. Até novas companhias se sobrecarregam rapidamente com o tipo de burocracia que assola muitas empresas estabelecidas, enfraquecendo a cultura de execução célere que as tornou bem-sucedidas. Em outras palavras, o valor fica retido porque os líderes de mercado atuais são impelidos a buscar ganhos adicionais na estrutura do setor vigente e nas principais tecnologias subjacentes a ele. Mesmo com um caminho livre pela frente, os responsáveis pela gestão não conseguem mudar a trajetória da organização. Eles estão presos a suas tradições, comprometidos com seu próprio declínio a princípio gradual e, depois, repentino. Eles se tornaram frágeis; são incapazes de pivotar, sabiamente ou de qualquer outra forma.

Essa resistência à mudança geralmente é o resultado direto da gestão profissional que surge ou é introduzida para administrar negócios bem-sucedidos e de rápido crescimento. Os operadores podem perder rapidamente o contato com os consumidores e as ofertas de produtos e serviços. Uma distância crescente entre a gestão e a linha de frente pode fazer com que os líderes realmente hesitem em mudar o negócio — o *status quo* — por medo de não entenderem todas as implicações e possíveis consequências indesejadas que possam resultar.

Como veremos, esses líderes não são como fundadores, que inerentemente têm uma abordagem de execução prática e orientada a detalhes. É possível que os gestores profissionais facilmente adotem um estilo *laissez-faire* que pode parecer complacência, mas na verdade representa uma perda de velocidade e agilidade.

O acúmulo de valor retido resultante só se tornará mais acentuado com o ritmo acelerado das disrupções tecnológicas e a maior velocidade com que inovações adentram os mercados — os fenômenos a que nos referimos anteriormente como disrupção big bang e compressiva. Esses modificadores imprevisíveis do setor são, por sua vez, a consequência de duas tendências econômicas genéricas: a adoção quase imediata de novos produtos pelos consumidores em um número crescente de mercados e a rápida obsolescência dos produtos digitais. Analisemos brevemente cada uma delas.

OS SETE ERROS

INFORMAÇÕES QUASE PERFEITAS DE MERCADO — Assim como qualquer pessoa com um smartphone sabe, o tempo entre a introdução de um novo produto e a sua adoção pela maioria de seus possíveis consumidores diminuiu drasticamente. Essa saturação instantânea começou em bens de consumo e produtos de software, mas agora se propagou aos bens duráveis e até mesmo industriais viabilizados digitalmente. Os compradores aparecem todos de uma vez ou nunca.

Em parte, isso ocorre porque as tecnologias digitais reduziram o custo para os compradores conhecerem e avaliarem novas ofertas, o que os economistas chamam de "custos de informação". A disseminação de informações pelas mídias sociais e outros canais digitais reduziu drasticamente esses custos, possibilitando que consumidores avaliem de maneira rápida e eficaz as possíveis compras. Chamamos esse fenômeno de "informação quase perfeita de mercado". Agora, no lançamento (e, em alguns casos, até mesmo antes), os compradores se informam totalmente sobre o produto, o que inclui opiniões positivas e negativas de outros usuários. Todo mundo que quiser o produto o adquirirá de imediato. O restante do mercado almejado nunca o faz, pois aguarda um produto melhor, mais barato ou ambos, geralmente disponibilizado por um novo concorrente. Em 2016, por exemplo, a Tesla vendeu quase 400 mil Model 3 nas duas primeiras semanas de seu tão esperado lançamento, a maioria nos primeiros três dias. Isso não significava, como poderia ter sido outrora, que multidões de outros compradores aguardavam para fazer o mesmo. A maior parte simplesmente apareceu na divulgação do produto.

A frequência de novos pedidos diminuiu drasticamente na terceira semana; em meados de 2018, a empresa registrou apenas 450 mil reservas no fim do primeiro trimestre. Atender a todas essas solicitações levará tempo (as remessas não começaram até 2017), mas essa situação configura apenas pedidos pendentes, não nova demanda. De fato, alguns analistas estimam que até 25% dos clientes exigirão estorno de seus depósitos.

As novas realidades do mercado podem pegar até mesmo as empresas digital first desprevenidas. Considere a impressionante ascensão e queda do Pokémon Go em 2016. Em julho, a desenvolvedora de jogos Niantic teve um sucesso extraordinário com o lançamento do primeiro jogo de realidade aumentada, no qual os jogadores podiam "encontrar" e "capturar" criaturas digitais que apareciam aleatoriamente nas telas de seus dispositivos inteligentes, sobrepostas à imagem real da câmera. Por um breve período, foi como se o mundo todo jogasse Pokémon Go. Na primeira semana, 7,5 milhões de usuários baixaram o jogo; em apenas 7 dias, atingiu-se um ápice de

28,5 milhões de pessoas jogando por uma média de 1,25 hora por dia. Porém, o entusiasmo durou apenas alguns meses. Após 10 semanas, o jogo havia praticamente chegado ao fim — em uma semana, o Pokémon Go perdeu 15 milhões de jogadores.

No fim de 2016, os caçadores de criaturas haviam praticamente desaparecido com cerca de US$6,7 bilhões em valor para a Nintendo, que é coproprietária dos personagens licenciados pela Niantic. Ao supor que os US$35 milhões em receita gerada pelos jogadores no primeiro mês continuariam e até aumentariam, os investidores somaram US$23 bilhões à capitalização de mercado da Nintendo no início de julho. Essa suposição, no entanto, caiu por terra em agosto. A Niantic ainda não lançou um jogo substituto com uma adesão semelhante à do Pokémon Go.

OBSOLESCÊNCIA DIGITAL — Como evidenciado pelo exemplo do Pokémon Go, a segunda força econômica é a rápida obsolescência dos bens digitais, que constituem um componente essencial de uma gama crescente de produtos e serviços em todos os setores. Como observado, as melhorias contínuas no preço, no desempenho, no tamanho e na utilização de energia dos componentes digitais, geralmente fomentadas por retornos crescentes de escala, levam a um ciclo cada vez mais curto de novas versões e inovações.

À medida que mais produtos e serviços integram a tecnologia digital, a velocidade com que consumidores e empresas substituem praticamente tudo passa a ser determinada pelo ritmo caótico das mudanças tecnológicas, e não pela evolução ordenada dos padrões do setor.

Ao juntar essas duas tendências, o resultado é a fórmula de aceleração do acúmulo de valor retido e dos tipos de crises existenciais que ocorrem cada vez mais na lacuna.

A Tower Records pode ser um exemplo radical, mas mesmo as empresas mais respeitadas e bem-sucedidas do mundo raramente sobrevivem à primeira crise quando ela acontece. A média de vida útil das empresas da Standard and Poor's 500 caiu de 67 anos na década de 1920 para apenas 15 anos atualmente. Segundo Richard Foster, professor de Yale, em 2020, cerca de três quartos das empresas da lista serão as que foram inéditas em 2010.

As disrupções big bang e compressiva estão se alastrando rapidamente para setores praticamente intocados pela primeira onda de tecnologias online. A Internet das Coisas e a impressão 3D estão prestes a causar disrupção no processo de fabricação, enquanto a genômica, a agronomia, os drones e os sensores de baixo custo convergem para reinventar a agricultura. As montadoras e seguradoras de automóveis já enfrentam um futuro próximo que incluirá veículos elétricos e autônomos. E empresas de serviços profissionais, incluindo a Accenture, competem com aplicativos comerciais de inteligência artificial aplicada e seu potencial impacto nos trabalhadores do conhecimento.

OS SETE ERROS

Identificamos sete erros comuns de gestão que explicam por que tanto valor retido não é liberado pelas empresas estabelecidas. Muitos desses erros são consequência de gerações de executivos que seguem as melhores práticas de gestão. Cada um deles visa solucionar um problema específico, mas falha em considerar seu impacto na saúde a longo prazo da organização, ou simplesmente não dimensiona com rapidez suficiente para acompanhar o ritmo progressivo da disrupção.

TORNAR A EMPRESA MUITO ENXUTA — Em seu livro *A Startup Enxuta*, Eric Ries, empreendedor e autor norte-americano, dá um conselho: começar a vender o mais rápido possível um produto minimamente viável e, em seguida, iterar depressa, com base em interação e feedback intensos do cliente, a partir de canais de baixo custo, incluindo a mídia social.

Embora a abordagem enxuta tenha sido amplamente aceita em empresas novas e antigas, as organizações falham por dedicar todos os seus recursos a um único produto. Ao passo que a saturação do mercado ocorre mais rápido e de forma constante, a capacidade de gerar novos produtos se torna mais importante do que a expertise necessária para criar apenas um, independentemente do entusiasmo dos consumidores.

Concentrar todos os recursos em um único produto, mesmo depois que os consumidores já se cansaram dele, acarreta valor retido na empresa, pois desenvolvedores talentosos e empreendedores inteligentes perdem a chance de inovar com a próxima onda de novas tecnologias.

Se o mercado simplesmente seguir em frente e aguardar a próxima inovação, o investimento dos principais recursos nas repetidas iterações e correções de rota exigidas pela metodologia enxuta resolve o problema errado. Antes que ocorra a saturação de demanda, a gestão deve organizar uma nova equipe para iniciar o ciclo do zero. Do contrário, a empresa adentra uma espiral mortal de esforços a fim de atender continuamente melhor às necessidades incrementais de um número decrescente de clientes que antes eram entusiastas. Quando muito, o negócio sobrevive ao ser adquirido por uma empresa mais diversificada, geralmente a um preço consideravelmente menor.

Considere o Groupon, acólito da metodologia enxuta, que continua a pivotar em torno de sua principal inovação de "social shopping", na qual os consumidores aproveitam a escala para negociar descontos de comerciantes. Apesar dos fortes indícios de que o entusiasmo pelo social shopping é passageiro, o Groupon permanece singularmente focado em comprovar o conceito, aprimorando metodicamente sua interface, adquirindo o LivingSocial, seu concorrente fracassado, e expandindo, talvez imprudentemente, para a compra coletiva de viagens.

Nesse ínterim, uma falha nos aspectos básicos levou a um aumento nas despesas operacionais e nos desentendimentos com a SEC [equivalente à CVM no Brasil] devido a erros contábeis embaraçosos antes e depois da abertura de capital. Desde sua IPO em 2011, o Groupon perdera mais de 70% de seu valor em meados de 2018, com uma redução anual de vendas desde 2014.

Não são apenas os adeptos assíduos da filosofia enxuta que correm o risco de perder todo um mercado em meio à obsessão por alguns clientes existentes. Quando foi lançada em 1999, a TiVo, que popularizou o gravador de vídeo digital, foi aclamada como uma inovadora disruptiva. Ela rapidamente se tornou sinônimo de vídeo sob demanda: gravar um programa para assisti-lo posteriormente era "fazer um TiVo". Mas a empresa já foi superada por aplicativos de streaming que subverteram o modelo de TV paga de forma mais substancial, incluindo Netflix, Hulu e Amazon.

A TiVo continuou a fazer melhorias incrementais em seus aparelhos e a licenciar suas tecnologias, mas o prazo de validade de muitas de suas principais patentes está chegando ao fim. Apesar da fusão de 2016 com a empresa de software de entretenimento Rovi, a TiVo perdeu dois terços de seu valor nos últimos 5 anos. A empresa terceirizou as vendas de hardware e varejo e recentemente descartou a possibilidade de mais aquisições.

O problema de saturação imediata é ainda mais grave na concorrência desenfreada dos aplicativos para smartphones, pois uma falha no processo de preparação para um novo valor potencial que provém de melhorias contínuas na tecnologia muitas vezes representa o fim da empresa. Os desenvolvedores geralmente ficam ancorados ao desenvolvimento de produtos que focam o problema errado.

Considere a Zynga, a bem-sucedida desenvolvedora de jogos de sucesso como FarmVille, que mal sobreviveu à rápida ascensão e queda do Draw Something, seu jogo de desenho e adivinhação. Em 2012, ele atraiu 16 milhões de jogadores em questão de semanas, mas foi esquecido rapidamente nos meses subsequentes, enquanto a empresa tentava, tardiamente, lançar um substituto. Embora as receitas tenham melhorado recentemente, o grande sucesso seguinte se mostrou fugaz.

Embora muitos desses exemplos decorram de startups, a pretensão de se tornar enxuta também afeta empresas mais antigas e com ativos abundantes. Nos setores de comunicação, serviços públicos e serviços financeiros, a tendência tem sido terceirizar P&D e engenharia. No entanto, ao fazê-lo, as empresas muitas vezes também perdem sua capacidade de inovação, exacerbando, assim, o risco de sofrer disrupção.

CRIAR UMA ESTRUTURA DE CAPITAL FADADA AO FRACASSO — O financiamento corporativo é uma área em que compensa adotar uma abordagem enxuta: ter o mínimo possível de investidores pelo maior tempo que conseguir e evitar dívidas devastadoras. Uma estrutura de capital profundamente alavancada só funciona em períodos de crescimento extraordinário. Se os mercados se contraem, mesmo que moderadamente, os credores tradicionais logo ficam ansiosos, incentivando ou até forçando a contenção no momento exato em que um investimento reiterado em inovação é fundamental para a sobrevivência e a expansão futura.

Com a pressão exercida pelos credores de curto prazo, o valor fica retido no nível do cliente. Os usuários percebem o valor potencial que pode ser liberado na próxima onda de inovação e diminuem a compra antecipadamente. Uma recessão pode não significar a necessidade de economia, mas, sim, de aceleração do desenvolvimento de inovações de próxima geração. Sem os fundos ou a liberdade de enfrentar a próxima onda, a empresa corre o risco de ir contra o fluxo, exacerbando uma crise de crédito em vez de resolvê-la.

Por exemplo, durante muito tempo, a Tower Records dependeu excessivamente do financiamento por endividamento para fomentar a expansão, chegando a US$300 milhões. O ônus de quitar essa dívida exerceu uma pressão extraordinária nas finanças da empresa; pressão que não pôde ser aliviada em decorrência da queda das vendas de discos no início dos anos 2000.

Após perder US$10 milhões nesse período, em 2001, a Tower perdeu quase US$100 milhões. Como era de se esperar, os credores refrearam a empresa, eliminando qualquer esperança de reinvenção por investimento nos serviços online emergentes. Em 2004, a Tower entrou com pedido de falência, deixando os credores com 85% da empresa e US$80 milhões em dívidas perdoadas.

Um outro exemplo é a gigante do varejo infantil Toys "R" Us, que, em 2018, fechou suas portas de forma definitiva após pedir recuperação judicial em 2017. Embora as manchetes inevitavelmente se concentrassem na incapacidade da empresa de competir com alternativas online melhores e mais baratas, incluindo a Amazon, as sementes de seu repentino colapso foram semeadas muito antes e estavam totalmente relacionadas com dívidas insustentáveis.

Como parte de uma operação de compra realizada em 2005 por investidores de private equity por quase US$7 bilhões, a empresa contraiu uma dívida a juros baixos, a qual continuou a refinanciar até o início da crise financeira de 2007–2008. Quando a Toys "R" Us entrou com o pedido de falência, estava pagando US$400 milhões por ano para quitar uma dívida de US$5 bilhões, um valor muito superior ao investido em suas lojas e sistemas computacionais.

Além do capital, empresas frágeis geralmente assumem outras obrigações de longo prazo antes que precisem, o que limita a flexibilidade futura. Para empresas estabelecidas, passivos futuros, incluindo locações de vários anos, compras de equipamentos financiados por endividamento e contratos prolongados de terceirização, podem restringir seriamente a capacidade da gestão de mudar o rumo.

Embora as startups geralmente não apresentem muitos desses problemas, é comum que elas incorram em despesas operacionais excessivas, incluindo bufês de almoço, políticas generosas de licenças, creche gratuita e espaço de escritório alugado em propriedades de alto padrão. Esses custos são igualmente perigosos, sobretudo quando os mercados mudam de modo repentino.

Por exemplo, entre o seu lançamento em 2011 e sua repentina desativação 7 anos depois, a bem-sucedida Airware, startup de softwares para drones comerciais, gastou mais de US$100 milhões em financiamento de risco. Para onde foi esse dinheiro? A empresa mudou suas estratégias de forma imprudente. A certa altura, ela tentou desenvolver seus próprios drones antes de passar a desempenhar o papel de consultora do setor, além de adquirir outras startups e até lançar seu próprio fundo de investimento específico para drones.

Como os fundadores da empresa reconheceram, o software da Airware era consistentemente sofisticado demais para funcionar com o hardware disponível para drones. Em vez de economizar dinheiro enquanto aguardava a atualização do setor, a Airware optou por desenvolver uma série de caras soluções alternativas, recusando-se a comprometer sua ambição de ser uma empresa de última geração. Um ex-funcionário disse ao site TechCrunch: "Eles tinham um dom especial para contratar pessoas extremamente talentosas e caras de empresas como Google e Autodesk; havia até ex-alunos da SpaceX e da NASA. Eles nunca economizaram."

PERDER O CONTROLE — Nas startups de tecnologia, ou no setor de desenvolvimento de novos produtos das incubadoras corporativas, as melhores práticas geralmente forçam os inovadores a deixarem suas funções de liderança muito depressa. Os investidores de risco externos e os comitês de risco internos dão aos empreendedores visionários uma liberdade considerável para administrar suas organizações, às vezes, sem qualquer planejamento, até que um produto de sucesso seja lançado.

Porém, assim que consumidores reais surgem, os investidores e supervisores corporativos logo insistem em obter uma gestão experiente, ou a "supervisão de um adulto", que assuma as operações diárias. Fundadores, como Jerry Yang, do Yahoo, e Evan Williams, do Twitter, geralmente são afastados de cargos de engenharia que consideram restritivos. Sem os meios ou incentivo para continuar inovando, eles logo pedem demissão, muitas vezes para fundar sua próxima startup, levando consigo seus colegas de confiança.

Então, o problema de liderança se torna grave para a empresa ou departamento deixado para trás, uma dificuldade que surge constantemente conforme a lacuna de valor retido aumenta cada vez mais rápido. Os gerentes experientes acabam se concentrando na melhoria do produto original, que já pode ter esgotado sua utilidade e muitas vezes é alvo da concorrência súbita de novos participantes que têm acesso imediato a novas tecnologias de geração de valor e não se dedicam ao mesmo modelo de negócios do disruptor inicial.

Sem seus líderes visionários, as empresas podem achar que não há outra opção a não ser apostar ainda mais em suas táticas existentes. Ao fazer isso, elas aumentam suas chances de estagnar com o avanço do mercado. Por exemplo, na ausência de seus fundadores, o Yahoo falhou em suas tentativas de encontrar novas maneiras de capitalizar seu mecanismo de busca ou diversificar em outros aspectos.

Para contrastar, considere o Google. Depois que seu experiente CEO, Eric Schmidt, estabilizou o principal produto de pesquisa e publicidade, o conselho da empresa reconheceu o risco de se tornar dependente de um crescimento exponencial e insustentável de um único produto. A solução foi trazer de volta os fundadores originais do Google às posições de liderança, iniciando, assim, uma abordagem ainda mais ousada de inovação.

De forma semelhante, depois que o substituto experiente de Steve Jobs falhou em lançar os produtos que os consumidores desejavam, a Apple notoriamente devolveu o comando a Jobs com o intuito de iniciar um ciclo ainda mais grandioso da empresa.

Em contrapartida, o Yahoo optou por um foco interno e se empenhou em uma série de estratégias que visavam transformar o negócio sem realmente ouvir o que os usuários queriam. Quando esses esforços falharam, em 2017, os investidores forçaram a venda da empresa à Verizon por US$4,5 bilhões, um declínio acentuado em comparação ao ápice do valor de mercado de US$125 bilhões do Yahoo em 2000. Por muitos anos, a empresa dominou as buscas online, mas nunca mais recuperou o ritmo depois que o Google conquistou o primeiro lugar em 2004 e assim se manteve. Na época da aquisição do Yahoo pela Verizon, o Google valia mais de US$640 bilhões.

GERENCIAR PARA WALL STREET — Os investidores públicos e os analistas de pesquisa que os aconselham podem ser ainda mais conservadores do que os credores que detêm dívidas da empresa. As estimadas startups que abrem o capital muito depressa se veem limitadas por investidores que dizem querer inovações mais disruptivas, mas que criticam as ações e a gestão da empresa quando os lucros não aparecem rápido o suficiente.

De forma análoga, empresas maduras podem ser limitadas por antigos analistas de Wall Street, cujo foco no desempenho diário geralmente ofusca as tendências e tecnologias disruptivas mais intensas que esclarecem o setor. Os esforços para capturar o crescente valor retido são adiados enquanto os investidores repensam furiosamente a última estratégia da empresa, iniciando um ciclo às vezes fatal.

As equipes de gestão de empresas como Snapchat e Blue Apron já estão se esforçando para equilibrar uma estratégia dinâmica com as demandas públicas após IPOs recentes, e talvez prematuras, realizadas em 2017. Desde então, as duas empresas vivenciaram a saída de executivos importantes e uma queda substancial no preço de suas ações.

Embora muitos fatores tenham contribuído para as dificuldades do LinkedIn, empresa pioneira em redes sociais de negócios que abriu seu capital em 2011, o fracasso contínuo em gerar o tipo de receita que Wall Street esperava acarretou o colapso do preço de suas ações cinco anos depois. Essa situação tornou o LinkedIn um alvo atraente de aquisição para a Microsoft, que acreditava que poderia — e em grande parte o fez — restaurar o brilho perdido da empresa.

Ajustar a estratégia para tranquilizar os acionistas pode ameaçar a própria missão de uma empresa jovem, o que é uma decepção geral. Quando a Etsy, pioneira em produtos artesanais, abriu seu capital em 2015, o então CEO, Chad Dickerson, limitou os investidores de varejo a uma participação de US$2,5 mil, na esperança de garantir que as missões sociais e políticas da empresa continuassem tendo prioridade. Porém, após 2 anos de aumento de custos e desentendimento entre os vendedores artesanais da Etsy sobre a decisão de permitir produtos industriais no site, investidores ativistas forçaram Dickerson a sair com 8% da equipe da empresa.

Desde então, a Etsy renunciou ao seu status de "Empresa B" socialmente consciente, e é improvável que ocorra uma reincorporação como empresa de utilidade pública. Embora a gestão profissional tenha melhorado as receitas e o preço das ações, os aumentos na comissão da empresa afastaram alguns produtores e outras iniciativas experimentais foram descartadas. Em vez de ajudar a Etsy a aperfeiçoar sua marca e possibilitar a rápida expansão do negócio, abrir o capital antes do tempo pode ter prejudicado ainda mais a empresa.

Compare a Etsy com a Amazon, cujo CEO, Jeff Bezos, se orgulha de despender apenas seis horas por ano em relações com investidores. A empresa se esforça para instruir os analistas que preferem lucros em curto prazo em vez de novos negócios que incluem entrega baseada em drones, Amazon Echo, Alexa e outros grandes investimentos na Internet das Coisas.

Ainda que Bezos e sua equipe de gestão sempre reinvistam a receita da empresa, eles o fazem com a intenção de criar ainda mais valor no futuro. Imagine o valor retido desperdiçado se, em vez disso, Bezos tivesse cedido à preferência dos investidores tradicionais e simplesmente otimizado e iterado sua livraria online de sucesso.

CONFIAR NA SORTE — Em uma época na qual novos produtos e serviços são rapidamente desenvolvidos a partir de combinações de componentes intercambiáveis de hardware e software, um número crescente de empresas alcançou avaliações privadas e às vezes públicas em bilhões de dólares em tempo recorde. Esses preços "unicórnio" não parecem se basear nos princípios básicos do investimento, mas simplesmente no entusiasmo dos usuários iniciais e na promessa de receitas subsequentes — o resultado de informações quase perfeitas de mercado que geram sucesso unilateral.

Seja por uma startup, ou uma empresa estabelecida, o lançamento de um produto que se mostra um disruptor big bang pode fazer com que os líderes se sintam invencíveis. Muitas vezes, escreve-se uma história retroativa dos fatos, o que faz com que a popularidade bem-sucedida, mas em grande parte acidental, da empresa pareça o resultado da tomada de decisão gerencial presciente — uma ilusão perigosa.

Pior ainda, o CEO da empresa pode começar a ser venerado. Ao confundir a popularidade com a genialidade, ele deixa de ouvir os clientes ou aprender com seus erros, se distraindo ao ministrar palestras ou opinar abertamente sobre os acontecimentos do dia. Gestores com pouca autonomia simplesmente aguardam o pronunciamento mais recente, em vez de se concentrarem nas análises. Sucesso gera fracasso.

O Twitter, que encerrou seu primeiro dia de oferta pública no valor de US$14 bilhões, desde então se esforça para identificar receita e manter o tipo de crescimento que Wall Street espera, dada sua avaliação. Novos recursos, incluindo tuítes patrocinados, postagens mais extensas e enquetes, incomodaram muitos usuários antigos, que reclamaram na própria rede social. Enquanto isso, a gestão se tornou uma espécie de porta giratória, com os principais executivos e engenheiros deixando a empresa.

O crescimento do número de usuários também diminuiu, embora o recente corte de custos em remuneração, P&D, vendas e marketing, aliado ao crescimento da receita de novos recursos, tenha permitido à empresa melhorar a lucratividade.

Os gestores que confundem uma avaliação alta com genialidade também podem prejudicar um design de produto sofisticado ao inserir todos os atrativos que eles sabiamente deixaram de fora de sua primeira oferta, afastando os clientes dedicados que inicialmente desencadearam sua notoriedade.

Por exemplo, apenas meses após ganhar o Best of Show na Consumer Electronics Show de 2014 com um protótipo de fone de ouvido de realidade virtual, a startup Oculus foi adquirida pelo Facebook por US$2 bilhões. Porém, os excessos no design atrasaram o primeiro produto comercial da empresa até 2016, e o preço decorrente de US$800 por uma unidade totalmente configurada reduziu o entusiasmo do consumidor.

Os produtos desenvolvidos nesse período pela HTC, Sony e Samsung superaram o tão esperado Oculus Rift em seu primeiro ano, deixando a Oculus com apenas 4% do total das vendas. Devido à propaganda antecipada e exagerada, os consumidores se tornaram céticos quanto à capacidade da tecnologia, o que causou uma lentidão nas vendas de hardware de realidade virtual como um todo.

Essa situação não configura de forma alguma um fracasso da ideia de realidade virtual e de seu potencial para liberar um considerável valor retido em todos os quatro níveis, mas, sim, uma falha de insight confuso sobre o mercado que pode ser moldado pela superpotência no futuro.

ATENDER ÀS AUTORIDADES REGULADORAS, E NÃO AOS CONSUMIDORES — Quando produtos simultaneamente melhores e mais baratos logo subvertem um mercado estabelecido, os operadores atônitos recorrem cada vez mais às suas antigas autoridades reguladoras, na esperança de atrapalhar os insurgentes ou, pelo menos, ganhar mais tempo. Em setores tão diferentes quanto serviços financeiros (fintech), aviação (drones), hospedagem (Airbnb) e assistência médica (testes genéticos), as empresas estabelecidas primeiro optam por fazer lobby a fim de conseguir proibições definitivas aos disruptores.

Quando os consumidores revidam a favor dos disruptores, as autoridades reguladoras recorrem a novas regras criadas às pressas, e geralmente prejudiciais, elaboradas com pouco ou nenhum entendimento de como os produtos ou serviços das startups diferem dos oferecidos pelas empresas estabelecidas. Ironicamente, o resultado costuma ser mais valor retido no nível da sociedade, com inovações projetadas para que a tecnologia melhore a qualidade de vida de uma população mais ampla, a qual foi desnecessariamente desacelerada ou desviada para trajetórias menos produtivas. Nesse caso, um sonho adiado significa valor potencial despercebido.

Os governos também se preocupam com os possíveis custos sociais da revolução da informação e, em particular, com o impacto de algumas empresas poderosas que coletam e usam dados de consumidores para abastecer serviços online gratuitos com publicidade. Essa preocupação, no entanto, se manifesta por meio de novos regulamentos que podem acidentalmente favorecer empresas maiores com condições de bancar os custos altos de compliance. Por exemplo, em 2018, a União Europeia implementou uma nova lei abrangente, o Regulamento Geral sobre a Proteção de

Dados, com a ameaça de infligir multas descomunais para empresas que sofrem violações de dados ou se envolvem no uso indevido de dados de consumidores.

No entanto, nos primeiros seis meses depois que a lei entrou em vigor, havia fortes evidências de que ela aumentara inadvertidamente a já forte participação de mercado do Google, da Amazon e do Facebook na publicidade online. Ao mesmo tempo, o investimento médio em startups europeias sofreu um declínio considerável, visto que os mercados consideraram os altos custos de compliance e o risco de multas fatais para novas empresas.

Como o exemplo sugere, as startups agora precisam contratar advogados muito antes do que se pensava ser necessário, desviando recursos criticamente escassos do desenvolvimento da empresa para lidar com conselhos municipais, comissões de serviços públicos e assembleias legislativas. Em todo o mundo, empresas como Uber, Airbnb e outras de economia compartilhada estão engajadas em conflitos intensos pelo simples direito de fazer negócios, e isso sem mencionar o direito de fazê-lo sem assumir o legado regulatório de hotéis e empresas de transporte.

Para startups, o foco nas autoridades reguladoras traz riscos ocultos. Os disruptores desesperados para permanecer no negócio podem desenvolver rapidamente a mesma dependência que estagna as empresas estabelecidas. As startups de repente têm advogados e consultores incitando nova cautela. Elas também acreditam que podem usar a lei como uma barreira contra os inovadores da próxima geração. As startups podem vencer a batalha regulatória, mas, ao fazê-lo, perdem o ímpeto e, talvez, as afinidades outrora potentes com seus consumidores.

ESPERAR POR CONSUMIDORES QUE PROVAVELMENTE NÃO SURGIRÃO — O fenômeno do sucesso unilateral significa que os clientes de produtos e serviços disruptivos aparecem todos de uma vez, enviando sinais confusos sobre as vendas futuras e o interesse do mercado em produtos subsequentes. Enquanto a Tesla aprende da maneira mais difícil, os consumidores usam as mídias sociais e outros canais eletrônicos para se expressar quando um novo produto é imperdível, acarretando uma reação súbita seguida rapidamente pelo silêncio. Não há mais a curva relativamente sutil de adoção em forma de sino apresentada por Everett Rogers. Existe apenas a barbatana de tubarão.

Considere o relógio inteligente [smart watch], um produto que é, de fato, um smartphone que se pode vestir. Em 2015, a Apple obteve 1 milhão de pré-vendas de consumidores norte-americanos no primeiro dia de disponibilidade do Apple Watch, a um preço relativamente alto. Porém, os relógios inteligentes não parecem ter o mesmo tipo de ciclo de substituição frequente dos smartphones e tablets, que são impulsionados por novos recursos, novas aparências ou novo hardware. Embora a Apple agora seja a líder em tecnologia vestível, as vendas em geral diminuíram e muitas das líderes iniciais regrediram ou desapareceram.

Infelizmente, as empresas com grande sucesso inicial costumam interpretar as vendas entusiasmadas como um sinal de crescimento futuro. Ao esperar mais clientes e novos segmentos de mercado, os gestores condicionados à curva de sino utilizam recursos valiosos na expansão da produção e da distribuição para suprir vendas subsequentes que nunca acontecem. Eles contratam equipes de atendimento ao cliente, constroem instalações de produção e distribuição, comprometem-se com campanhas de marketing e canais de vendas e investem em redes de TI dedicadas e de alto custo — tudo para oferecer suporte a produtos que ninguém quer no momento em que ficam prontos. Ou pior, eles produzem vastos estoques que logo se tornam impossíveis de vender.

A desenvolvedora de jogos THQ, que obteve grande sucesso em 2010 com um tablet de desenho para o Nintendo Wii, comprometeu-se prematuramente com versões do produto para outras plataformas de jogos. Mas o lançamento do iPad da Apple logo em seguida mudou repentinamente a demanda do consumidor para aplicativos de desenho separados de consoles de jogos. Mesmo assim, a THQ continuou fabricando seus tablets, armazenando 1,4 milhão de unidades não vendidas. A empresa foi forçada a declarar falência e nunca se recuperou. Após o fato, Jason Rubin, o novo presidente da THQ, confessou: "Não sei ao certo como isso aconteceu." Se os recursos e os estoques são fabricados em excesso ou comprados, e não alugados, os investimentos feitos para oferecer suporte à expansão se transformam em valor retido quando chega o momento inevitável da retração.

>

Nos capítulos seguintes, veremos como evitar cada um desses erros com estratégias reais que liberam valor retido em vez de gerar e disponibilizar mais desse valor para novos participantes e concorrentes. Comecemos pela substituição desses sete erros por sete acertos.

Capítulo 3

OS SETE ACERTOS

Estratégias para Liberar Valor Retido

OS SETE ERROS podem atrasar até mesmo os líderes mais visionários e impedi-los de liberar valor no setor que aparentemente conhecem tão bem. Após superar a tentação de cometer esses equívocos, sua próxima tarefa é traçar uma rota que o coloque à frente das empresas e dos concorrentes interessados em aproveitar a oportunidade antes de você.

Como? Por mais estranho que pareça, às vezes o melhor ponto de partida é recuar e usar a força bruta.

DESTRUA O ESTOQUE, SALVE A EMPRESA

Em 1984, a destruição criativa manifestou-se de forma bastante literal, quando Zhang Ruimin, um oficial chinês de 35 anos e com pouca experiência em negócios, assumiu o cargo de gerente de uma fábrica de eletrodomésticos na China provincial. Em apenas alguns anos, a empresa teve vários gerentes gerais até que Zhang decidiu administrar o local por conta própria e começou a ler tudo o que conseguia encontrar sobre boa gestão, inclusive livros de seu autor favorito, Peter Drucker, os quais conseguiu que alguém traduzisse para ele.

Zhang ficou horrorizado com a situação da fábrica. A produção caía e o dinheiro era escasso. O moral estava tão baixo que era necessário lembrar aos funcionários de que não podiam usar o chão para comer, dormir ou ir ao banheiro.

Não era surpreendente que a qualidade do produto também fosse baixa. Logo no início, os clientes iam até a fábrica para reclamar que as novas geladeiras eram entregues já com defeito.

Naquela época, a oferta era tão escassa que algumas empresas chinesas podiam produzir produtos inferiores ou mesmo danificados e, ainda assim, vendê-los para a classe média emergente. Mas Zhang decidiu fazer algo radical. Ele e um cliente insatisfeito foram ao estoque e encontraram 76 unidades defeituosas — 20% de todos os produtos concluídos. Ele pediu que as geladeiras fossem colocadas no pátio da fábrica. Então, Zang pegou uma marreta e, para o horror dos trabalhadores reunidos, destruiu cada uma delas.

Foi um momento inspirador: o surgimento de uma cultura inovadora e persistente, focada no cliente e na qualidade, que acabaria por tornar a Haier Group Corporation a maior fabricante de eletrodomésticos, primeiro na China e depois no mundo.

Em vez de continuar atendendo a um mercado literal e figurativamente quebrado, Zhang decidiu sacrificar parte da receita atual para garantir melhores oportunidades futuras. Ele decidiu refazer a marca com foco na qualidade superior, uma ação que exigia um repensar total de estratégia, operações e organização.

Zhang percebeu que a maior necessidade da Haier era transpor o grande abismo tecnológico que existia entre o negócio deficitário e seus principais concorrentes globais. Para atingir esse objetivo, a Haier fez uma parceria com uma das principais fabricantes alemãs, a Liebherr, para modernizar a fábrica e incutir em seus trabalhadores sentimentos de orgulho e propriedade antes inexistentes.

Atravessar esse abismo tecnológico preparou o terreno para várias outras reinvenções. Ao longo dos anos, a Haier realizou uma série impressionante de aquisições de concorrentes mais fracas, incluindo a GE Appliances em 2016. Ao mesmo tempo, a empresa ganhou vários prêmios internacionais de qualidade, consolidando o status de Zhang como uma personalidade venerada na China. Até hoje, o desempenho superior na Haier é recompensado com uma placa exibindo uma marreta dourada.

Sob a liderança de Zhang, a Haier continuou a evoluir. Impulsionada pelas mudanças técnicas e econômicas fundamentais mais do que por seus concorrentes, a cada pivot subsequente de estratégia, a empresa tem diminuído a lacuna de valor retido em rápido crescimento. À medida que os consumidores de classe média emergem em todo o mundo, a Haier se faz presente para atendê-los. Conforme as novas tecnologias redefinem o que é possível em design de produto, fabricação, distribuição e interação com o cliente, a Haier é a primeira a adotá-las.

Por exemplo, quando as fabricantes concorrentes de eletrodomésticos na China se recuperaram e melhoraram a qualidade de seus próprios produtos, Zhang impulsionou de forma persistente a Haier em direção a um atendimento superior ao cliente. E, ao passo que esses concorrentes começaram a focar mais o consumidor, Zhang já estava reinventando novamente seu negócio, concentrando-se na flexibilidade total ao reorganizar a força de trabalho em centenas de pequenas unidades operacionais, ou "microempresas", que funcionam como startups financiadas pela Haier e outras.

Em todos os casos, a Haier primeiro fechou uma lacuna tecnológica e depois uma lacuna de negócios. Por exemplo, ela foi a primeira na China a adotar tecnologia de fabricação moderna e depois trabalhar com empreendedores dentro e fora da empresa para diversificar, introduzindo produtos novos e aprimorados com os recursos mais recentes. A Haier adotou completamente as mídias sociais para estabelecer relações diretas com os consumidores e envolvê-los no design de novos produtos.

Atualmente, a empresa está ocupada se reinventando novamente, dessa vez como líder orientada por software na crescente Internet das Coisas. Ela coleta informações por meio dos aparelhos que vende — dados que a Haier acredita que se tornarão mais valiosos do que os próprios dispositivos.

"Não podemos destruir geladeiras diariamente", disse Zhang anos depois ao refletir sobre o episódio das marretadas. "Mas, de fato, penso em fazê-lo todos os dias."

NOVAS ESTRATÉGIAS PARA LIBERAÇÃO DE VALOR EM UMA ÉPOCA DE DISRUPÇÃO

A Haier e seu persistente CEO são únicos. Ainda assim, a liderança destemida de Zhang demonstra a necessidade e as ferramentas disponíveis para liberar valor retido mesmo nos mercados mais desafiadores e nos setores fossilizados. A estrutura e a estratégia em constante mudança da empresa desestabilizam seus concorrentes, tornando-os, para usar a expressão inusitada de Zhang, "peixes atordoados".

Mais importante, a revolução de 35 anos da Haier prova que, diante de uma crescente lacuna de valor retido, o crescimento sustentável exige executivos capazes de pivotar continuamente em torno de um eixo de ativos essenciais em constante evolução, indo de uma visão futura à outra. E devem fazê-lo com maior velocidade, ao passo que as condições do mercado mudam e os disruptores da tecnologia surgem mais depressa e o tempo todo.

Neste capítulo, iniciaremos nossa jornada em direção ao pivot sábio a partir da análise de novas estratégias adotadas pelas empresas que consistentemente liberam valor retido mais rápido do que seus concorrentes. Nos capítulos seguintes, explicaremos o que é necessário para infundir essas estratégias em cada célula de sua organização, executando um pivot após o outro, enquanto a tecnologia expande ainda mais o limite de valor retido.

Por enquanto, a fim de compreender o potencial da liberação de valor retido, analisaremos as consequências dos esforços de Zhang Ruimin para a Haier. Com 75 mil funcionários e receita anual de US$35 bilhões, a empresa sempre apresentou um crescimento ano a ano [YoY, na sigla em inglês] de até 20%. Nos últimos 9 anos, a Haier se manteve na posição de maior varejista de eletrodomésticos do mundo, com mais de 10% do mercado global. De 2005 a 2015, o valor da empresa aumentou 25% e os investimentos em novos empreendimentos geraram US$2 bilhões em valor de mercado.

A marca Haier é amplamente respeitada na China e no exterior; seu CEO é frequentemente convidado a palestrar sobre liderança e estratégia em eventos de prestígio, como a conferência anual Global Drucker Forum, nomeada em homenagem ao ídolo de Zhang.

A cada reinvenção, a empresa, trabalhando com consumidores e outras partes interessadas, permanecia totalmente focada em atingir e liberar valor retido nos quatro níveis. Ao compartilhar cada vez mais esse valor com os consumidores, seus setores e a sociedade como um todo, a empresa se tornou uma gigante por mérito próprio.

Liberadoras de valor retido como a Haier adotaram novas estratégias, particularmente adequadas a mudanças contínuas. Essas novas estratégias substituem as categorias batidas de uma geração mais antiga de pensamento quanto à vantagem competitiva. Não é mais suficiente, se é que já foi, buscar uma única meta com nomes genéricos como "liderança em custos", "diferenciação" e "foco". Agora, as empresas devem adotar estratégias digital first, visando as que melhor atendem às necessidades dos consumidores, e não às preferências dos planejadores.

Em vez de operar e medir o desempenho apenas trimestralmente, as liberadoras de valor reorientam todas as funções e todos os funcionários em torno de um compromisso com o cuidado e a manutenção dos principais recursos, incluindo tecnologia, consumidores, partes interessadas e valores sociais mais amplos. Elas gerenciam o negócio como um portfólio integrado, buscando retornos totais superiores por um período de tempo prolongado.

Conjuntamente, chamamos nossa abordagem digital first de "as sete estratégias vencedoras". Embora poucas empresas em nosso estudo tenham adotado todas elas, as liberadoras de valor implementaram com êxito pelo menos uma ou mais. E elas o fizeram não apenas uma vez, mas de forma contínua.

Essas estratégias vencedoras são os pontos de inflexão de um pivot sábio. Se praticadas de forma consistente e destemida, elas se transformam em soluções para liberar valor retido. Elas desviam a organização de um caminho testado e comprovado que pode ter funcionado por décadas, mas que todos agora concordam que falhará, provavelmente mais rápido do que se imagina, diante da disrupção inevitável e persistente.

Neste capítulo, analisaremos exemplos de cada uma das estratégias vencedoras. Primeiro, vamos apresentá-las resumidamente:

- **IMPULSO POR TECNOLOGIA**. Dominar tecnologias de ponta que possibilitam a inovação do negócio;

- **HIPER-RELEVÂNCIA**. Saber como ser — e permanecer — relevante ao identificar e atender às necessidades variáveis dos consumidores;

- **ORIENTAÇÃO POR DADOS**. Gerar, compartilhar e implementar dados a fim de oferecer inovações de produtos e serviços com segurança;

- **ATIVO INTELIGENTE**. Adotar o gerenciamento inteligente de operações e ativos para administrar o negócio da maneira mais eficiente possível, liberando capacidade para outros esforços inovadores;

- **INCLUSÃO**. Adotar uma abordagem aberta e transparente de inovação e gestão que inclua uma gama mais ampla de partes interessadas;

- **RIQUEZA DE TALENTOS**. Criar maneiras modernas de gestão da força de trabalho (flexível, aumentada e adaptável) para obter vantagem competitiva em mercados que mudam rapidamente;

- **INTERCONEXÃO**. Aproveitar a potência de um ecossistema de parceiros cuidadosamente gerenciado a fim de trazer as melhores inovações para seus consumidores.

Figura 3.1   Tecnologias para Executar as Sete Estratégias Vencedoras

	Realidade Estendida	Computação em Nuvem	Impressão em 3D	Interações Humano-Computador
Impulso por Tecnologia	●	●		
Hiper-relevância		●	●	●
Orientação por Dados		●		
Ativo Inteligente		●		
Inclusão				●
Riqueza de Talentos	●			●
Interconexão		●		●

OS SETE ACERTOS

Qual das sete estratégias vencedoras liberará o valor retido da sua organização? Em parte, a resposta depende da natureza desse valor. Em nosso estudo, algumas organizações conseguiram obter valor retido com apenas uma das sete. Outras combinaram várias, enquanto algumas aplicaram todas elas. Algumas se concentraram no valor retido em sua própria empresa ou setor; outras buscaram fontes mais ricas em problemas que assolavam consumidores e comunidades, mas para os quais não havia uma boa solução disponível.

A Figura 3.1 mostra as novas tecnologias mais usadas pelas empresas de acordo com nosso estudo sobre as estratégias vencedoras mais adequadas para cada uma delas. Certamente, como evidenciado pelos exemplos a seguir, há casos em que a combinação certa de tecnologias mais antigas também funciona.

Computação Quântica	Computação de Borda e em Névoa	Inteligência Artificial	Internet das Coisas	Blockchain	Robótica Inteligente
		●	●	●	●
		●			
●		●	●		
	●	●	●		
		●	●	●	
					●
		●		●	

IMPULSO POR TECNOLOGIA

As empresas impulsionadas por tecnologia são lideradas por gerentes experientes que defendem e incitam pessoalmente a adoção de novas tecnologias, investindo nas que melhoram o próprio processo de inovação e criando uma infraestrutura consistente que facilita a colaboração externa de forma segura. Eles reconhecem que, para que as outras seis estratégias vencedoras funcionem, suas organizações devem se tornar líderes na adoção do novo.

De fato, em todas as empresas impulsionadas por tecnologia que analisamos em nosso estudo, como a Haier e a Accenture, o CEO é o principal responsável pela implementação. Ele não apenas fornece os recursos para investir em tecnologias não comprovadas, mas, igualmente importante, comunica a todos os funcionários a necessidade de pensar e agir com ousadia e criatividade para desenvolver novos aplicativos com uma visão abrangente dos usuários do futuro e de suas necessidades.

Pierre Nanterme, ex-CEO da Accenture que liderou a reinvenção da empresa como digital first, enfatizou a importância das novas tecnologias ao utilizá-las pessoalmente. Por exemplo, para apoiar nossa organização global, investimos nas mais recentes ferramentas de comunicação, incluindo holografia. Nanterme era um usuário ávido dessas ferramentas desde 2016, considerando-as uma maneira de se comunicar efetivamente pelo tempo e espaço sem perder a conexão pessoal.

Mas é preciso ter cuidado. A adoção de uma estratégia de impulso por tecnologia exerce uma enorme pressão sobre os departamentos de TI já sobrecarregados, pois eles são pressionados a apoiar cada vez mais usuários internos e externos com um acúmulo crescente de novos requisitos. A necessidade de soluções rápidas de TI pode incentivar hacks de curto prazo nos sistemas existentes e outras decisões limitadas que comprometem uma arquitetura de sistemas aberta, estendível e consistente.

Uma infraestrutura de tecnologia falha é o principal efeito colateral do primeiro dos sete erros — sacrificar a construção de um plano de negócios sustentável em prol da falsa virtude de administrar uma organização "enxuta", ou seguir muito religiosamente o modelo de iteração rápida do desenvolvimento de sistemas ágeis.

Ainda que essas abordagens geralmente sejam melhores para projetos individuais, aplicar essas técnicas aos principais ativos de infraestrutura tecnológica é uma receita para o desastre. Pode acarretar sistemas frágeis, antigos e desconexos que não se comunicam entre si, muito menos com partes interessadas externas.

Muitas das empresas que estudamos iniciam seus pivots sábios com sistemas de TI que foram reparados, afetados e comprometidos de alguma forma ao longo dos anos, à medida que correções e patches de curto prazo foram feitos sem considerar a integridade da arquitetura geral.

Cada uma dessas gambiarras — vincular arquivos em vez de criar um banco de dados, integrar novos front-ends em sistemas insustentáveis, executar versões incompatíveis do mesmo software para diferentes partes da organização — contribui para o que os desenvolvedores de software denominam "dívida técnica". Consideramos o problema de maneira mais ampla e o chamamos de "dívida tecnológica". A dívida tecnológica não é baseada apenas nos custos irrecuperáveis de hardware, software e código; ela é uma medida das ineficiências, processos duplicados e trabalho extra criados pela dependência de uma arquitetura de tecnologia desatualizada ou incontrolável.

A dívida tecnológica representa uma fonte importante de valor retido no nível da empresa. Se eliminá-la pode exigir um considerável novo investimento apenas para ordenar o caos, imagine transformar sua infraestrutura técnica em um ativo estratégico. Caso se agrave por tempo suficiente, há a possibilidade de que ela arruíne sua estrutura de TI, com sistemas que não podem ser corrigidos não importa o custo. Vimos vários casos em que as empresas-mãe extinguiram suas subsidiárias apenas porque o custo de reparo da tecnologia desatualizada e falha se tornou muito oneroso.

Como a dívida tecnológica gera valor retido da empresa? Por um lado, ao passo que sua infraestrutura de TI se torna obsoleta e mais recursos são adicionados aos sistemas legados, a dívida tecnológica se acumula na forma de crescentes custos operacionais fixos, desviando o investimento da inovação e das novas competências. Com o tempo, os custos e os desafios técnicos para conectar e atualizar sistemas divergentes e corrigidos podem se tornar exorbitantes, impossibilitando o tipo de inovação estratégica característica das organizações impulsionadas por tecnologia.

É comum que as empresas fundadas antes da era da internet enfrentem maiores dívidas tecnológicas do que suas concorrentes mais novas ou "nativas digitais". Não importa quão bem conservados e atualizados os sistemas mais antigos possam ser, eles são inevitavelmente menos adaptáveis do que os sistemas projetados para o tipo de uso distribuído, estendível e escalável que a tecnologia da internet possibilita.

De fato, as nativas digitais geralmente evitam o risco de sistemas obsoletos ao contratar aplicativos, capacidade e infraestrutura de provedores de serviços em nuvem, incluindo Amazon Web Services [AWS], Microsoft, Google, Salesforce e SAP.

Esses provedores disponibilizam todos os recursos necessários para a independência da estrutura de TI, tudo a um preço cada vez mais atraente.

A escalabilidade, a flexibilidade e a modularização dos sistemas de TI baseados em componentes da AWS, por exemplo, são ativos principais que fomentam a capacidade da Amazon de superar os varejistas estabelecidos — uma vantagem competitiva que a empresa agora aluga para mais de um milhão de outras organizações, a maioria delas pequenas e médias empresas que nunca conseguiriam pagar, muito menos manter, a tecnologia de ponta que a AWS fornece. O mesmo se aplica a potências digitais relativamente novas, incluindo Netflix, Uber e Airbnb. Suas infraestruturas de TI ágeis são fundamentais para a capacidade que essas empresas possuem de causar disrupção nas concorrentes mais antigas dos setores de entretenimento, transporte e hospedagem, respectivamente.

Portanto, para se tornar verdadeiramente impulsionado por tecnologia, o primeiro passo é eliminar a dívida tecnológica e se comprometer com o tipo de disciplina de TI que garante que essa dívida não se acumule novamente no futuro. Para empresas estabelecidas, isso significa avançar o mais rápido possível a fim de dissociar sistemas monolíticos mais antigos e convertê-los em componentes modulares menores. As técnicas para atingir esse objetivo incluem o desenvolvimento de interfaces de programação de aplicativos (APIs, na sigla em inglês); a migração para plataformas baseadas em nuvem; e a mudança para arquiteturas de microsserviço que estruturam os aplicativos como se fossem uma compilação de serviços ligeiramente associados e "data lakes" em tempo real, os quais permitem armazenar todos os seus dados estruturados e não estruturados em um só lugar.

Essas técnicas impulsionam partes essenciais dos principais ativos de TI sem limitar a agilidade atual ou futura. A dissociação também tem a vantagem de fornecer às empresas estabelecidas a flexibilidade da computação em nuvem, aproveitando a imensa riqueza de informações existentes no data warehouse, um depósito de dados acumulado por meio de sistemas criados para outra época.

Se a gestão da transição ocorrer de forma correta, o resultado é a ampliação e o aprimoramento dos principais ativos de TI, mesmo quando a empresa se posiciona em direção ao futuro, passando de uma organização sobrecarregada por sua infraestrutura para uma que é impulsionada por tecnologia — fomentada, e não estagnada, por seus ativos digitais.

Considere o caso da Towergate, corretora de seguros britânica, que cresceu significativamente nas últimas duas décadas. A empresa concluiu quase 300 aquisições, as quais trouxeram novos negócios que expandiram muito seu conhecimento e sua experiência, possibilitando o atendimento a clientes com produtos de seguro especializados e de nicho.

No entanto, esse tipo de crescimento foi acompanhado de graves problemas de TI. Novos corretores trouxeram consigo as próprias TIs, ocasionando um ambiente interno altamente fragmentado. Havia vários sistemas telefônicos, diferentes tipos de hardware e inúmeras versões do Windows e outros softwares. Não havia suporte técnico de TI. As falhas de manutenção incapacitavam o negócio regularmente, às vezes, por dias seguidos. A dívida tecnológica da Towergate cresceu tanto que, em certo momento, atingiu seu vencimento.

"Era como um museu de TI", relatou Adrian Brown, diretor de operações da empresa. "Independentemente do que fosse, nós tínhamos."

A miscelânea desatualizada e instável de sistemas, aplicativos e processos de TI da Towergate ameaçava o atendimento ao cliente, a colaboração dos funcionários e os recursos de inovação. Pior ainda, sem uma estratégia de integração de sistemas, o risco de acumular mais dívida tecnológica era perigosamente alto.

As interrupções constantes nos processos motivaram a empresa a se comprometer com um projeto completo de modernização de TI, incluindo a migração de todos os seus sistemas para a nuvem. Redes, centros de processamento de dados, computação de usuário final e suporte foram todos reformulados em uma das reinicializações de tecnologia mais abrangentes que o setor de serviços financeiros já havia visto.

O projeto foi iniciado em 2016 e concluído em pouco mais de um ano. Pode-se imaginar o quão difícil foi esse período. A empresa reduziu o número de seus aplicativos de TI de mais de 2,5 mil para cerca de 200, instalou novas redes em 100 sites e se tornou a primeira seguradora a armazenar todos os dados em nuvem, eliminando dois terços dos servidores locais e reduzindo substancialmente as interrupções do sistema.

A reformulação também beneficiou o rendimento líquido da Towergate, gerando uma redução de 30% nos custos, ou cerca de US$5 milhões em economia anual de TI. Os clientes da empresa são os verdadeiros vencedores. Com uma infraestrutura integrada, as informações agora podem circular sem interrupções por toda a empresa. A Towergate é capaz de fornecer novos serviços sob demanda, criando melhores experiências para clientes e funcionários. Em relação ao futuro, a nova arquitetura modular da empresa garante a integração de novas aquisições e a definição de um caminho que traz ainda mais crescimento.

Entretanto, empresas que adotam essa estratégia não se concentram apenas nas tecnologias que as tornam mais eficientes. Elas também procuram investimentos em TI que possam estimular inovações futuras.

Por exemplo, a Lucasfilm, produtora de Star Wars pertencente à Disney, criou um "digital backlot". Esse acervo virtual propicia fácil acesso aos ativos de produção, independentemente de sua origem, permitindo que sejam catalogados e adaptados para projetos futuros, incluindo filmes, jogos e parques temáticos. A equipe criativa da empresa economiza tempo, concentrando-se mais na narrativa e menos na reinvenção do sabre de luz.

Uma criatura necessária para o filme *Os Últimos Jedi*, de 2017, por exemplo, poderia ser esboçada por um artista conceitual e, então, concebida fisicamente em forma de boneco. Depois que o design fosse finalizado, o boneco seria escaneado em 3D, retocado e aprovado como um ativo de produção. Nesse ponto, o ativo poderia ser exportado para o digital backlot como um arquivo. Quando a criatura fosse necessária para um brinquedo da Hasbro ou personagem de jogo, ela poderia ser facilmente reutilizada e ao mesmo tempo permanecer consistente.

Às vezes, o compartilhamento ocorre no sentido oposto. Para o filme *Rogue One*, a Industrial Light & Magic, parceira da Lucasfilm, pegou emprestado alguns ativos que a desenvolvedora de jogos Dice criara para o famoso jogo Star Wars: Battlefront.

HIPER-RELEVÂNCIA

Organizações hiper-relevantes colaboram com os consumidores durante o processo de inovação, personalizam as interações com eles e desenvolvem produtos e serviços que giram em torno da experiência do cliente.

Comecemos pelo reconhecimento de um problema generalizado. Sua estratégia de retenção de clientes provavelmente depende de "comprar" fidelidade com recompensas, reembolsos ou descontos, uma abordagem popularizada durante a década de 1980 por companhias aéreas e outros programas de fidelidade. Mas essa tática tem um preço alto e traz muito pouco benefício, porque comoditiza sua marca e distribui lucros aos consumidores sem muito retorno. Ao mesmo tempo, ironicamente, quase não contribui para garantir a fidelização — muito pelo contrário. É simplesmente uma forma de ensinar clientes a procurarem um concorrente com uma oferta melhor.

Assim, não é de se surpreender que a era da fidelização do marketing esteja em declínio. Em vez disso, no novo mundo da competição digital, da coleta ampla de dados e da análise avançada, os consumidores optam por comprar devido à relevância da marca quanto às suas necessidades momentâneas, as quais são obtidas, moldadas e customizadas facilmente pelos produtores inteligentes. Atualmente, é preciso atender aos clientes instantaneamente, oferecendo o produto e serviço exatos no momento oportuno. Como afirmaram os autores B. Joseph Pine II e James H. Gilmore, empresas hiper-relevantes não vendem coisas, mas, sim, experiências.

Em nossa pesquisa, uma empresa global de aluguel de carros desenvolveu uma abordagem em tempo real a fim de gerar ofertas personalizadas para os clientes no processo de reserva. Uma ferramenta de análise de dados propõe ofertas que o cliente provavelmente aceitará. Aqueles que recusaram uma oferta no passado, por exemplo, podem receber um tipo diferente de promoção, mesmo que a alternativa com maior probabilidade de ser aceita seja menos lucrativa para a empresa. Ela entende que uma promoção só é boa se for condizente com a disposição do cliente em aceitá-la.

Como esse exemplo sugere, a hiper-relevância requer o acesso a dados detalhados do comportamento do cliente e as ferramentas analíticas para compreendê-lo. Mais do que isso, é preciso se envolver em um relacionamento de longo prazo com os clientes, em vez de simplesmente vender uma coisa ou outra a eles. Você e seu consumidor precisam conhecer um ao outro, permitindo, assim, a personalização de produtos e serviços.

Em outras palavras, empresas hiper-relevantes não são apenas fornecedoras. Elas são parte integrante da vida de seus clientes, incorporando seus valores e suas necessidades. Portanto, uma estratégia hiper-relevante requer interação profunda, digitalmente viabilizada e, por fim, colaboração com os consumidores, mesmo quando isso signifique, como para empresas como a Haier, coordenar milhões de interações em diferentes canais, plataformas de mídia social e grupos de interesse.

Nosso estudo constatou que as empresas que liberam valor por meio da hiper-relevância colaboram diretamente com os consumidores durante o próprio processo de inovação, usando os insights obtidos por meio das interações para personalizar as respostas dos usuários — simplesmente ao reconhecer sua contribuição, elaborar produtos de acordo com suas especificações precisas ou qualquer outra atitude entre esses extremos.

A operadora de rede móvel Sprint, por exemplo, desenvolveu um "chatbot" orientado por IA que usa informações fornecidas por clientes que procuram suporte para orientar a conversa da mesma forma que um humano faria. Os clientes sabem que estão conversando com o software, que transfere a conversa a humanos mais experientes quando suas habilidades são excedidas. Ainda assim, o chatbot aprendeu rapidamente como ajudar os clientes que desejam trocar de aparelho, explorando novos mercados potencialmente ricos.

Esse tipo de interação consistente e persistente permite que organizações hiper-relevantes prevejam as necessidades do consumidor antes mesmo que ele perceba que as possui. Não se trata apenas de entender melhor os clientes. Hiper-relevância significa formar com eles um relacionamento duradouro e saudável, que enfatize a confiança e a segurança, principalmente em relação a informações pessoais ou sigilosas.

A CVS Pharmacy, a marca de varejo da CVS Health, fornece um bom exemplo dessa nova abordagem. A empresa está deixando de apenas preencher receitas para investir em tecnologias que a ajudarão a desenvolver relacionamentos de longo prazo com seus consumidores e, assim, trabalhar com eles a fim de melhorar os resultados na saúde. O foco nos "pontos críticos" dos clientes atuais gerou inovações simples, mas eficazes, que melhoram a experiência de varejo atual, incluindo um sistema personalizado de rotulagem de medicamentos, entrega em domicílio e a capacidade de atualizar as informações do plano de saúde apenas pelo envio de uma foto da nova carteirinha por mensagem.

Como uma empresa hiper-relevante, o princípio norteador da CVS é adotar as aspirações de saúde de seus clientes, com base no relacionamento confiável que a maioria dos pacientes já possui com seu farmacêutico. Ela incorporou completamente as metas de assistência médica dos consumidores para evoluir de atendimento médico reativo para autocuidado proativo. A disposição das lojas dedica espaço de varejo a produtos que auxiliam a nutrição, o sono e a imunidade. A empresa também está experimentando soluções de telemedicina de baixo custo para optometria e audiologia.

Atualmente, essas tecnologias possibilitam o envio de lembretes personalizados para reabastecer ou tomar medicamentos. Porém, no futuro, serão ofertadas aos consumidores soluções personalizadas para sua composição genética específica. Ao trabalhar com essas novas tecnologias agora, a CVS está se posicionando para oferecer futuras soluções hiper-relevantes que abrangerão desde suplementos a cuidados com a pele.

ORIENTAÇÃO POR DADOS

Empresas orientadas por dados, ou data driven, descobrem insights e fazem recomendações. A demanda futura é prevista por meio da análise de várias fontes de dados e da obtenção de insights comportamentais para influenciar o comportamento do cliente.

No entanto, tornar-se uma empresa orientada por dados pode ser uma faca de dois gumes. Basta despender alguns minutos à leitura de sua fonte de notícias preferida para saber que enfrentamos uma crise global de dados. Tecnologias digitais mais rápidas e baratas possibilitaram a coleta, o armazenamento, a análise e a reconfiguração de tantas informações novas que é quase impossível medir sua escala ou seu valor.

Por um lado, as novas fontes de dados e a tecnologia para manipulá-las acarretaram novos serviços essenciais, incluindo mídias sociais, conteúdo de vídeo produzido pelo usuário e a emergente Internet das Coisas, que enriquecem e continuarão enriquecendo a vida de bilhões de usuários em todo o mundo.

Por outro lado, toda essa tecnologia barata levou a algumas péssimas práticas de higienização de dados por parte de empresas antigas e novas, bem como de agências governamentais, as quais sofreram violações de dados embaraçosas e perigosas e outros vazamentos. Em alguns casos, a confiança valiosa em marcas conhecidas, construída ao longo de anos ou mesmo décadas, foi perdida em questão de dias.

Consumidores e cidadãos, respectivamente, arcam com grande parte do custo de uma epidemia de uso indevido de informações — tudo, desde roubo de identidade a perda geral de privacidade pessoal, informações falsas, declínio do discurso público e a ansiedade relacionada ao "vício" crescente em nossos dispositivos móveis e aplicativos favoritos.

O resultado: muitos usuários infelizes. Os legisladores, ao perceberem o crescente desconforto de seus eleitores, começaram a aprovar novas leis em um esforço para reverter a situação dos dados — o que, em alguns casos, pode apenas piorar o problema, causando ainda mais transtorno, desconforto e perda de oportunidades aos usuários.

As violações de segurança de dados também ameaçam a marca, a capacidade operacional, as informações proprietárias e outros ativos de propriedade intelectual. Essas são as principais fontes de valor e precisam ser protegidas — tratadas como os ativos em rede exclusivos, renováveis e sustentáveis que realmente são, em vez de apenas dados. Isso significa ter uma visão completa da segurança em toda a empresa e adotar as mais recentes práticas de proteção empresariais, em hardware e software.

Ainda assim, evitar inovações que usam informações por conta do medo de possíveis danos aos relacionamentos e à marca deixa muito valor retido acumulado em data warehouses bloqueados. Essa é uma oportunidade perdida, que em algum momento será cedida a concorrentes mais ágeis que gerenciam o risco de problemas de segurança de dados para fazer uso competitivo das informações. Na verdade, uma das principais vantagens que as empresas estabelecidas mantêm em relação aos novos participantes são dados detalhados e específicos do setor que elas coletaram cuidadosamente, às vezes, ao longo de décadas. Desperdiçá-los seria um erro.

As organizações orientadas por dados se comprometem com uma longa lista de boas práticas, incluindo data design responsável, segurança da informação, transparência e proporcionalidade. Por exemplo, elas coletam apenas os dados de que realmente precisam e permitem que os usuários saibam exatamente quais são seus planos ao fazê-lo. Elas compartilham o valor obtido pela utilização de dados e têm o cuidado de protegê-los do uso indevido externo e interno, criminoso ou não.

Assim como nas empresas impulsionadas por tecnologia, as políticas de manipulação de dados devem ser transmitidas pela alta gerência e aplicadas em toda a organização. Sem exceções, sem atalhos. Infelizmente, em muitas empresas é comum que esses imperativos se caracterizem mais como pretensões do que fatos. Embora três quartos dos executivos seniores de nossa pesquisa concordem que práticas seguras de manipulação de dados devem ser adotadas por toda a organização, a maioria admite que, por enquanto, sua própria segurança cibernética permanece uma função centralizada.

Quando os riscos de segurança e confiança são gerenciados adequadamente, a vantagem de se tornar orientada por dados é excepcional. Quanto mais dados forem coletados, mais os produtos e serviços melhoram, atraindo mais clientes e aprofundando o relacionamento com os já existentes. Isso, por sua vez, melhora os produtos posteriores e ajuda a prever e moldar a demanda futura. A análise de dados, cada vez mais impulsionada pela inteligência artificial aplicada, também gera um ciclo virtuoso que auxilia a identificação de ameaças competitivas iminentes e de novos parceiros que podem ajudar a proteger os lucros. Quanto mais dados forem obtidos, mais vantagem competitiva poderá ser criada, erguendo uma barreira protetora às informações em torno do negócio.

Uma tecnologia líder dessa conjuntura é a análise avançada: ferramentas de processamento de dados que geram recomendações para melhorar os processos de decisão. Essas ferramentas estão sendo complementadas com técnicas de IA, incluindo aprendizado de máquina — com simulações e visualizações de dados —, que ajudam os usuários em muitos setores. No processo de fabricação, a análise pode prever falhas futuras, até mesmo de um único componente, e quando elas podem ocorrer.

Práticas rigorosas de manipulação de dados não apenas protegem os consumidores e a marca, mas também os próprios rendimentos líquidos. Considere a empresa orientada por dados Chevron, a terceira maior produtora de petróleo de capital aberto do mundo. Ela gasta mais de US$5 bilhões ao ano em produção nas suas reservas de xisto, aproximadamente um quarto de seus gastos anuais de capital. A empresa está usando a experiência de perfuração desenvolvida em seus poços offshore para melhorar a eficiência de suas operações horizontais onshore, nas quais um único poço é perfurado em toda a extensão de um campo de petróleo.

A abordagem orientada por dados da Chevron utiliza um banco de dados proprietário de mais de 5 milhões de atributos de poços de petróleo, complementado por análises intensivas em processamento de propriedades petrofísicas, como porosidade (a medida de espaço vazio), saturação de água, permeabilidade e densidade. Os insights adquiridos pela empresa reduziram o tempo para perfurar um poço de xisto de 27 dias para apenas 15, mesmo para os novos poços mais extensos e complexos.

Outro exemplo é a seguradora sul-africana AllLife, a primeira empresa do mundo a oferecer cobertura vitalícia para pessoas soropositivas. Em um país onde quase 20% da população adulta vive com o vírus da Aids, a empresa agora possui mais de 100 mil apólices desse tipo. Mas como a AllLife assegura os "não seguráveis"? A empresa coleta perfis detalhados de clientes e associa os dados aos resultados de outros segurados a fim de personalizar recomendações sobre como cada cliente deve cuidar de sua condição.

Após coletar os dados necessários, a AllLife usa algoritmos proprietários para fornecer um seguro de vida econômico. Em 2018, Ross Beerman, CEO e fundador da empresa, declarou ao site de notícias Business Insider: "A expressão utilizada é 'robo-underwriting' [robô-subscritor, em tradução livre], mas esse recurso utiliza tecnologia que extrai uma grande quantidade de informações médicas e as organiza em um processo de árvore de decisão que nos permite automatizar a maioria das coisas que as empresas de seguro de vida fazem manualmente."

Além de ser um uso socialmente responsável da informação, prolongar a expectativa de vida também reduz o custo do seguro, o que possibilita o financiamento de outras intervenções. "Temos um processo subsequente", disse Beerman. "Intervimos na saúde das pessoas; não as deixamos esquecer o que devem fazer e dizemos como devem agir por meio de mensagens, e-mails e às vezes telefonemas. Nós intervimos."

Os resultados atestam o potencial que as empresas orientadas por dados têm para liberar valor retido em todos os quatro níveis: empresa, setor, consumidor e sociedade. Como demonstrado por hemogramas, a AllLife melhorou a saúde e reduziu as taxas de mortalidade de seus segurados em uma média de 15% nos primeiros seis meses após a contratação do seguro.

ATIVO INTELIGENTE

Não é mais válida a suposição de que uma empresa deve possuir os ativos mais importantes para sua estratégia. Ao recorrer ao aluguel de TI e outros ativos, as liberadoras de valor bem-sucedidas aprenderam a equilibrar a propriedade com a capacidade de expandir ou reduzir rapidamente as operações conforme as mudanças nas condições de mercado.

Em vez de focar a propriedade dos ativos, essas empresas trabalham em estreita colaboração com parceiros externos especializados a fim de garantir um risco mínimo e um atendimento de qualidade ao cliente. Sem os encargos financeiros de posse e manutenção de ativos, elas desfrutam de maior capacidade de investimento quando surge a oportunidade de comprar ativos realmente valiosos — incluindo novas tecnologias ou até outras empresas.

Considere a Apple, uma das empresas mais valiosas do mundo. Ela prosperou ao explorar uma estratégia de ativos inteligentes. A empresa possui muito pouco da infraestrutura física que utiliza para fabricar e distribuir seus produtos. Consequência: a Apple quase não precisa de capital externo para operar diariamente, evitando o entrave dos pagamentos de juros e outras limitações impostas por credores.

Ser uma empresa de ativo inteligente não é uma característica exclusiva da indústria pesada. Essa estratégia também é crucial para organizações cujos principais ativos são informações — na forma de expertise, conhecimento de clientes e mercado ou design e marketing de produtos. Essas empresas utilizam ferramentas digitais para agregar e analisar dados de vários sistemas ou obter informações de documentos escritos e convertê-las em dados digitais reutilizáveis, reduzindo a burocracia e melhorando o atendimento ao cliente.

Seguradoras de veículos, por exemplo, podem oferecer tarifas reduzidas e preços baseados no uso para motoristas que permitem que a empresa colete dados operacionais reais, usando a tecnologia conhecida como "dispositivos de registro eletrônico". Com conhecimento específico sobre quanto e sob quais condições um veículo está sendo operado, as seguradoras podem criar prêmios personalizados com base nos níveis de uso individual e nos hábitos de condução.

As empresas que utilizam essa estratégia também empregam tecnologia que aumenta a utilização dos ativos que ainda possuem. Elas usam fluxos de trabalho inteligentes para acompanhar o status de uma ampla variedade de processos empresariais em tempo real, incluindo o gerenciamento de handoffs entre diferentes grupos e o fornecimento de dados estatísticos para eliminar gargalos.

Em vez de programar para todas as exceções possíveis, elas desenvolvem algoritmos de aprendizado que geram novas regras com base nas condições observadas, assim como acontece quando os robôs melhoram sua própria capacidade de detectar defeitos ao analisar padrões nos itens rejeitados pelos engenheiros de controle de qualidade.

Ser uma empresa de ativo inteligente também pode reduzir a dor de cabeça eterna causada pelo estoque em excesso ou obsoleto. Apenas os custos de manuseio de estoque podem contabilizar entre 25% e 45% da despesa típica de produtos vendidos de uma empresa. Uma empresa global de alimentos e bebidas com a qual trabalhamos aplicou IA a grandes conjuntos de dados históricos para encontrar conexões anteriormente despercebidas nos padrões de compra do consumidor. Isso levou a melhores previsões de necessidades, reduziu os níveis de estoque e também aprimorou consideravelmente a eficácia da equipe de planejamento da cadeia de suprimentos.

Talvez, atualmente, o exemplo mais óbvio de comportamento de ativo inteligente seja o desenvolvimento de serviços consistentes de computação em nuvem. As plataformas em nuvem possibilitam que grandes e pequenas empresas transfiram todos os aspectos de sua infraestrutura de TI, armazenamento, conectividade, processamento de dados e até desenvolvimento de aplicativos para fornecedores que podem oferecer recursos de alto nível e preços competitivos com base em economias de escala.

Graças a uma arquitetura de computadores que divide o armazenamento e o processamento entre uma rede de servidores conectados de uso geral, quando solicitado, os provedores de serviços em nuvem podem adicionar ou remover a capacidade de forma fácil e barata. Isso elimina o custo e o risco dos departamentos de TI tradicionais, liberando grandes quantidades de valor retido.

A própria reinvenção da Accenture como empresa digital first evidencia os benefícios de adotar uma estratégia de ativo inteligente. Uma migração de três anos para a nuvem pública permitiu que nossa organização de TI interna fornecesse uma infraestrutura de informações mais escalável e consistente. Agora, nossos sistemas de TI são mais de 90% baseados em nuvem. E as ferramentas de otimização que desenvolvemos possibilitam descontos de até 40% nos provedores contratados para esses serviços, contribuindo com dezenas de milhões de dólares em economias contínuas.

A migração da Accenture para a nuvem gera benefícios como a economia direta e uma maior eficiência em tudo, incluindo custos de armazenamento, taxas mais baixas de compliance e a capacidade de utilizar novas tecnologias de forma rápida e econômica.

Outro exemplo é o caso da startup Digital Asset. A empresa utiliza um software de gerenciamento de ativos e fluxos de trabalho, conhecido como "contratos inteligentes", para gerar eficiências a seus clientes de serviços financeiros, liberando recursos humanos e de capital que são mais bem aproveitados em inovação e outras atividades de valorização. (A Accenture é uma investidora na Digital Asset.)

Como? Diariamente, trilhões de dólares em transações são processados por instituições financeiras. No entanto, durante décadas, a manutenção de registros permaneceu um dever independente e duplicado de cada instituição participante. A Digital Asset oferece uma alternativa na forma de blockchain, uma tecnologia de contabilidade distribuída que mutualiza essa infraestrutura. Ela substitui os sistemas personalizados por um banco de dados compartilhado que é imutável, criptografado e que preserva o histórico de transações em uma rede de servidores.

A solução da Digital Asset reduz o custo e o tempo necessário para reconciliar registros díspares nos processos de liquidação e compensação, e possivelmente em quase qualquer outro fluxo de trabalho empresarial com vários participantes. Os dados podem ser compartilhados com segurança, precisão e em tempo real. O ledger distribuído também fornece proteção ao risco de ataque a uma única fonte. Além disso, uma combinação de técnicas criptográficas e segregação física garante que o ledger nunca seja alterado ou acessado sem autorização.

Inaugurada em 2014, a Digital Asset já atende clientes globais de escritórios em Nova York, Londres, Zurique, Budapeste, Sydney e Hong Kong. Até 2021, a Australian Securities Exchange [Bolsa de Valores da Austrália] planeja incorporar o software da empresa como seu processo oficial para registrar acionistas e compensar e liquidar transações de ações — a primeira grande bolsa a adotar a tecnologia blockchain.

INCLUSÃO

As empresas inclusivas desenvolvem novos serviços que melhor atendem aos desejos dos clientes, trabalham em estreita colaboração com outros parceiros de rede para desenvolver uma cadeia de suprimentos mais eficiente e criam plataformas que possibilitam que consumidores e fornecedores liberem valor retido.

Sejamos claros: as regras de condução dos negócios estão mudando. As perspectivas tradicionais de valor para o acionista estão se expandindo. Agora, os investidores realmente esperam que as empresas atendam a uma maior variedade de consumidores, satisfaçam as necessidades de clientes globais não atendidos, melhorem a transparência operacional e envolvam a marca da empresa com um grupo cada vez maior de partes interessadas internas e externas.

Por exemplo, em sua carta anual aos CEOs de 2018, Larry Fink, CEO da gestora de ativos BlackRock, escreveu que sua organização acredita que apenas as empresas que incorporam metas ambientais, sociais e de governança serão sustentáveis em longo prazo. É provável que os CEOs escutem esse conselho, pois a BlackRock é a maior empresa de gerenciamento de ativos do mundo, com mais de US$7 trilhões sob sua gestão.

As liberadoras de valor que praticam a inclusão reinventaram completamente sua cultura corporativa. Elas se concentram menos nas vendas e nos lucros trimestrais e passam a se atentar às necessidades mais elevadas de um ecossistema expandido, conscientes de que agir corretamente acarretará crescimento mais rápido e lucros maiores. Elas fornecem mais para seus clientes do que apenas produtos e serviços, reconhecendo que a criação de valor é mais um bem em rede. Ademais, essas empresas trabalham para estabelecer um equilíbrio que possibilite a participação de indivíduos e pequenas empresas no progresso tecnológico.

Na China, por exemplo, muitas das maiores empresas de entregas expressas do país, com sede na região de Tonglu, aderiram a um consórcio criado pela gigante do comércio eletrônico Alibaba a fim de melhorar a infraestrutura logística do país, uma vantagem não apenas para os entregadores, mas também para os comerciantes e consumidores.

O resultado foi o aumento nos negócios para a Alibaba e para as empresas de entrega expressa. Em 2017, os comerciantes chineses enviaram 31 bilhões de pacotes, dos quais mais da metade foi proveniente de pedidos da Alibaba. Quase dois terços dessas encomendas foram entregues por empresas de Tonglu.

Nossa pesquisa constatou que mais da metade das empresas que identificamos como liberadoras de valor planejam criar serviços que possibilitam que os usuários gerem receita para si mesmos. Isso geralmente ocorre por meio de ferramentas interativas, como as que há muito tempo são utilizadas pelos mercados online. Por exemplo, o eBay e o MercadoLivre hospedam compradores e vendedores, fornecendo as ferramentas necessárias para conduzir transações com segurança e eficiência. Mais recentemente, essa técnica tem sido utilizada para permitir que os usuários vendam de tudo, incluindo bens artesanais (Etsy), transporte por aplicativo (Uber e DiDi) e experiências de viagem (Airbnb).

Agora, essas mesmas ferramentas estão sendo utilizadas para promover valores sociais, permitindo que as pessoas interajam entre si e talvez ainda mais com sua rede estendida, de maneiras que as ajudam a tornar suas vidas mais gratificantes. Considere o Open Collective, que possibilita que organizações sem fins lucrativos de todos os tamanhos coletem e desembolsem dinheiro, fornecendo total transparência sobre como os fundos entram e saem de contas.

Em nosso estudo, mais da metade das empresas que tiveram pelo menos algum sucesso ao liberar valor retido planeja desenvolver novos serviços que atendam melhor às necessidades mais elevadas dos consumidores, relacionadas à autonomia, felicidade, conexões sociais, autorrealização, inspiração ou propósito.

Na Accenture, adotamos essa estratégia vencedora em nossa iniciativa de cidadania corporativa, aplicando-a internamente, em nosso trabalho com clientes e na comunidade global de maneira mais ampla. Em 2018, alocamos mais de US$200 milhões para os próximos 3 anos a fim de capacitar pessoas em todo o mundo com habilidades de trabalho para a era digital, usando as mesmas tecnologias de aprendizado que desenvolvemos para nossos próprios funcionários e clientes.

Nossa iniciativa Skills to Succeed já treinou mais de 2 milhões de pessoas, aproveitando a inovação digital para ajudar a diminuir os períodos de desemprego em grande escala. Uma de nossas parceiras nos Estados Unidos colabora com o Institute for Veterans and Military Families [Instituto para Veteranos e Famílias de Militares, em tradução livre], treinando veteranos para a transição ao mercado de trabalho. Também oferecemos consultoria para aumentar a capacidade do instituto quanto a serviços de capacitação profissional, moradia, assistência médica e carreira.

Outro projeto, com a Leonard Cheshire Disability no Reino Unido, está aumentando a participação econômica de pessoas com deficiência. O programa ajudou mais de 8 mil pessoas na Ásia a conseguir emprego em vários setores, incluindo TI e terceirização de processos empresariais. Até o fim de 2018, o programa ofereceu capacitação profissional a mais 13 mil pessoas em Bangladesh, Índia, Paquistão, Filipinas, África do Sul e Sri Lanka.

Liberar valor retido por meio da inclusão expandida é a única missão de algumas empresas. Por exemplo, a GoFundMe e a CaringBridge são redes sociais que facilitam a angariação de fundos beneficentes em prol de pessoas que enfrentam necessidades médicas catastróficas ou de grupos maiores que vivenciaram desastres naturais ou de origem humana.

Outra nova forma de negócio inclusiva é o microcrédito, que reúne recursos limitados de um pequeno grupo para conceder empréstimos do tipo "microcrédito", geralmente inferiores a US$50 mil, que ajudam empreendedores a começar um negócio. Existem vários sites dessa categoria que desembolsam centenas de milhões de dólares anualmente. (O criador da ideia é Muhammad Yunus, empresário social de Bangladesh que recebeu o Prêmio Nobel da Paz em 2006.)

Para além das finanças, ferramentas especializadas de redes sociais permitem que as pessoas organizem tudo, desde encontros casuais até o escambo de roupas de grife. A Nextdoor, com sede em São Francisco, foi fundada em 2010 e tem mais de 10 milhões de usuários, que compartilham informações a nível comunitário em mais de 100 mil bairros dos EUA, além de outros 100 mil membros em 6 países diferentes, incluindo França e Reino Unido.

Outro exemplo são os esforços da Microsoft. A empresa já implementou várias tecnologias inclusivas especificamente voltadas para usuários com deficiência. O Microsoft Translator, por exemplo, auxilia surdos e deficientes auditivos, ao legendar conversas em tempo real. Outro aplicativo, chamado Helpicto, traduz comandos de voz em imagens, o que pode melhorar os recursos de comunicação de crianças com autismo. Um terceiro produto, Seeing AI, "narra o mundo ao redor" para pessoas cegas ou com deficiência visual.

Em 2018, a Microsoft ampliou esses esforços ao investir US$25 milhões para iniciar o programa "AI for Accessibility" [IA para Acessibilidade, em tradução livre], para desenvolver tecnologias para oferecer suporte à transcrição de fala para texto, reconhecimento visual e sugestões de texto preditivo, todas destinadas a melhorar os resultados no âmbito profissional, domiciliar e de interação social. De acordo com uma declaração da CEO, Satya Nadella, no lançamento do projeto, apenas uma a cada dez pessoas tem acesso a essas "tecnologias assistivas".

O projeto inclui financiamento a pesquisadores e investidores externos, incubação acelerada dentro da Microsoft para os esforços mais promissores e adoção de tecnologias mais assistivas nas ofertas da empresa. Também haverá mais ferramentas para que outros parceiros adicionem recursos semelhantes aos seus produtos.

RIQUEZA DE TALENTOS

Empresas ricas em talentos desenvolvem líderes seniores capazes de supervisionar as mudanças orientadas pela inovação; potencializam uma força de trabalho altamente adaptável por meio da rotação de cargos, tarefas temporárias ou provenientes da economia gig; e aproveitam equipes multidisciplinares menores para projetos que visam a inovação disruptiva. Ter uma força de trabalho vantajosa é crucial para o sucesso de toda grande empresa. Afinal, as melhores e mais bem-sucedidas organizações são aquelas com as melhores pessoas. De fato, a maioria dos executivos com quem trabalhamos considera que deixar as empresas mais saudáveis do que quando assumiram o cargo é sua maior conquista. Além disso, eles também acham que a melhor forma de medir a saúde da organização é por meio dos tipos de funcionários que ela contrata e mantém.

Ao longo da última década, por exemplo, conforme a Volvo pivotava em direção a uma marca de carro mais premium, a empresa rapidamente reconheceu a necessidade de contratar funcionários com habilidades muito diferentes. "Antes, eram necessários engenheiros mecânicos", disse o diretor de recursos humanos, Björn Sällström, em uma entrevista em 2018. "Hoje, há uma necessidade maior de engenheiros de software, pois, mais do que qualquer outra coisa, os carros são computadores."

Sällström acreditava que os funcionários com habilidades em TI também tinham maior probabilidade de trazer consigo um mindset empreendedor que a cultura da empresa tanto precisava. Então, a Volvo reconfigurou radicalmente seu time de funcionários, especificamente ao contratar profissionais de fora da indústria automotiva, incluindo vendedores do Google, engenheiros da Nokia e designers da indústria da moda.

No total, entre 2011 e 2015, a empresa contratou 3 mil novos colaboradores em engenharia e pesquisa. Os principais funcionários receberam treinamento e orientação em inovação, e um grupo "catalisador" de 30 trabalhadores, em sua maioria jovens, foi designado para ensinar os outros como procurar e eliminar processos desatualizados e outras burocracias. Essa iniciativa resultou em aumento de receita e posicionamento de marca. Os veículos da Volvo estão recebendo ótimas críticas e a empresa está bem posicionada para o próximo "novo" da indústria automobilística — a produção de veículos autônomos.

Como o exemplo da Volvo sugere, as ferramentas e técnicas para otimizar talentos atuais e futuros mudaram de forma radical nos últimos dez anos. Elas mudarão ainda mais drasticamente na próxima década, à medida que houver uma maior implementação da inteligência artificial.

Não compartilhamos da opinião de que a IA substituirá de modo significativo os profissionais do conhecimento. No entanto, acreditamos que ela alterará a natureza do trabalho de maneira substancial e positiva. Atualmente, muitos empregos são monótonos e repetitivos, fazendo com que os trabalhadores se sintam desmotivados ou pior. As tecnologias de IA oferecem uma oportunidade de reformular o trabalho para além da trivialidade com tarefas que exigem raciocínio, empatia e criatividade.

Já existe uma grande quantidade de valor acumulado no nível corporativo em empresas que não conseguem ou não tiram o máximo proveito de seu capital humano. Os funcionários querem um trabalho que se adapte melhor aos seus valores e ao seu estilo de vida. As pessoas contratadas podem contribuir muito mais se receberem a oportunidade e o treinamento para expandir suas habilidades e aplicá-las a tarefas novas e funções diferentes.

Isso também se aplica ao ecossistema mais amplo em que sua empresa opera. Os consumidores querem ajudá-lo a desenvolver produtos melhores, e os fornecedores desejam ser parceiros melhores, nem que seja só por interesse próprio. As autoridades reguladoras, a sociedade civil e outras partes interessadas externas também querem participar, orientando a empresa em direções que acreditam ser benéficas à sociedade como um todo. Essa é sua razão de ser.

No passado, ao iniciar suas vidas profissionais, os trabalhadores de muitos setores eram divididos em carreiras e cargos específicos, com poucas oportunidades de expandir suas competências básicas ou trabalhar em diferentes partes da empresa. Agora, os trabalhadores mais jovens, particularmente, estão exigindo tarefas mais fluidas e o tipo de treinamento contínuo que a disrupção ininterrupta da tecnologia exige para que se permaneça relevante e valioso para os empregadores.

O surgimento de abordagens mais fluidas, ou "líquidas", para o gerenciamento de recursos humanos com aplicação abrangente — de fabricação a serviços profissionais — oferece aos funcionários e partes interessadas externas as ferramentas necessárias ao desenvolvimento de suas habilidades. Assim, eles são capazes de "vendê-las" de volta à organização para determinados projetos ou tarefas temporárias. Essa situação também impõe uma séria reconsideração de como a educação é desenvolvida e oferecida, e evidencia a crescente necessidade de formação contínua.

Essa nova abordagem ao desenvolvimento e gerenciamento de talentos obtém insights dos serviços online da economia gig que evoluíram nos últimos anos, especialmente o transporte por aplicativo e outras plataformas em tempo real que atendem à oferta e à demanda de habilidades específicas. Os êxitos e as limitações desses serviços mostraram aos executivos de recursos humanos como promover forças de trabalho líquidas eficientes e eficazes em suas próprias organizações, liberando valor retido para empregadores e funcionários.

Hoje em dia, existem agências de emprego virtuais que resolvem todo tipo de problema imaginável e conectam pessoas que procuram e oferecem praticamente qualquer habilidade. É possível encontrar e contratar com facilidade a expertise necessária para qualquer coisa, incluindo jardinagem, reparos domésticos, aulas de idioma ou instrumento musical, ou apenas obter ajuda para montar móveis. Até projetos complexos de desenvolvimento de software podem ser oferecidos com ferramentas como a Gigster, uma empresa fundada em 2014, avaliada em quase 1 bilhão de dólares e que se autointitula "o departamento de engenharia do mundo".

Com base nas lições aprendidas com esses serviços voltados ao consumidor, a abordagem e a tecnologia da economia gig estão sendo aplicadas às forças de trabalho internas e externas de muitos setores, eliminando a distinção entre funcionários e prestadores de serviço.

As plataformas de talento proprietárias e abertas, por exemplo, conectam redes de solucionadores de problemas virtuais a organizações que buscam ideias inovadoras para dificuldades específicas de design ou produção, estendendo consideravelmente o possível pool de talentos a um mundo de colaboradores virtuais com habilidades especializadas. Desde 2000, a InnoCentive, uma plataforma desse tipo, liberou um valor retido incalculável ao diminuir os custos para conectar pessoas com problemas técnicos e empresariais a solucionadores.

Operando em mais de 200 países, o serviço suporta uma rede de quase meio milhão de especialistas em todas as áreas imagináveis, que resolveram mais de 2 mil desafios publicados. Quase 80% dos desafios publicados oferecem um prêmio, com um total de US$20 milhões pagos até o momento. Mesmo internamente, empresas ricas em talentos estão permitindo que os funcionários melhorem suas competências no decorrer de suas carreiras e encontrem a opção mais adequada para seus talentos em expansão. Na Accenture, as pessoas mudam de cargos, projetos, tarefas e equipes, colaborando, experimentando e inovando em uma cultura que tolera falhas ocasionais em prol do crescimento pessoal.

Elas também aprendem novas habilidades todos os dias, com o auxílio e a orientação confiáveis da tecnologia digital. A Accenture está planejando abrir 10 novos hubs de inovação nos EUA entre 2017 e 2020 e, durante o processo, criar 15 mil novos empregos altamente qualificados. Também planejamos investir US$1,4 bilhão para treinar nossos próprios funcionários em novas tecnologias.

De fato, as empresas atuais ricas em talentos não temem a digitalização do trabalho — elas a adotam. Em vez de afastar trabalhadores cujas tarefas diárias são substituídas por alternativas digitais mais eficientes, essas empresas ensinam a eles habilidades de nova geração, mantendo os melhores talentos e liberando ainda mais valor retido.

Como veremos em um capítulo posterior dedicado à força de trabalho, a AT&T, gigante da comunicação e mídia, tem requalificado milhares de trabalhadores cuja expertise em tecnologia analógica está rapidamente se tornando obsoleta. A empresa atinge esse objetivo ao fornecer a eles as habilidades digitais necessárias para que permaneçam relevantes e, assim, também diminui a necessidade de substituir a força de trabalho com novas contratações difíceis de encontrar e dispendiosas para recrutar e enculturar.

Para aproveitar ao máximo as novas oportunidades de automação, as empresas ricas em talentos que pesquisamos cultivam um relacionamento interconectado entre humanos e máquinas em toda a empresa, o que permite a reatribuição de tarefas, a requalificação e o treinamento no local de trabalho para facilitar a inovação e a experimentação mais rápida. Na indústria automotiva, por exemplo, a Mercedes continua a expandir o uso da robótica para tarefas de fabricação reproduzíveis, mas também ampliou e enriqueceu o papel de seus trabalhadores humanos na personalização de recursos para clientes individuais.

INTERCONEXÃO

As empresas interconectadas usam tecnologias digitais para transformar compras únicas em serviços contínuos, participar ativamente de redes externas e fomentar ecossistemas amplamente inclusivos a fim de trazer inovações aos clientes mais depressa.

Estamos saindo da era dos objetos inanimados e entrando no mundo de produtos e serviços inteligentes. Bilhões de itens físicos já existentes se tornarão dispositivos digitais na próxima década. Eles irão se conectar e comunicar não apenas entre si, mas também com a Internet das Coisas — a cadeia de suprimentos completa que os desenvolve, vende e suporta.

Os aplicativos simples de IoT que conhecemos hoje, como termostatos inteligentes e iluminação programável, serão expandidos para integrar componentes e até matérias-primas utilizadas na fabricação de produtos, acompanhando a localização, o status de funcionamento e o uso durante todo o ciclo de vida do produto.

Produtos e serviços estão cada vez mais indistintos conforme os produtos inteligentes continuam a detectar, aprender e mudar em resposta a grandes quantidades de dados agregados. Os insights que eles fornecem estão liberando uma grande quantidade de valor retido em todos os quatro níveis, prometendo melhorar substancialmente a eficiência de fornecimento, fabricação, distribuição, varejo e suporte ao cliente.

Os fabricantes, em particular, encontram-se na iminência de uma nova revolução industrial, impulsionada pela convergência contínua dos mundos físico e digital.

Considere a Caterpillar, que, por meio da plataforma Cat Connect, faz uso inteligente dos dados gerados pelas máquinas conectadas. A plataforma transmite dados importantes sobre o desempenho do equipamento para os operadores de mina, que os analisam e tomam decisões sobre como melhorar a eficiência, aumentar a produtividade e intensificar a segurança no local de trabalho. Ao utilizar a Cat Connect, as máquinas da empresa de construção Strack Inc. podem funcionar por 48 horas seguidas, reduzindo os custos de combustível em 40%.

As empresas interconectadas estabelecem cadeias de fabricação e suprimentos mais inteligentes. Com o uso de tecnologias IoT e IA, elas conectam processos e fornecedores em toda a produção, a fim de cultivar um ecossistema consistente e criativo. Essas empresas desenvolvem ativamente novos produtos e serviços por meio de colaboração, inovação aberta e engajamento coletivo.

Cada vez mais, as liberadoras de valor que estudamos combatem a disrupção ao criar esses ecossistemas, estabelecendo vínculos profundos com parceiros que possuem habilidades e tecnologias complementares, as quais podem ser rapidamente implementadas e dimensionadas conforme as oportunidades surgem. Elas também expandem e concentram suas atividades em capital de risco corporativo, investindo em startups com capitalistas de risco tradicionais. Essas empresas participam ativamente como mentoras e investidoras em incubadoras internas de startup, aceleradoras externas e outras fontes de inovação e experimentação antecipada. Essas são mudanças significativas até mesmo do passado recente, quando as empresas que testemunhavam níveis crescentes de incerteza e instabilidade em seus setores foram incentivadas a observar e aguardar enquanto outras incorriam nos custos da experimentação, para depois superá-las como "fast followers [seguidoras rápidas]".

Porém, na era digital, as iniciantes podem obter uma vantagem considerável. Elas experimentam novas tecnologias, lançam protótipos e analisam os resultados, muitas vezes reduzindo drasticamente o tempo para desenvolver novos produtos. As iniciantes podem trabalhar nas versões subsequentes, enquanto as seguidoras, mesmo as mais rápidas, ainda tentam copiar o primeiro lançamento. Observar, esperar e explorar as inovações de outras empresas não funciona mais. Lembre-se também de que o valor fica retido no nível do setor quando uma melhoria na infraestrutura, como um mercado aberto, beneficiaria a todos na cadeia de suprimentos, mas nenhuma organização tem o incentivo para desenvolvê-la. A criação de ecossistemas flexíveis resolve esse problema, compartilhando o valor entre os participantes e o gestor do próprio ecossistema, que pode ser alguém de fora, talvez uma empresa de plataforma tecnológica como AWS, Microsoft, Google ou Alibaba.

A difusão de valor retido em um setor é um dos obstáculos que impede ainda mais investimentos na IoT. No entanto, para aquelas empresas que planejam ser uma das primeiras, a recompensa pode ser enorme. O Grupo Bosch, a respeitável gigante industrial alemã, investe na Internet das Coisas desde 2008, com uma aquisição que se tornou a Bosch Software Innovations. A BSI projetou, desenvolveu e realizou mais de 250 projetos de IoT, testando mais de 100 inovações nas próprias fábricas da empresa.

Essa estratégia está produzindo resultados. Em 2017, a BSI vendeu quase 40 milhões de produtos habilitados para internet, incluindo sensores, dispositivos e outras máquinas conectadas. A empresa afirmou que, até o fim de 2019, sua pretensão era que todas as suas categorias de produtos elétricos estivessem conectadas à internet.

Outro exemplo é a Sleep Number, principal fabricante de roupas de cama, que desde 2017 tem pivotado em direção à estratégia para deixar de ser uma empresa de produtos e se tornar uma gigante de IoT interconectada. Sua nova e revolucionária oferta, a 360 Smart Bed, inclui sensores incorporados que monitoram frequência cardíaca, movimento e respiração. A tecnologia patenteada SleepIQ da empresa interage com os sensores, realizando a leitura de centenas de medições por segundo. Todas as noites, a SleepIQ monitora centenas de milhares de "sessões de sono" e analisa mais de 8,5 bilhões de pontos de dados biométricos.

A 360 Smart Bed ajusta automaticamente a densidade do colchão e o suporte da cama com base nos movimentos do usuário e pode fazer recomendações sobre como melhorar todos os aspectos dos comportamentos de sono. Evidentemente, o produto é uma enorme fonte de valor retido para a maioria dos seres humanos. Os dados do sono também podem ser combinados com dispositivos de rastreamento de atividades diurnas, incluindo Fitbits e relógios inteligentes, tudo em um único aplicativo para smartphone. Futuros aplicativos identificarão e alertarão sobre um ataque cardíaco e detectarão apneia do sono, um distúrbio que afeta dezenas de milhões de pessoas.

Todos esses aspectos ajudam a empresa a avançar ainda mais em um ecossistema emergente de bem-estar. Uma colaboração contínua entre a Sleep Number e a National Football League [Liga Nacional de Futebol Americano], por exemplo, resultou em um banco de dados dos hábitos de sono dos atletas de alto desempenho.

Os primeiros usuários estão convictos de que o sistema os ajudou a acordar com mais energia, foco e melhores reflexos.

A Sleep Number espera usar os dados coletados de 1,8 mil atletas para ajudar a identificar as necessidades específicas de sono dos jogadores de futebol americano e, possivelmente, as de diferentes posições: kickers, recebedores e quarterbacks, por exemplo. A empresa está trabalhando com o Pro Football Focus, que avalia e classifica cada jogador por meio de análises e estatísticas, buscando correlações entre sono e desempenho em campo.

Porém, apesar desses êxitos iniciais, algumas empresas voltadas para o consumidor ainda não investiram na IoT. Ainda que o fato de ser uma das primeiras não garanta a liberação de valor retido em longo prazo, é evidente que essa estratégia tem ajudado a Sleep Number a entender o potencial e os requisitos para desempenhar um papel central no surgimento de uma ciência aplicada do sono.

Parcerias como essas são mais do que apenas interações únicas entre comprador e vendedor. Elas constituem colaborações contínuas, nas quais cada participante aproveita sua expertise e seus próprios ativos de rede, sincronizando e estimulando juntos os investimentos. Cada inovação tem um retorno que vai muito além do balanço patrimonial dos envolvidos.

Considere o conglomerado alemão Siemens, que criou um ecossistema em torno de seu sistema operacional de IoT aberto e baseado em nuvem, MindSphere, em parceria com desenvolvedores de aplicativos, integradores de sistemas, parceiros de tecnologia e provedores de infraestrutura que incluem empresas como Accenture, Amazon, SAP e Microsoft.

A plataforma MindSphere coleta dados de dispositivos e outros ativos no chão de fábrica, fornecendo uma interface aberta para consolidar dados operacionais e de manutenção de uma ampla gama de equipamentos conectados. Ao usar ferramentas analíticas da Siemens e de outros desenvolvedores de aplicativos, os participantes transformam fábricas em ativos digital first, que podem ser totalmente automatizados e otimizados.

COLOCANDO A INOVAÇÃO EM PRÁTICA

Iniciamos este capítulo com uma visão geral dos esforços da Haier para liberar valor retido em todos os quatro níveis: empresa, setor, consumidor e sociedade. Agora, veremos como uma combinação das estratégias vencedoras pode multiplicar a inovação e liberar ainda mais valor retido, usando a Haier como exemplo da aplicação de todas as sete. Analisaremos melhor a integração e a combinação da empresa no que diz respeito a impulso por tecnologia, hiper-relevância, orientação por dados, interconexão, ativo inteligente e riqueza de talentos.

A Haier iniciou seu pivot ao tornar-se impulsionada por tecnologia, referindo-se a si mesma não como uma empresa de eletrodomésticos, mas como uma plataforma para negócios habilitados para software. Essa alegação vai muito além de simples jargões. Quando a demanda por eletrodomésticos declinou devido à desaceleração do mercado imobiliário residencial da China, a empresa apostou na estratégia de fornecer serviços de varejo e logística para o crescente setor de comércio eletrônico na zona rural do país. A Shun Guang, uma plataforma hospedada para fornecedores, registrou centenas de milhares de pequenas empresas em apenas alguns anos. Agora, essas varejistas podem vender produtos da Haier e de outras marcas por meio do aplicativo e solicitar reposição de estoque sob demanda. Os consumidores podem personalizar cores e outras opções diretamente no site da Haier, e a produção é encaminhada para uma fábrica inteligente.

A Haier também pratica a hiper-relevância ao identificar e atender às mudanças nas necessidades dos consumidores, trabalhando diretamente com eles para projetar e personalizar aparelhos específicos. Por exemplo, a empresa aproveitou os amplos debates no WeChat sobre a preocupação com o impacto que o prolongado tempo de tela causa ao desenvolvimento ocular de crianças pequenas. Em estreita colaboração com os pais, a Haier desenvolveu o iSee mini, um projetor portátil que exibe conteúdo em qualquer superfície sem a necessidade de cabos, reduzindo a dependência de dispositivos digitais. Com base no feedback inicial, a empresa melhorou o brilho das versões anteriores e adicionou software educacional incorporado.

A Haier é orientada por dados. A empresa monitora métricas detalhadas sobre cada uma de suas microempresas, incluindo a participação de usuários no desenvolvimento de novos produtos e a porcentagem de lucros provenientes de interações com parceiros do ecossistema. Todo funcionário está focado em se engajar com os consumidores e atender às suas necessidades, com remuneração associada aos resultados avaliados. Quando um produto não atinge as metas de vendas e as interações desejadas, a comissão é reduzida.

A Haier se tornou interconectada ao otimizar suas cadeias de fabricação e suprimentos, recorrendo a seus relacionamentos para corresponder às tecnologias em rápida mudança e às demandas dos usuários. Assim como a InnoCentive, a Haier Open Partnership Ecosystem (HOPE) possibilita que equipes de produtos internas e usuários externos apresentem seus problemas mais desafiadores de engenharia e design a uma rede crescente de solucionadores não afiliados.

A HOPE tem mais de 2 milhões de membros. Todo mês, 500 projetos são registrados e, anualmente, mais de 200 projetos de inovação são incubados com sucesso. Ecossistemas especializados surgiram para setores como aviação, alimentos, cuidados com o corpo, água e saúde.

A Haier também é uma empresa de ativo inteligente. Ela adquiriu a unidade de eletrodomésticos da GE nos Estados Unidos, a Sanyo no Japão e a Fisher & Paykel na Nova Zelândia para atualizar sua cadeia de suprimentos global e ampliar o alcance dos consumidores. Zhang Ruimin, CEO da empresa, considera como essência da Haier a possibilidade de colaboração igualitária com partes interessadas internas e externas.

Por exemplo, as microempresas da Haier realizam contratações de fabricação, finanças, tecnologia e recursos humanos em um ambiente aberto. Cada produto encontra sua combinação mais eficiente de fornecedores, montadores e canais de distribuição internos e externos, o que distancia ainda mais a Haier da definição de gigante industrial tradicional e a aproxima do significado de plataforma de negócios.

Por fim, a Haier é rica em talentos, reduzindo o distanciamento entre funcionários e consumidores ao redistribuir cerca de 64 mil colaboradores em 180 microempresas, com cada uma delas tendo autonomia para eleger seu próprio líder, assegurar seus próprios recursos e justificar (e compartilhar) seu próprio demonstrativo de resultados.

As microempresas têm liberdade, autoridade e incentivo para tomar decisões muito rapidamente. Elas lançaram dezenas de produtos inovadores nos mercados existentes e em mercados adjacentes às marcas tradicionais da Haier. Os funcionários também podem se transferir facilmente de uma microempresa para outra. E, se a equipe decidir que pode ter melhor desempenho sem a arquitetura de rede da empresa, ela poderá se tornar independente, com a Haier assumindo a posição de investidora em vez de empregadora.

No mundo competitivo da fabricação de eletrodomésticos, é essencial ter certa maleabilidade e paranoia. Quando questionado pelo *Economist* sobre sua capacidade de equilibrar empreendedorismo com controle corporativo, Zhang respondeu: "Não precisamos de equilíbrio! Um ambiente instável e dinâmico é a melhor maneira de manter todo mundo flexível."

Como a Haier e os outros exemplos deste capítulo elucidam, a liberação de valor retido acontece deliberadamente, e não por acaso. Assim como bons esquiadores, as liberadoras de valor mais bem-sucedidas e duradouras se mantêm em movimento — com fluidez, regularidade e grande velocidade. E, embora essas empresas façam com que isso pareça fácil, em certo momento elas tiveram que dominar a arte de escolher quando e em que direção seguir, fincando seus bastões na neve e usando o impulso para chegar ao próximo pivot. Com o tempo, esse processo se torna automático. Empresas experientes simplesmente o executam, sem pensar na mecânica do que estão fazendo.

As sete estratégias vencedoras são os bastões de esqui do pivot sábio, sua base de apoio e seu centro de gravidade. Elas determinam o tipo de valor retido a ser almejado, onde encontrá-lo e qual combinação será necessária para liberá-lo.

Porém, assim como aprender a esquiar, liberar valor retido exige muita coragem, ousadia e queda. Inovações disruptivas criadas com as mais recentes tecnologias emergentes estão se somando ao acúmulo de valor retido em todos os setores e, assim, gerando oportunidades e riscos. Poucas empresas são capazes de converter esse potencial em realidade; uma quantidade ainda menor delas pode fazê-lo mais de uma vez.

De fato, nos últimos cinco anos, o retorno geral dos gastos com inovação diminuiu de forma drástica. Aparentemente, a maioria das grandes empresas é incapaz de aplicar a inovação com rapidez suficiente para impulsionar o crescimento e evitar a obsolescência — vítimas dos sete erros. Há, no entanto, razão para o otimismo. Algumas organizações — as liberadoras de valor retido — contrariaram essa tendência, transformando seus investimentos na inovação em crescimento acelerado. Nos últimos cinco anos, essas empresas superaram suas semelhantes em todas as principais medidas e pretendem continuar nesse caminho por tempo indeterminado.

Elas buscam a inovação com dedicação e disciplina, virtudes essenciais para evitar os sete erros. Começando do topo, essas empresas adotaram a procura e o resgate de valor retido como um princípio central de sua cultura corporativa. Mais do que isso, elas encontraram maneiras de alcançar não apenas a aplicação bem-sucedida das estratégias vencedoras, mas também a inovação como algo habitual. Afinal, a vantagem competitiva é definida como um desempenho sustentável acima da média. Qualquer empresa pode ter sorte uma vez. Porém, é preciso muito mais para fazer da inovação o produto principal.

A segunda parte deste livro reúne todos estes aspectos: a busca por valor retido, a superação dos sete erros e o domínio das estratégias vencedoras. O próximo passo será incorporar essas habilidades em toda a organização, adotando uma abordagem de estratégia e execução que aplique energia criativa não apenas no passado, no presente ou no futuro, mas em todos esses momentos. Simultaneamente.

Sendo assim, a primeira coisa a se fazer é inventar uma máquina do tempo. Nós mostraremos como.

Parte Dois
O PIVOT SÁBIO

Capítulo 4

O PIVOT SÁBIO

Descubra Valor e Gere Crescimento no Antigo, no Atual e no Novo

OS CAPÍTULOS ANTERIORES abordaram como as empresas — jovens e antigas, grandes e pequenas, públicas e privadas — visaram e liberaram com êxito o valor retido, evitando os sete erros e concentrando-se nas sete estratégias vencedoras.

Porém, a revolução tecnológica está longe do fim. À medida que as disrupções big bang e compressiva continuam a revolucionar setores de maneiras imprevisíveis, liberar grandes quantidades de valor retido não é um acontecimento único. As empresas que identificamos como liberadoras de valor retido foram as que superaram consistentemente suas semelhantes na criação de valor atual e futura. Elas melhoraram, ao mesmo tempo, os ganhos atuais e o potencial de ganhos futuros, não apenas uma vez, mas ano após ano, repetidamente.

É evidente a necessidade de uma abordagem de estratégia e execução substancialmente diferente. Porém, mesmo quando os CEOs de todos os setores percebem com clareza a necessidade de mudança, a maioria tem dificuldade para colocá-la em prática. Um número ainda menor deles tem as ferramentas para liderar suas organizações com determinação e de forma duradoura.

Por quê? Por um lado, a maioria das empresas permanece excessivamente focada em sua atividade principal, incapaz de reconhecer um futuro que chega cada vez mais depressa — uma situação que não é muito diferente de um carro que surge em seu espelho retrovisor lateral e que está, como se sabe, mais próximo do que parece.

Por outro lado, há empresas que negligenciam sua essência ao entrar em uma corrida caótica de imitação a fim de alcançar o novo, uma atitude que as impossibilita de reunir a capacidade de investimento necessária, ou a infraestrutura exigida, para promover futuros pivots.

Um pivot realmente sábio é aquele que se pode repetir. Isso implica gerenciar os ativos principais não como recursos distintos com valor decrescente, mas como um portfólio de investimentos dinâmico, continuamente reequilibrado ao longo dos três estágios diferentes do ciclo de vida, os quais denominamos de antigo, atual e novo.

O "antigo" engloba produtos e serviços que atingiram o auge de seu crescimento e que estão, ou provavelmente se tornarão, estagnados. O "atual" abrange ofertas em pleno desenvolvimento, que apresentam um crescimento rápido, mas que já estão mudando seu foco de inovação para um com base em eficiência e consequente comoditização. Por fim, o "novo" compreende partes emergentes do negócio, que estão apenas no início de seu percurso e cuja velocidade e trajetória são em grande parte desconhecidas.

Pivotar com sabedoria significa adotar uma estratégia de constante evolução, que incorpora todos os três estágios conforme se gerencia o portfólio, de um conjunto de ativos para o próximo, progredindo e reformulando o núcleo do negócio antigo em direção a um novo, desenvolvido com novas tecnologias.

A seguir, detalharemos como atingimos esse objetivo na Accenture, descobrindo as ferramentas e as técnicas do pivot sábio ao longo do processo.

A ACCENTURE INICIA SEU PIVOT

Na primeira década do milênio, a Accenture enfrentou uma série de ameaças existenciais, pois nossos principais negócios de consultoria e tecnologia sofriam pressão de vários lados.

Da base, fornecedores de qualidade na Índia ofereciam aos clientes globais uma terceirização de baixo custo para desenvolvimento e manutenção de aplicativos, data centers e outros serviços de tecnologia. Do topo, as gigantes de hardware e software aproveitavam produtos patenteados e seu antigo relacionamento com clientes para se tornarem grandes empresas de serviços. Elas aceleraram a transição ao aproveitar a velocidade, a personalização e o custo/benefício do desenvolvimento de novos softwares e tecnologias em nuvem a fim de oferecer alternativas mais baratas que os serviços profissionais da Accenture. Essa disrupção ameaçou os relacionamentos estratégicos da empresa com executivos seniores de organizações da Global Fortune 500.

Também houve pressão de Wall Street. Alguns investidores temiam que uma migração rápida de cada vez mais empresas para a nuvem impactasse gravemente o negócio de instalação e alteração de pacotes de software, um serviço que a Accenture oferecia com êxito há décadas. A diferenciação da empresa nos setores de consultoria e tecnologia avançada não era mais tão evidente para investidores e analistas.

Em 2013, a Accenture reagiu com sucesso à ameaça inicial das empresas de terceirização com sede na Índia. Construímos nossos centros de tecnologia avançada, aliando os custos mais baixos das operações offshore aos profundos relacionamentos com os clientes baseados em confiança e experiência, uma de nossas vantagens competitivas. Esses centros nos possibilitam oferecer soluções a preços competitivos, com a vantagem adicional de especialistas onshore, de tecnologia e de prática no setor, o que muitos de nossos concorrentes geralmente não oferecem.

Atualmente, temos mais de 50 dessas fábricas de software e operações, inclusive em mercados em crescimento, como Índia e China, onde podemos aproveitar a experiência no setor e no desenvolvimento de software para competir com as empresas de terceirização. Também pivotamos grande parte de nossa prática tradicional de consultoria ao distanciá-la dos sistemas de back-office e aproximá-la de aplicativos que se relacionavam diretamente com os consumidores de nossos clientes, incluindo em nossos serviços o desenvolvimento de aplicativos móveis e operações em nuvem.

Para acelerar o trabalho de desenvolvimento, automatizamos grande parte do processo demorado e propenso a erros para testar novos softwares, aprimoramos nossas ferramentas de engenharia de software e ampliamos parcerias com as principais fornecedoras de pacotes de software, incluindo SAP, Oracle, Salesforce e Microsoft. Nossa plataforma, Touchless Testing, reduziu a necessidade de testadores humanos, o que melhorou explicitamente a velocidade de correção das novas instalações desses produtos, em alguns casos em 50%.

Ao mesmo tempo em que nossos mercados tradicionais de consultoria enfrentavam aumento da concorrência, felizmente, a revolução da internet criava novas oportunidades significativas para a Accenture em serviços digitais, incluindo publicidade, mídia social e interações avançadas com clientes, bem como integração de robótica, inteligência artificial e outras novas tecnologias nas cadeias de suprimentos dos setores que atendemos.

Essas tecnologias criaram novos setores e novos ecossistemas de negócios que ajudaram as empresas estabelecidas a se tornarem digital first. Dentro desses ecossistemas, havia uma rápida demanda crescente por expertise em mídias sociais, computação móvel, análise de dados e computação em nuvem. Portanto, como parte de nossa mudança para nos tornarmos consultores digital first, começamos a atuar em novas áreas como análise de negócios, cibersegurança, IA aplicada, blockchain, realidade virtual e outros potenciais disruptores. Para apoiar o ecossistema emergente da Internet das Coisas, criamos uma unidade de negócio chamada Industry X.0, que, por meio das novas ferramentas digitais utilizadas por nossos clientes para desenvolver seus próprios produtos inteligentes, proporciona uma vantagem aos especialistas em inovação de produtos e tecnologias de dispositivos conectados.

O problema era que essas novas áreas de serviço não se alinhavam totalmente com a nossa marca ou nosso modelo de negócios, o que diminuiu seu crescimento e limitou seu impacto no desempenho geral da Accenture. Enquanto nos esforçávamos para incorporá-las, aumentamos o risco de passar pelo que descrevemos anteriormente como disrupção compressiva. Todos os sinais estavam lá — o crescimento e os lucros eram prejudicados por novos concorrentes, enquanto o risco de substituição ao longo do tempo aumentava, ainda que aos poucos.

Em 2014, após alguns relatórios instáveis de lucros trimestrais, a alta gerência sofreu um choque de realidade e percebeu a necessidade de agir. Precisávamos de um novo plano. Já em 2013, Pierre Nanterme, CEO da Accenture na época, estabeleceu o que ele denominou de abordagem "Ambition 2020" [Ambição 2020, em tradução livre]. O objetivo era que a Accenture se tornasse o principal player de serviços profissionais do mundo na intersecção de negócios e tecnologia. Era um grande passo, pois sempre fomos uma concorrente muito menor em um setor dominado por gigantes da tecnologia como a IBM.

A Ambition 2020 representava um grande desafio para a organização. Omar Abbosh, em particular, lembra-se de ter ficado surpreso ao ouvir os detalhes da iniciativa na reunião global do comitê de gestão em que foi apresentada. O mais surpreendente: o quão ambiciosa e abrangente ela era em diversas áreas — não apenas para nossos serviços ou nossa presença geográfica, mas para nossa marca, nossa arquitetura financeira, nossos métodos de trabalho, nossos investimentos em software e tecnologia, nosso ecossistema e nossa atividade filantrópica.

O PIVOT SÁBIO

Para Omar, o desafio se tornou pessoal quando, no fim de 2014, ele foi nomeado diretor de estratégia da Accenture, encarregado de tornar a Ambition 2020 uma realidade. "No início de 2015, quando me sentei pela primeira vez com minha nova equipe", disse ele, "levantei três questões: como a Accenture irá se incorporar à estrutura do setor de tecnologia? Como nos tornaremos uma potência maior nos negócios globais em geral? O que é necessário para duplicar nossa capitalização de mercado, de US$50 bilhões para US$100 bilhões?"

Sua nova estratégia surgiu do estudo dos ciclos de vida de diferentes mercados tecnológicos, incluindo mainframes, World Wide Web, Internet das Coisas e IA. Omar rapidamente percebeu que a verdadeira origem da disrupção de empresas estabelecidas como a nossa não era as novas concorrentes, mas, sim, a inovação e as novas tecnologias que as impulsionavam — descritas no Capítulo 1. No passado, empresas de sucesso como a Accenture se concentravam na criação de produtos e serviços cujas tecnologias subjacentes já haviam atingido o desenvolvimento final de seu ciclo de vida, quando os mercados eram grandes e estáveis.

Porém, essa abordagem não seria eficaz em um mundo de constantes disrupções impulsionadas pela tecnologia, muitas das quais já se aproximavam da Accenture em todos os nossos principais mercados. Afinal, como já observado, as tecnologias digitais vivenciam um declínio de preços em componentes centrais, incluindo sensores, câmeras, memória e microprocessadores, o que acarreta combinações inovadoras que rapidamente se tornam melhores e mais baratas.

Em resposta, os consumidores adotam o novo de forma progressiva e conjunta. Assim, há uma redução cada vez maior e constante do longo intervalo entre a adoção inicial e o uso mainstream. Enquanto os usuários exigem ofertas que aproveitam ao máximo os recursos e as funções possibilitadas pela nova tecnologia, uma oportunidade pode surgir repentinamente: a lacuna de valor retido.

Assim como acontece com a formação de ecossistemas favoráveis, no início de novos mercados, o surgimento dessa oportunidade atrai as inovações mais valiosas e os inovadores mais disruptivos. A lacuna de valor retido aumenta repentinamente e costuma ser reduzida da mesma maneira. Se sua empresa não participa no começo, há cada vez menos chances de, posteriormente, ela se tornar um player significativo nesses ecossistemas, e a possibilidade de lucrar com eles é ainda menor.

Isso significava que tínhamos que nos conformar e mudar uma de nossas crenças mais arraigadas: o principal fator de sucesso da Accenture era esperar a ampla adoção e o risco relativamente baixo das novas tecnologias antes de desenvolver serviços para apoiar sua implementação — em outras palavras, quando nossos clientes tradicionais de consultoria e tecnologia estivessem prontos para adotá-las. Nossa abordagem era agir apenas quando isso acontecesse, ampliando nossa capacidade de consultoria e suporte, uma estratégia que os especialistas denominam de "fast following [seguimento rápido]".

Considerando o ritmo acelerado de mudança, seguir rápido não seria o suficiente. Precisávamos entrar em novos mercados assim que surgissem oportunidades de negócio, mesmo que não tivéssemos certeza de seu tamanho e de quem seriam todos os participantes da cadeia de suprimentos — compradores, fornecedores, concorrentes e outras partes interessadas. Houve uma discussão intensa no comitê de gestão sobre essa mudança tão importante. A conclusão: os riscos de obsolescência e substituição de nossas principais ofertas eram muito piores do que a mudança cultural que precisávamos instituir para superá-los.

Em um mundo de tecnologias de rápida melhoria, com o surgimento cada vez mais acelerado de inovações disruptivas e sua mudança repentina da experimentação à adoção total de mercado, havia chegado o momento de repensar completamente nossas estratégias para cada um de nossos principais negócios. Precisávamos considerar nosso portfólio de ofertas de uma maneira muito diferente, que fosse compatível com a velocidade tecnológica e as respectivas mudanças empresariais — ou seja, adaptá-lo a um mundo de disrupção contínua.

O ANTIGO, O ATUAL E O NOVO

Por mais difícil que tenha sido, aceitar a natureza ininterrupta da disrupção digital nos levou ao mais importante insight de sustentação do pivot sábio: no futuro próximo, precisaríamos fazer grandes investimentos em inovação, os quais exigiriam não apenas um rendimento contínuo das ofertas atuais, mas um novo crescimento — mais receita, mais lucros e novos clientes.

Isso significava que não poderíamos, e não deveríamos, abandonar nosso negócio no antigo ou no atual e dedicar todos os nossos recursos para alcançar o novo. Teríamos que gerar mais lucro a partir da atividade principal, usando algumas das próprias tecnologias que acarretavam sua disrupção.

O PIVOT SÁBIO

Em outras palavras, em vez de reduzir o investimento em produtos e serviços mais antigos para fomentar uma mudança rápida em direção ao futuro, precisaríamos fazer exatamente o oposto — renovar e reiniciar o investimento em empresas mais antigas cujo crescimento desacelerara, mesmo sabendo que, no modelo atual, seus dias estavam contados.

Simultaneamente, teríamos que acelerar e expandir o investimento em negócios novos e ainda em crescimento, gerando o tipo de lucro que estávamos acostumados a ver em mercados maduros. Por fim, seria necessário aplicar esse crescimento renovado e expandido, bem como a receita adicional proveniente, a fim de alcançar economias de escala em negócios emergentes o mais rápido possível.

Ao planejar minuciosamente essas mudanças de direção, descobrimos a possibilidade de acelerar o crescimento simultâneo nas três fases do ciclo, criando um mecanismo para pivots recorrentes e viáveis. Dessa forma, era possível extrair, ainda que com redução, o valor retido essencial do antigo e do atual e aplicá-lo como um estímulo para alcançar os iminentes novos de maneira reiterada.

Conforme desenvolvemos a estrutura para o que se tornou o pivot sábio, revisitamos grande parte da geração anterior de pensamento gerencial, incluindo uma longa lista de livros de conselhos empresariais sobre como ponderar estratégia e concorrência em futuros mercados. Embora útil, essa sabedoria convencional se mostrou incompleta. Por exemplo, em seu livro de 1994, *Competindo pelo Futuro*, os professores de administração de empresas Gary Hamel e o já falecido C. K. Prahalad aconselharam as organizações a iniciarem sua entrada em novos mercados concentrando-se em uma "competência essencial", que definiram como "uma articulação harmonizada de múltiplos recursos e habilidades distintivas".

Para os autores, a competência essencial de uma empresa proporciona o ímpeto necessário para o êxito em mercados futuros, o envolvimento com consumidores vindouros e a diferenciação em relação a concorrentes subsequentes — segundo eles, a fórmula para alcançar vantagem competitiva nos mercados e setores que estão por vir.

Preparar-se hoje para os mercados de amanhã ainda é primordial. Porém, muitos dos líderes que seguiram o conselho de Hamel e Prahalad, e outros, se esqueceram do que os tornou bem-sucedidos: os produtos e serviços do presente. Os relacionamentos profundos com clientes, fornecedores e outras partes interessadas, bem como a experiência no setor e na tecnologia, os valores e a cultura corporativa eram ainda mais importantes. Afinal, esses ativos e recursos formam o núcleo do negócio. No entanto, na pressa de chegar ao novo, as empresas os negligenciaram, eliminando qualquer hipótese de usá-los como base para a diferenciação no futuro.

Simplesmente identificar competências abstratas e projetá-las em novos mercados não é suficiente. Em um mundo de novas tecnologias que rapidamente criam mercados e capacitam concorrentes novos e antigos, também é importante manter e aprimorar o foco nas realidades concretas das ofertas, dos mercados e das tecnologias atuais.

Para nós, esse insight evidenciou o preocupante fato de que as ondas cada vez mais poderosas de tecnologia inovadora continuariam a causar disrupção em nosso negócio, em um ritmo acelerado. Por exemplo, a curto prazo, nem nossas habilidades nem nossa cultura se alinhavam de forma satisfatória ao tipo de novos serviços digitais que os clientes começavam a exigir. A longo prazo, os profissionais especializados da Accenture corriam o risco de serem substituídos por software e novas redes de comunicação. Por fim, considerando uma perspectiva ainda mais longínqua, não tínhamos o tipo de capacidade de P&D necessária para identificar e adotar a próxima geração de tecnologias disruptivas e as oportunidades que gerariam. No entanto, precisávamos fazê-lo consistentemente mais rápido que os concorrentes novos e antigos.

Não conseguiríamos fomentar as mudanças necessárias para conciliar essas três conjunturas se continuássemos a crescer de maneira tradicional: fundar ou adquirir novos negócios à medida que abandonávamos os antigos e de amadurecimento rápido. Em vez disso, era preciso pivotar simultaneamente dentro das diferentes fases do ciclo de vida de nossas ofertas: o antigo, o atual e o novo.

Para esclarecer o conceito de pivot sábio, ilustramos graficamente os três estágios do ciclo ao longo do que os matemáticos chamam de "curva S". Os acadêmicos da área de negócios há muito argumentam que essa curva representa o aumento típico e o eventual declínio de receitas e lucros dos produtos e serviços outrora novos. A curva S mostra que conforme o preço e o desempenho de novos serviços e produtos aumentam por meio de economias de escala e contínua inovação tecnológica, a sua adoção pelos usuários é, a princípio, lenta (primeiros adeptos) e, então, mais rápida (a maioria). A Figura 4.1 ilustra as curvas S esperadas do antigo, do atual e do novo, assinalando os momentos do ciclo em que é comum encontrar ofertas de negócios nesses estágios.

Como a Figura 4.1 sugere, as empresas se deslocam pelos três estágios de forma contínua e simultânea. Quando os mercados se tornam saturados, uma nova onda de disrupção já foi iniciada. Novas tecnologias facilitadoras são introduzidas, testadas e, depois, amadurecem. As ofertas que surgem em torno delas geram a curva S seguinte, e assim por diante.

Figura 4.1 Três Estágios da Curva S

Copyright © 2018 Accenture. Todos os direitos reservados.

A crescente lacuna de valor retido, entretanto, nos proporcionou oportunidades para melhorar o desempenho de cada estágio do ciclo além da curva S presumida. Ao investir de forma mais estratégica, descobrimos que poderíamos alterar drasticamente as formas das respectivas curvas de nosso antigo, atual e novo, liberando valor retido nos três estágios de uma só vez.

A utilização de novas tecnologias para desencadear a inovação melhorou as receitas e os lucros nas três curvas S. Quanto mais cedo investíamos, maiores eram as oportunidades de crescimento acelerado. Porém, as ofertas em todos os pontos de suas respectivas curvas apresentavam potencial de crescimento — algo que os concorrentes focados inteiramente no futuro não percebiam.

A Figura 4.2 ilustra as novas formas da curva S que atingimos em cada estágio. Reiniciamos o crescimento de serviços de consultoria mais antigos, como integração e terceirização de sistemas, e aceleramos o aumento de receita em serviços mais recentes, incluindo marketing digital e outras ofertas digital first.

O mais impressionante: o investimento intenso no novo possibilitou o desenvolvimento rápido de expertise em tecnologias emergentes, acarretando a implementação de ofertas exclusivas com o uso de IA, cibersegurança, serviços em nuvem, realidade virtual e outras novas tecnologias, além de disruptores mais amplos do setor, incluindo a IoT. Conseguimos alcançar novos clientes e economias de escala muito mais depressa.

Figura 4.2 Liberação de Valor Retido no Antigo, no Atual e no Novo

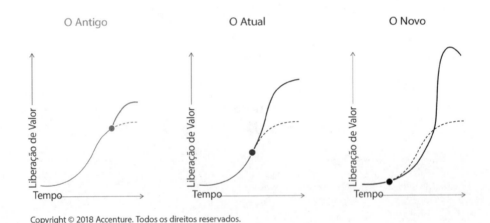

Copyright © 2018 Accenture. Todos os direitos reservados.

Estender a forma das três curvas S não foi fácil. Esse objetivo exigiu alterações significativas na estrutura e na operação de nossa organização. Tivemos que reestruturar radicalmente os antigos negócios por meio da inovação impulsionada por tecnologia e intensificar o investimento nas ofertas atuais mais rentáveis para que crescessem mais depressa. Também aceleramos a abertura de novos negócios, organicamente e por meio de um amplo programa de aquisição, orientado a disruptoras emergentes.

A adoção do tipo de estratégia contínua, necessária ao pivot sábio, também exigiu uma redefinição da mentalidade de investimento. No modelo convencional, ao longo do ciclo de vida de produtos e serviços, os gestores são tradicionalmente ensinados a tratar os investimentos de maneira linear, de seu início até o fim. No começo, o investimento concentra-se na criação de novos recursos e no lançamento de novos produtos e serviços por meio de P&D.

No entanto, uma vez que uma empresa está em funcionamento, o foco passa para a obtenção do máximo de lucro possível, com a otimização de processos a fim de buscar melhorias incrementais e ganhos mensuráveis em participação de mercado. Quando as ofertas exclusivas se tornam commodities oferecidas por outras empresas pelo preço de custo ou valor aproximado, os gestores são orientados a se distanciar, vendendo, se possível, os ativos maduros, incluindo fábricas e redes de distribuição, ao mesmo tempo que reduzem o número de funcionários cujas carreiras foram definidas por produtos antigos e tecnologias adjacentes.

Essa abordagem não funciona em um mundo de disrupção acelerada e impulsionada por tecnologia. Como observamos, mesmo as empresas próximas ao fim de sua lucratividade têm o potencial para atingir um segundo ciclo abundante se receberem o estímulo adequado. Analogamente, o aumento de investimento em novas tecnologias pode impulsionar o produto de sucesso atual, posicionando-o à frente dos concorrentes e, assim, acarretando não apenas participação de mercado, mas também novos consumidores.

Em relação ao novo iminente, os investimentos em P&D tradicionais e exclusivos podem não garantir um lugar em mercados e produtos futuros. Em vez disso, é preciso assegurar uma posição inicial nos ecossistemas emergentes do setor, não apenas lançando novos produtos de sucesso, mas fazer isso com a habilidade e a capacidade de produzi-los e distribui-los em escala quando os consumidores mainstream estiverem prontos para a transição — o que ocorre cada vez mais depressa.

A ACCENTURE EXECUTA SEU PIVOT

Assim como no caso da Accenture, a realização de seu próprio pivot sábio exigirá mudanças substanciais na alocação de recursos nos três estágios do ciclo de vida do antigo, do atual e do novo. Em essência, essa é a diferença entre o pivot simples de um produto, ou um conjunto de clientes, ao outro e o pivot sábio nos três estágios de uma só vez; é a diferença entre o que o pensamento popular de gestão chama de "transformação dos negócios" e um pivot sábio contínuo.

Fácil de falar, difícil de fazer. Para nós, executar essa estratégia significava superar alguns obstáculos enormes. Nosso posicionamento de marca e mercado, por exemplo, focava a concretização de mudanças complexas nos negócios, geralmente apoiadas por grandes sistemas de informação e sua personalização para setores e clientes específicos.

A ênfase estava em resultados confiáveis e execução previsível. Precisávamos mudar esse posicionamento, deixando-o mais ousado e voltado à inovação e direcionando nosso negócio para um território inexplorado, como a concepção e implementação de novos serviços ao consumidor e experiências do usuário.

Um segundo obstáculo era a escassez das habilidades necessárias para fornecer esse novo conjunto de serviços, as quais geralmente estavam disponíveis em pequenas empresas e startups. O mindset do Vale do Silício arraigado nessas organizações e em seus funcionários não era uma combinação lógica para a cultura da Accenture na época. Sinceramente, assim como muitas grandes empresas, tínhamos um histórico precário de aquisição e integração de empresas menores.

Em terceiro lugar, nossos processos de investimento, orçamento e alocação de recursos eram totalmente otimizados em torno da operação eficiente de nosso núcleo. A realidade da disrupção compressiva, no entanto, exigiu que substituíssemos a manutenção do núcleo existente por um investimento renovado. Esse era um insight decisivo, que exigiria a reformulação de grande parte de nossos processos e modelo de negócio.

O escopo de nosso pivot em direção ao futuro foi definido, como de costume, pelas necessidades dos clientes. O ponto de partida para Omar e sua equipe foram as estratégias que os negócios precisariam para obter sucesso na era digital, como a capacidade de reforçar a relevância de marca. Posteriormente, essas abordagens se tornaram as sete estratégias vencedoras.

Omar também precisou aumentar o nível de autonomia nos próprios orçamentos de investimento, lidando com o que denominamos "permafrost": perfis de investimento "congelados" nos anos anteriores.

À proporção que os clientes começaram a adotar as estratégias vencedoras para fomentar seus próprios pivots, nos fizemos uma simples pergunta: Que tipos de especialização em setor e tecnologia precisaríamos oferecer para ajudá-los a ter sucesso?

De certo modo, essa é uma pergunta que os líderes da Accenture têm feito continuamente. Como uma empresa de serviços profissionais, nossa diferenciação sempre foi a capacidade de orientar os gestores a realizar amplos investimentos em inovações. Nossa principal habilidade é e tem sido gerenciar a intersecção de novas tecnologias e aplicativos empresariais práticos para sua aplicação, oferecendo o tipo de vantagem competitiva e criação de valor mensurável que justificam os investimentos de nossos clientes.

Precisávamos aprimorar essas competências, pivotando das tecnologias maduras que mais conhecíamos para a próxima geração de disruptores iminentes — de fato, desenvolver um novo núcleo. Mas em quais novas tecnologias deveríamos nos concentrar? Nesse ponto, a liderança da Accenture analisou as lacunas de valor retido que desafiavam os clientes em nossos setores de atuação. Ao avaliar suas maiores oportunidades, focamos aquelas que, em nossa opinião, poderiam gerar com celeridade novos negócios capazes de sustentar o tipo de dimensionamento rápido que os tornaria lucrativos. Esses negócios abrangiam serviços interativos (incluindo IA), serviços móveis, análise de dados, migração para a nuvem e cibersegurança.

A partir desse ponto, o próximo passo foi desenvolver esses novos negócios de maneira rápida e eficiente, por meio de uma combinação de inovação interna, requalificação em larga escala de nossos funcionários, aquisições de empresas líderes que já ofereciam soluções, investimentos estratégicos em startups com ofertas promissoras e aproveitáveis, e parcerias com os principais fornecedores das novas tecnologias que visávamos.

Reinventar verdadeiramente a Accenture provou ser um desafio, não apenas de insight e estratégia inteligente. Essa decisão exigia ações ousadas e mudanças reais — o tipo de mudança que é possibilitada apenas pela realocação significativa de recursos impulsionados desde o início.

Quais mudanças de enfoque e abordagem seriam necessárias para cumprir a Ambition 2020? Quais recursos e ativos precisariam ser reconsiderados, realocados e reiniciados? Quais iniciativas precisaríamos adotar?

É claro que há um número limitado de maneiras pelas quais as empresas podem alocar seus recursos. Nossa própria experiência fez com que nos organizássemos em torno de três áreas principais: inovação, finanças e pessoas. Nossa reinvenção exigia que analisássemos rigorosamente como estávamos investindo em cada uma delas. Durante o curso de nosso pivot contínuo, fizemos vários ajustes, alguns significativos e outros moderados.

A seguir, detalhamos algumas de nossas mudanças reais:

O PIVOT DE INOVAÇÃO — Para sair do padrão de empresa fast follower, precisávamos ir além da simples criação de novos serviços. Era necessário desenvolver uma nova arquitetura de negócios, assim como uma abordagem de investimento totalmente diferente. O escopo de negócios da Accenture era bastante amplo, variando de consultoria estratégica a terceirização de processos; portanto, nossa nova arquitetura de negócios foi projetada para refletir o fato de que nossa equipe operava em mercados distintos, com clientes e concorrentes diversos.

Isso significava definir estruturas de custos diferentes para a Accenture Strategy, por exemplo, em comparação com a Accenture Interactive. Tratava-se de medidas de desempenho e planos de carreira distintos, além da aceitação de diversos estilos de trabalho. As equipes que desenvolviam novas tecnologias de experiência do cliente em nossas agências de design não poderiam ser contratadas, treinadas ou avaliadas por meio dos mesmos critérios e ferramentas utilizadas com as que trabalham em cibersegurança de inteligência militar.

Como se pode imaginar, a criação de novas entidades empresariais como a Accenture Interactive e a Accenture Security, inicialmente formadas por elementos obtidos de unidades de negócios existentes, não foi uma tarefa fácil. Assim como em qualquer organização, os líderes seniores estavam atentos a suas próprias áreas e responsabilidades, o que causou certo atrito. Porém, nosso pivot foi possibilitado pelo consistente alinhamento do comitê de gestão. Uma visão clara da direção pretendida pela estratégia facilitou a aceitação e a aceleração das mudanças na organização e no controle necessário para o sucesso.

Por fim, resolver as questões relacionadas à arquitetura de negócios exigia clareza no escopo da empresa. Por exemplo, qual seria nosso posicionamento em relação a deter produtos proprietários de software? Tivemos que chegar a um consenso sobre o valor contínuo de alguns de nossos investimentos em produtos de software existentes, especialmente quanto à sinergia que tinham ou não com nossas empresas de serviços.

Um dos resultados desse debate foi a criação de uma joint venture com o grupo de investimento em private equity Apax Partners, na qual realocamos a Duck Creek Technologies, uma desenvolvedora de software anteriormente adquirida para o setor de seguros. A joint venture possibilitou que continuássemos a avançar na automação do setor, mas sem todos os desafios que a propriedade exclusiva trazia à Accenture.

Porém, a mudança mais significativa em nossa abordagem à inovação ainda estava por vir. Tínhamos consciência de que jamais poderíamos reinventar nosso núcleo, muito menos dimensionar seu novo ciclo, sem estabelecer e alocar recursos para a inovação. A fim de alcançar uma melhor percepção do potencial de uma organização global e obter valor retido nos três estágios do ciclo de vida, implementamos e aprimoramos o que denominamos de "arquitetura de inovação". Ela compreende uma série de instalações em todo o mundo, com funcionários cujo trabalho é focar a inovação para nossos clientes nas diferentes fases de maturidade do mercado; ou seja, nos diferentes pontos das curvas S de tecnologias específicas.

Essa arquitetura, detalhada na Figura 4.3, foi desenvolvida principalmente para auxiliar na cocriação de soluções para clientes. Mas ela também constitui nosso próprio mecanismo de inovação. Em nossa opinião, sua abrangência é única.

No The Dock, por exemplo, nosso hub de inovação em Dublin, 400 profissionais do setor, designers e especialistas em análise, IoT e IA colaboram com clientes, pesquisadores e startups nos processos de incubação, protótipo e teste de novas tecnologias em um ambiente dinâmico. O foco é avaliar a aplicação dessas tecnologias em diferentes setores, desenvolver relacionamentos com fornecedores e usuários iniciais e compartilhar as melhores práticas.

Um exemplo de trabalho no The Dock é a ID2020, uma aliança global que utiliza tecnologia biométrica e blockchain para ajudar aproximadamente um sexto da população mundial — mais de 1 bilhão de pessoas — que não consegue participar plenamente da vida cultural, política, econômica e social porque não tem nem sequer a documentação mais básica de identidade.

O sistema da ID2020 irá capturar impressões digitais, reconhecimento de íris, voiceprints e outras fontes de dados individuais e armazená-las em um banco de dados seguro e distribuído. Então, todo acontecimento — consulta médica, emprego, educação, casamento e nascimento de filhos — será gravado no registro da pessoa. Isso possibilitará a verificação de cidadania, emprego e direito a voto, locomoção e outros benefícios governamentais.

Um indicativo dos benefícios que nossa arquitetura de inovação fornece é o crescimento substancial da propriedade intelectual. Nosso portfólio de patentes, por exemplo, expandiu-se bastante em áreas como IA, cibersegurança, drones, agentes virtuais e IoT. Desde 2012, registramos centenas de aplicativos para tecnologias emergentes, incluindo computação quântica, robótica inteligente, blockchain, realidade estendida e IA. Em 2019, tínhamos mais de 7 mil patentes e pedidos de patente em todo o mundo, com mais de 4 mil deles para invenções no novo.

Figura 4.3   Arquitetura de Inovação da Accenture

ACCENTURE RESEARCH	ACCENTURE VENTURES	ACCENTURE LABS
280+ Especialistas em pesquisa em 23 países	**10** Países com Inovação Aberta	**7** Locais de laboratório, incluindo Bangalore, Pequim, Dublin, Israel, Washington, DC, Vale do Silício e Sophia Antipolis
Liderança de Pensamento Tech Vision, relatório anual das cinco principais tendências tecnológicas	**175** Parcerias Estratégicas	
IA é o Futuro do Crescimento Criar Dados Artificiais para Ciência de Dados A Maneira Inteligente de Iniciar seu Processo de Inovação O que todo CEO deve saber sobre Blockchain	**24** Investimentos em Ações **5000+** Startups em nosso radar Colaboração com **incubadoras**, incluindo ParTech, 1871 e RocketSpace	**5** Locais de P&D. Áreas de concentração incluem IA, Cibersegurança e Realidade Estendida **7000+** Patentes registradas e pendentes

Copyright © 2018 Accenture. Todos os direitos reservados.

ACCENTURE STUDIOS	ACCENTURE INNOVATION CENTERS	ACCENTURE DELIVERY CENTERS

30+
Locais de Digital Studio e Liquid Studio

1
Centro principal de inovação, The Dock

50+
Delivery Centers em todo o mundo

100+
Centros de inovação mundiais em tecnologias e setores

23
Liquid Studios inaugurados

Clientes atendidos em
120+ países

40+
Setores

Embora a arquitetura de sua empresa não precise ser tão elaborada quanto a nossa, acreditamos que é fundamental formalizar a abordagem e as instituições responsáveis por coordenar e disseminar a inovação em sua organização.

De qualquer forma, já não é suficiente simplesmente exilar um pequeno grupo de funcionários em um local separado e lhes incumbir a tarefa de descobrir o que fazer com as iminentes tecnologias disruptivas: a solução proposta para o dilema do inovador. Isso pode ter funcionado quando as disrupções eram relativamente poucas e esporádicas. Agora, o pensamento disruptivo deve ser onipresente e constante, integrando negócios e planejamentos atuais e futuros.

O PIVOT DE FINANÇAS — Em 2015, nossos insights sobre a mudança de forma nas três curvas S evidenciaram a necessidade de incorporar nossa expertise em inovação ao nosso DNA empresarial. O processo de investimento em cada conjunto de serviços subsequente precisava ser contínuo. Pivotar em direção ao novo não seria um evento isolado.

Como estrategistas, reconhecemos que precisávamos mudar não apenas nossas alocações de recursos, mas também a maneira como as estabelecíamos. Isso significava chegar a um acordo sobre as maiores prioridades de inovação para o negócio e comprometer-se a financiá-las. Como ainda não tínhamos desenvolvido novas fontes de receita consideráveis, a única opção era analisar os orçamentos existentes de nossas maiores unidades de negócios, procurando, especificamente, gastos que não mais estavam alinhados com essas novas prioridades.

Essa decisão de Omar não foi amplamente apoiada. Porém, como todos os membros do comitê de gestão e suas equipes participaram do desenvolvimento da estratégia, as pessoas pelo menos compreenderam por que essa atitude era necessária. Então, vendemos ativos que não mais eram estratégicos, incluindo imóveis, e descobrimos maneiras de otimizar o tempo de nossos consultores.

A próxima iniciativa foi redirecionar o dinheiro economizado para nossos investimentos no antigo, no atual e no novo. Em curto prazo, isso incluía a criação de ferramentas automatizadas de desenvolvimento de software para que nossos consultores as utilizassem em seu trabalho com os clientes. O outro extremo compreendia a elaboração da nova parte do nosso portfólio, por meio do auxílio e colaboração com as aceleradoras de startup. Um exemplo é o FinTech Innovation Lab, que levantou mais de US$1 bilhão para apoiar empreendedores que reformulam serviços financeiros com o uso de tecnologia digital.

Também inauguramos nossa própria organização de investimentos minoritários, a Accenture Ventures, na qual nossos líderes adquirem participações estratégicas em negócios emergentes de tecnologia que já estão na fase crescente de desenvolvimento. Ao contrário dos fundos corporativos de capital de risco de algumas empresas, a Accenture Ventures avalia todos os seus investimentos a fim de que se alinhem a iniciativas específicas de crescimento. Um patrocinador designado pela Accenture trabalha em estreita colaboração com a empresa do portfólio para adequar suas ofertas às necessidades de nossos clientes.

Uma mudança crítica ocorreu na maneira que fazíamos esses investimentos. Dissociamos as decisões relacionadas à alocação para investimentos em geral das decisões sobre onde a Accenture precisava investir a cada ano para executar adequadamente nosso pivot. As primeiras permaneceram responsabilidade do diretor financeiro, e as segundas ficaram a cargo do diretor de estratégia, ou seja, de Omar.

Essa atribuição de responsabilidades segue uma lógica simples, mas que, para a maioria das empresas, não é fácil de alcançar na prática. Ela funcionou para nós porque Pierre Nanterme, nosso CEO na época, acreditava veementemente na necessidade de alinhamento dos investimentos com a estratégia e porque Omar e David Rowland, diretor financeiro, desenvolveram uma forte parceria que facilitava a gestão da divisão de responsabilidades.

Além disso, precisávamos melhorar a conclusão de aquisições, tanto em relação à agilidade de avaliação quanto ao fechamento de acordos e à integração dos funcionários da empresa adquirida, com o mínimo possível de estresse. Isso significava que Omar tinha que colaborar estreitamente com outros executivos, incluindo os departamentos jurídico, de finanças, operações e recursos humanos, a fim de criar novos processos para originar e fazer negócios e, então, incorporar rapidamente as empresas adquiridas.

No passado, a Accenture era excessivamente conservadora em relação a suas aquisições, exigindo comprovações incontestáveis de retorno financeiro imediato antes da aprovação dos acordos. Isso resultou em uma experiência limitada na aquisição e incorporação de outras empresas, o que, por sua vez, acarretou algumas situações desfavoráveis nas poucas vezes em que o fizemos.

Por exemplo, descobrimos que, assim que um acordo fosse fechado, várias funções corporativas, incluindo recursos humanos, operações e TI, seriam imediatamente agregadas, o que sobrecarregaria os fundadores e os funcionários da empresa adquirida com práticas bem-intencionadas, tais como orientações, treinamentos e processos de compliance. No entanto, isso desviaria sua atenção do mercado e, por esse motivo, essa abordagem precisava ser alterada.

Uma das vantagens de Omar era que, por muitos anos, ele foi consultor de estratégia, auxiliando clientes em suas próprias fusões e aquisições. Seu conhecimento com a experiência similar de outros executivos da Accenture e o grande apoio dos departamentos jurídico, de marketing, recursos humanos e desenvolvimento corporativo forneceram a Omar a equipe necessária para lidar com a abordagem inflexível da empresa.

No fim, essa iniciativa resultou em três melhorias essenciais: aumento significativo na agilidade para encontrar, avaliar e fechar acordos de aquisição; facilidade na integração de funcionários das empresas adquiridas; e atribuição de responsabilidade em longo prazo aos executivos patrocinadores de cada aquisição a fim de garantir que os resultados prometidos ao comitê financeiro fossem realmente alcançados.

Em 2017, o crescente impulso de nosso pivot inicial nos incentivou a acelerar o ritmo das aquisições, mobilizando cerca de US$1,7 bilhão em 37 transações — quase o dobro de nosso investimento no ano fiscal de 2016 —, sendo a maioria delas aquisições que consideramos parte do novo núcleo. Elas incluíram a SinnerSchrader, uma agência digital na Alemanha, e a OCTO Technology, uma empresa líder em consultoria digital com sede em Paris. Para nossos crescentes negócios em nuvem, adquirimos a DayNine, uma das maiores provedoras de instalações personalizadas de software corporativo da Workday, que fornece um sistema único para finanças, recursos humanos e planejamento. Na área de segurança, adquirimos a Arismore, uma companhia francesa especializada em gestão de identidade e acesso digital, e a iDefense, uma empresa de inteligência para ameaças cibernéticas.

Também reforçamos nossos recursos nas arquiteturas de TI mais recentes, incluindo a metodologia ágil de desenvolvimento, com as aquisições da SolutionsIQ nos EUA e da Concrete Solutions no Brasil. Continuamos a investir no aprofundamento da expertise de setor, adquirindo a Kurt Salmon no varejo, a Invest Tech no mercado de capitais e o Seabury Group na aviação.

O PIVOT DE PESSOAS — A equipe de liderança se comprometeu totalmente em se antecipar à chegada das disrupções big bang e compressiva. Mas e o restante da organização, agora composta de aproximadamente 450 mil funcionários? Para ter êxito em nosso pivot sábio, era evidente a necessidade de novas estratégias de talentos.

Primeiro, precisávamos auxiliar os diretores executivos da Accenture, que administram a rotina de atendimento a clientes, a compreender o que a nova estratégia exigia deles. O passo inicial foi realizar uma pesquisa com nossos principais líderes sobre as características que, em sua opinião, eram essenciais para o sucesso futuro. Quando a síntese dessa pesquisa foi apresentada ao comitê de gestão, todos concordaram que ser uma organização digital first exigiria requalificação contínua.

Pivotar em direção ao novo significava a reciclagem profissional e a redistribuição de todos os nossos funcionários por um tempo praticamente indeterminado, mesmo em situações que exigiam o aprofundamento para obtenção de ganhos de receita, qualidade e participação de mercado no presente.

Chegamos ao consenso de que a responsabilidade da gerência era garantir que nosso pessoal tivesse as habilidades necessárias para atender clientes atuais e futuros, adquirindo capacidade para competir com concorrentes antigos e novos. Essa tarefa deveria ser feita em um esforço coordenado com presença global. Desde 2015, investimos anualmente cerca de US$1 bilhão em formação de funcionários.

Além de aulas presenciais em cinco centros globais de aprendizado, o recurso essencial de nossa indispensável requalificação é o Accenture Connected Learning (ACL), um ambiente virtual de aprendizagem que conecta os usuários diretamente ao conteúdo e aos especialistas com os quais podem se instruir — 370 mil funcionários têm acesso à plataforma em todo o mundo. Oferecemos dezenas de milhares de cursos que, em menos de 3 anos, possibilitaram a redistribuição de mais de 220 mil profissionais como especialistas em novas tecnologias, incluindo IA, serviços em nuvem, aplicativos móveis e segurança.

Felizmente, mais de 75% dos funcionários da Accenture são da geração Y, um grupo com um grande desejo de aprender e melhorar sua própria empregabilidade. De fato, novos conteúdos de aprendizado são cada vez mais produzidos e distribuídos pelos próprios funcionários, por meio de "painéis de aprendizado" — espaços de colaboração de crowdsourcing. Um painel de aprendizado típico pode incluir links para diferentes fontes, como vídeos do YouTube, white papers, TED talks, artigos e testes de autoavaliação. Os temas são variados, abrangendo desde a síndrome do desconforto respiratório agudo — relevante para nossa prática de assistência à saúde — a Zuora, uma empresa de software em nuvem.

Em nossa opinião, o êxito do pivot sábio também requer uma ampla diversidade de pessoas. Todos os nossos líderes têm consciência de que, além de ser a coisa certa a se fazer, a inclusão é essencial aos negócios. Porém, às vezes é difícil mudar as percepções em relação à igualdade de condições. Por quê? Pesquisas em recursos humanos mostram que os líderes contratam e promovem pessoas semelhantes a eles e que os funcionários tendem a seguir exemplos com os quais se identificam. Além disso, todos sofremos de preconceitos inconscientes. E em todas as culturas, as pessoas têm expectativas diferentes de carreira em fases distintas de suas vidas. Todos esses fatores dificultam o estímulo à diversidade.

Nesse ponto, a Accenture fez enormes avanços nos últimos anos, graças à liderança singular e intransigente de nosso então CEO, Pierre Nanterme, que priorizou a inclusão e a diversidade. Em 2018, aumentamos o número de mulheres em nossa força de trabalho para 42%. Elas agora representam mais de 45% de nossas novas contratações, nos aproximando da nossa meta de alcançar o equilíbrio de gênero até 2025. Fora da Accenture, colaboramos com a Girls Who Code, uma organização sem fins lucrativos que se esforça para aumentar o número de mulheres na ciência da computação. O objetivo é ajudar a dissolver o "clube do Bolinha" da economia digital. No segundo semestre, nosso pessoal realiza programas de imersão e, durante todo o ano, clubes da Girls Who Code nos Estados Unidos oferecem formação profissional e divulgação de oportunidades de orientação nas áreas de tecnologia.

Atingir nossos objetivos de contratação, requalificação e diversidade exigiu uma reformulação completa da função de recursos humanos. As classificações e as avaliações anuais de desempenho foram amplamente eliminadas e substituídas por um feedback diário mais direto. Os funcionários com o mesmo cargo, por exemplo, "analista", mas que têm responsabilidades muito diferentes, agora são avaliados com base no trabalho que realmente realizam, e não pela designação profissional.

Para combinar o valor de nossas aquisições com a expertise existente, também ampliamos a gama de planos de carreira disponíveis, promovendo os CEOs de algumas das empresas adquiridas a cargos de liderança em outras áreas da Accenture. Por fim, precisávamos afastar o que havia sido um princípio essencial de nossa cultura corporativa: a crença de que, apesar de nosso tamanho e alcance geográfico, a

Accenture ainda poderia ter um único conjunto de processos, metodologias e uma cultura que se aplicava a todos em qualquer lugar — nosso modelo de funcionamento de "empresa única".

Embora o modelo de empresa única tenha sido útil no passado, nossa expansão contínua o tornou insustentável. É claro que mantivemos um único conjunto de valores centrais — como a criação de valor para os clientes e o respeito pelo indivíduo —, bem como todo o nosso pessoal em conformidade com os mais altos padrões do código de ética empresarial. Ainda assim, reconhecemos que prestar consultoria estratégica a um banco de investimento em Nova York não é o mesmo que administrar parte do processo de pagamento desse banco em Bangalore. Era preciso ter uma cultura verdadeiramente diversificada, uma "cultura de culturas", e se sentir à vontade com ela. (Falaremos mais sobre esse assunto em um capítulo posterior.)

Uma consequência de uma cultura de culturas é que funcionários com experiências diversas preferem diferentes espaços de trabalho e são mais bem atendidos por eles. A disposição de nossos escritórios não é mais idêntica. Funções variadas e localizações distintas exigem layouts diferentes.

Esse imperativo realmente fez sentido para Omar quando ele se envolveu pessoalmente na concepção do centro principal de inovação da Accenture, The Dock. O local possui espaços de trabalho configuráveis, onde especialistas do setor, pesquisadores, clientes e acadêmicos visitantes se misturam, trabalhando em projetos ou apenas testando uma variedade de novos produtos de tecnologia. Omar logo percebeu como a aparência e a atmosfera do ambiente de trabalho poderiam exercer um grande impacto não apenas na cultura, mas também na capacidade de inovar.

PIVOTANDO PARA O FUTURO

Desde o início, ficou evidente que havíamos iniciado algo significativo, que não envolvia apenas nosso próprio pivot, mas as estratégias e táticas que criávamos para alcançá-lo.

Nossos investimentos intensificados no antigo melhoraram nossa receita principal muito rapidamente. Além da redução de custos proveniente da análise imparcial de como realizávamos negócios, os investimentos no novo também impulsionaram um crescimento rápido. Estávamos obtendo resultados não apenas em nossas finanças, mas também na reinvenção de nossa cultura central e nas suposições persistentes sobre o tipo de empresa que éramos e seríamos, o que muitas vezes foi uma surpresa.

Desenvolvemos plenamente as habilidades para fazer aquisições estratégicas, e geralmente rápidas, de empresas menores e mais ágeis, e ao mesmo tempo conservar seu talento empreendedor e, em grande parte, oriundo da geração Y. Dedicamos um terço de nossos investimentos ao negócio atual, reconhecendo que ele não apenas continua a fornecer uma receita essencial, mas também que é um alvo lucrativo para melhorias baseadas em tecnologia.

No entanto, desde 2014, a maioria de nossas aquisições anuais de US$1 bilhão a US$1,7 bilhão tem se direcionado a investimentos em mercados futuros. Adquirimos quase 100 empresas com expertise abrangente, incluindo a criação de experiências digitais únicas e interfaces de programação móvel. Em 2018, particularmente, compramos a Mackevision, empresa que desenvolveu os efeitos especiais de *Game of Thrones*, fornecendo aos nossos clientes acesso à visualização 3D de última geração, às realidades aumentada e virtual e à animação.

A Accenture Interactive, empresa que combina marketing digital com nossa expertise comprovada na criação de experiências atraentes para o cliente, foi resultado da união de 30 empresas adquiridas. Ela gerou US$6,5 bilhões em receita anual em 2017 e, nos últimos três anos, foi considerada a maior fornecedora de serviços de marketing digital do mundo.

Agora, criamos soluções que possibilitam a nossos clientes não apenas atender seus consumidores, mas também realmente se envolver e colaborar com eles. Essas soluções incluem projetos para líderes focados no cliente, como Disney e Carnival. Ajudamos a Disney a desenvolver as MagicBands, pulseiras digitais que os visitantes do parque podem utilizar para reservar horários de passeio e restaurantes, pagar e providenciar a entrega de qualquer coisa do parque e até abrir a porta do quarto de hotel.

No que diz respeito a relações com investidores, os analistas de Wall Street se engajaram totalmente em nosso pivot para o futuro. Garantimos regularmente que os novos investimentos não desacelerariam o crescimento nos negócios antigos — pelo menos não até que o nosso novo núcleo emergisse tanto como uma fonte significativa de renda quanto como um motor que impulsiona a inovação acelerada e os lucros futuros ainda mais sustentáveis.

O PIVOT SÁBIO

Uma ameaça existencial — e a abordagem do pivot sábio que ela nos incentivou a desenvolver — acabou sendo a maior oportunidade nos quase 60 anos de história da Accenture. Os investidores aprovaram. Entre o fim de 2014 e 2018, nossa capitalização de mercado dobrou, refletindo a criação de US$50 bilhões em novo valor.

Estamos longe de finalizar nossa própria reinvenção, e não o faremos tão cedo. No pivot sábio, cada mudança de direção é seguida por outra, o que exige uma estratégia dinâmica para se ter êxito em ondas regulares de disrupção. Mercados impulsionados por mudanças constantes e baseadas em tecnologia requerem uma reação contínua. Como mostra nossa pesquisa, isso se aplica a todos os mercados, todos os setores, todos os locais — incluindo os da sua empresa.

>

Esperamos que a história do pivot sábio da Accenture seja um exemplo das oportunidades e dos riscos que envolvem a busca e a liberação de valor retido. Nos capítulos seguintes, apresentaremos estudos de caso de outras liberadoras de valor que adotaram seus próprios pivots para alcançar o crescimento nos três estágios do ciclo de vida — o nosso próximo assunto.

Capítulo 5

O ANTIGO, O ATUAL E O NOVO

Reiniciar o Crescimento, Acelerar os Lucros e Escalar Seu Negócio para Vencer

A REVOLUÇÃO TECNOLÓGICA CONTÍNUA evidenciou o fato de que nenhum mercado conseguirá se livrar da disrupção por muito tempo. Já passou a época em que podíamos nos dar ao luxo de desenvolver e implementar pacientemente um plano estratégico que presumia a inércia de concorrentes e novos participantes.

Agora, independentemente da idade do seu negócio ou da maturidade do seu setor, as disruptivas grandes e pequenas são visíveis no horizonte. E, como nos ensina a física, o tamanho da imagem é inversamente proporcional à distância do objeto.

O pivot sábio minimiza o risco de incerteza com o desenvolvimento de estratégias para os três estágios do ciclo de vida do negócio: o antigo, o atual e o novo. Um portfólio vencedor requer investimento equilibrado e integrado em todos eles.

Como já vimos o pivot sábio na prática, chegou o momento de aprofundar o nível estratégico. O gerenciamento de cada um dos três estágios diferentes do ciclo de suas ofertas exigirá que você ignore a sabedoria convencional e a substitua por uma nova que se concentra no pivot. Será preciso renovar e reiniciar negócios maduros no antigo, acelerar o crescimento de suas ofertas mais importantes no atual e escalar o crescimento de seus novos negócios a fim de gerar lucratividade no novo. Mostraremos como as empresas que analisamos e com as quais trabalhamos desenvolveram a disciplina necessária para gerenciar pivots sucessivos e constantes, multiplicando seu impacto por meio de equilíbrio e foco.

DE TUPELO, MISSISSIPPI, A ESCOLA DE MAGIA E BRUXARIA DE HOGWARTS

Vamos começar analisando a gigante de tecnologia e entretenimento Comcast e como a empresa adotou o pivot sábio para criar um portfólio vencedor.

A cultura singular da Comcast tem contribuído para que seus líderes façam apostas equilibradas no antigo, no atual e no novo, o que é essencial para pivots bem-sucedidos. Desde o seu humilde começo como empresa de TV a cabo local em Tupelo, Mississippi, a Comcast se tornou, ao longo de seus 50 anos de história, uma das empresas mais influentes do mundo — uma potência em televisão, filmes, esportes, acesso à internet de banda larga com e sem fio, parques temáticos e segurança doméstica — e que ainda tem muitas novidades por vir.

No entanto, o maior desafio da Comcast é o ritmo vertiginoso de mudança tecnológica que seus gerentes devem enfrentar. Na área de comunicação e entretenimento, a lacuna de valor retido continua a aumentar, criando oportunidade e risco na mesma proporção. Porém, do caos que envolvia o mundo analógico e as disputas locais de franquias de TV a cabo nas décadas de 1970 e 1980, a Comcast e suas subsidiárias, incluindo a NBCUniversal e agora a gigante europeia de TV paga Sky, são um ótimo exemplo de empresa que pivota com sucesso em torno de um eixo estável: a determinação de se tornar digital first o quanto antes.

Essa não é uma proeza a ser menosprezada. Assim como no processo de desenvolvimento do núcleo da Accenture, o negócio da Comcast enfrentou vários desafios ao longo de seu pivot sábio, incluindo a diminuição do entusiasmo do cliente por pacotes tradicionais de TV paga; a crescente ameaça da Netflix e de outras concorrentes de streaming; uma mudança geracional para telas de aparelhos móveis e produção de conteúdo original; mudanças históricas nas tecnologias de comunicação e sua regulamentação multifacetada; e a crise financeira de 2007-2008. Isso apenas para citar alguns exemplos.

Ainda assim, o CEO, Brian Roberts, (que, em 2004, sucedeu a Ralph, seu pai e fundador da empresa) conseguiu recriar a Comcast várias vezes. Em cada uma delas, o empreendimento se tornou maior, mais forte e mais bem preparado para um futuro tecnológico incerto. Em nenhum momento, o sucesso alcançado foi considerado um resultado previsível. Na verdade, alguns analistas de Wall Street reagiram com ceticismo às atitudes ousadas da Comcast. Em 2011, quando a empresa adquiriu a NBCUniversal e seus ativos de transmissão, TV a cabo, estúdio de cinema e parques temáticos da GE por quase US$40 bilhões, o acordo causou espanto — um analista o descreveu como "um plano estratégico do passado".

Afinal, o que uma empresa de comunicação regulamentada entendia sobre televisão, filmes ou parques temáticos? Como ela pretendia recuperar a decadente NBCUniversal, cuja divisão de filmes ocupava, na época, o penúltimo lugar em participação de mercado entre os seis principais estúdios, ao mesmo tempo em que a emissora NBC se classificava em último na sua categoria?

Nesse ínterim, o parque temático Universal Studios Florida, inaugurado em 1990, passava por dificuldades com seus vários proprietários e a crise econômica do fim dos anos 2000. Embora a frequência de público tivesse começado a melhorar na época que o acordo foi concluído, os parques da Universal na Flórida e em Hollywood precisavam de investimentos significativos. No fim de 2011, Steve Burke, CEO da NBCUniversal, disse aos investidores que os parques "não eram prioridade".

Com a aplicação obstinada de muitas das sete estratégias vencedoras, a equipe de liderança da Comcast estava determinada a identificar e liberar o valor retido da NBCUniversal, que com certeza permanecia há muito tempo latente, mas que ainda era uma propriedade intelectual valiosa. Uma antiga cultura de autossuficiência foi substituída por incentivos à colaboração. Na abordagem que a empresa chama de "Symphony", todas as partes do negócio se envolvem no lançamento de novos filmes, programas de TV e atrações de parques temáticos.

A Comcast também fez grandes investimentos em novas tecnologias e novos conteúdos. Ela investiu quase US$4 bilhões para adquirir a DreamWorks Animation, o que lhe deu acesso à mais avançada expertise em cinematografia digital. A expansão acelerada dos parques, incluindo a adição de novas atrações populares de Harry Potter, representou grande parte do US$1,6 bilhão em despesas de capital da empresa em 2017, um aumento de 10% em relação ao ano anterior.

O pivot estava quase completo. Em 2018, ficando atrás apenas da Disney, a Universal ocupou o segundo lugar em participação de mercado entre os principais estúdios. Suas propriedades de franquia, incluindo *Jurassic Park* e *Meu Malvado*

Favorito, melhoraram sua participação nas bilheterias dos Estados Unidos para 15% do total. Pela primeira vez desde 2002, a emissora NBC superou a audiência da CBS, graças a uma sequência de sucessos, incluindo *The Voice*, *This Is Us* e *The Good Place*.

Entre 2011 e 2016, a receita dos parques temáticos cresceu 150%, proporcionando mais lucro do que a divisão de cinema e a TV aberta. Em geral, a receita da NBCUniversal aumentou de US$23 bilhões em 2012 para US$33 bilhões em 2017.

Em aproximadamente cinco anos, a Comcast transformou os ativos de entretenimento de mídia antigos em alicerces escaláveis, possibilitando que a NBCUniversal se tornasse uma gigante do entretenimento digital capaz de competir com seus concorrentes globais. Porém, mesmo após revitalizar a NBCUniversal, o negócio original de televisão por assinatura da Comcast ainda enfrenta grandes desafios. Os espectadores mais antigos estão começando a debandar e, ainda mais preocupante, os consumidores mais jovens estão adiando a assinatura de serviços a cabo tradicionais.

A geração Y está recorrendo às soluções à la carte de um número crescente de serviços de streaming, como Netflix, Amazon Video, Hulu (que a Comcast possui em parte, mas não administra), Sling TV e DirecTV Now. Suas ofertas incluem conteúdo original e amador, "skinny bundles" [pacotes de canais de TV por preços mais acessíveis] e até redes individuais como HBO GO e CBS All Access. Concorrentes poderosos de conteúdo, tecnologia e distribuição, incluindo Disney, Apple e Walmart, estão desenvolvendo serviços de streaming ainda mais disruptivos.

A Comcast lida simultaneamente com a ascensão de todos esses novos concorrentes. Ademais, há a imprevisibilidade do conteúdo amador e de baixo custo produzido pelos próprios consumidores. Esses vídeos são disponibilizados em plataformas como YouTube, Snapchat e Twitch, um streaming de jogos no qual usuários pagam para assistir experts em videogames jogando. Só o YouTube contabiliza mais de 1 bilhão de horas de visualização por mês, mais do que a TV tradicional. O Snapchat ostenta 10 bilhões de visualizações de vídeo por dia, sendo 70% da sua audiência composta pela geração Y. No aplicativo, os "stories" dos usuários simplesmente desaparecem após 24h.

Todavia, em vez de abandonar o negócio de distribuição de conteúdo devido à grande quantidade de disrupções big bang e compressivas, a Comcast se concentra firmemente em liberar valor retido na TV paga. Ao se tornar uma empresa orientada por dados, hiper-relevante e impulsionada por tecnologia, entre 2009 e 2013, a Comcast foi capaz de pivotar facilmente da distribuição analógica para a totalmente digital, posicionando-se favoravelmente para oferecer, por exemplo, inovações futuras em 3D de alta definição, publicidade personalizada e vídeo em realidade aumentada.

Mais recentemente, a Comcast investiu bilhões em sua plataforma de software X1, que inclui interfaces de programação user friendly e ativadas por voz para navegação de conteúdos próprios e de terceiros, como Netflix e YouTube. A X1 também suporta exibição de conteúdo maratonável ou sob demanda e inclui um gravador digital de vídeo (DVR) baseado em nuvem que possibilita aos usuários acessar gravações de qualquer dispositivo. A X1 migrou do hardware autônomo para o software. O serviço funciona não apenas em equipamentos da Comcast, mas também em serviços de streaming, incluindo as Smart TVs Roku e Samsung, o que elimina a necessidade de um conversor avulso.

Mesmo que a Comcast continue a inovar em torno de suas propriedades tradicionais de TV paga, ela agora se apoia mais na receita do acesso à internet, fornecendo um serviço multidispositivo confiável e de alta velocidade para que os consumidores acessem o conteúdo de onde preferirem. Isso inclui um painel digital com controle dos pais, chamado xFi, que simplifica o gerenciamento de dispositivos Wi-Fi e IoT domésticos.

Para dar suporte a esse pivot, a empresa investiu mais alguns bilhões na atualização de sua infraestrutura principal, na incorporação de cabos de fibra óptica em sua rede e na adoção dos mais recentes protocolos de compressão e ligação de canal do CableLabs, um ativo de pesquisa que funciona como um consórcio de empresas do setor. Até o fim de 2018, a Comcast foi capaz de oferecer internet com velocidade gigabit para quase todos os seus consumidores e clientes empresarias nos EUA.

Seu programa pioneiro Internet Essentials, que oferece acesso a famílias de baixa renda por uma mensalidade de US$9,95, teve mais de 6 milhões de novas assinaturas desde seu lançamento em 2011. Em 2010, ao reconhecer a mudança de foco, a empresa renomeou seus ativos de pacote de distribuição — TV por assinatura, internet e telefone — como "Xfinity".

No entanto, à medida que a lacuna de valor retido no setor de comunicação continua a aumentar, mesmo os negócios relativamente novos de telefonia e acesso à internet enfrentam disrupção tecnológica atual e futura. A telefonia, na qual a Comcast causou disrupção em 2005 ao lançar em sua infraestrutura a cabo a tecnologia de voz digital baseada em internet, está migrando do serviço doméstico fixo para os dispositivos móveis de alta velocidade que os consumidores adotaram em tempo recorde.

De fato, a ameaça móvel paira sobre os negócios principais da Comcast. Até mesmo a internet doméstica cada vez mais rápida pode, em breve, ser confrontada pelos dispositivos móveis, com as redes 5G de próxima geração prometendo velocidades e confiabilidade que podem competir com as fibras ópticas. A empresa reagiu habilmente ao transformar sua desvantagem competitiva — a falta de rede móvel, se comparada com a AT&T e a Verizon — em uma vantagem, utilizando milhões de pontos de acesso Wi-Fi como uma rede nacional que todos os seus clientes de vídeo e internet podem usufruir.

Por fim, no que diz respeito ao futuro, a Comcast também está investindo para escalar seus negócios no novo. O portfólio de patentes da empresa inclui inovações em automação residencial e Internet das Coisas. Em particular, a aquisição da iControl Networks pela Comcast em 2017 trouxe patentes relacionadas à segurança e automação residencial.

Assim como muitas das liberadoras de valor em nossa pesquisa, a Comcast utiliza o capital de risco corporativo como plataforma para investimento inicial e acesso a inovações próximas do começo de seu ciclo de vida, quando as oportunidades de liberação de valor retido são as mais promissoras.

Considerando a escala operacional das maiores unidades de negócios da Comcast, a empresa pode, por sua vez, fazer colaborações consistentes com as organizações em que investe. Por exemplo, para otimizar seu gasto anual de quase US$1,5 bilhão em assistência médica para funcionários, a Comcast foi a primeira empresa a adotar os serviços da Accolade, que oferece conselhos orientados por IA para ajudar os funcionários a explorar e aproveitar ao máximo seus planos de saúde.

Ainda assim, a filosofia de investimento da Comcast Ventures concentra-se principalmente em retornos financeiros, com base na suposição de que o valor obtido é um importante indicador de valor estratégico. Alguns dos investimentos iniciais, incluindo a startup de assinatura eletrônica DocuSign e a fornecedora de produtos de higiene Dollar Shave Club, tiveram ofertas públicas bem-sucedidas ou foram adquiridos. O fundo investiu de forma diversificada, incluindo a gigante de transporte por aplicativo, Lyft, a plataforma de design de interiores, ouzz, o desenvolvedor de software de comunicação e colaboração em grupo, Slack, a rede social para bairros, Nextdoor, e serviços de notícias, incluindo Vox e Cheddar.

O ANTIGO, O ATUAL E O NOVO

DA SABEDORIA CONVENCIONAL À CONCENTRADA NO PIVOT

Assim como acontece com todas as empresas de nosso estudo, não há, é claro, nenhuma garantia de sucesso para a Comcast, pois as disrupções big bang e compressiva se proliferam nos principais mercados atuais e futuros da empresa. Porém, seu portfólio equilibrado de investimentos em inovação, ativos e capital humano nos três estágios do ciclo de vida tem proporcionado à Comcast a melhor oportunidade de prosperar no declínio repentino e furtivo dos mercados.

Como a empresa atingiu esse objetivo? Assim como no pivot sábio da Accenture, a Comcast primeiro teve que evitar os sete erros já descritos: práticas de gestão que, por exemplo, focam a inovação para atender às expectativas de Wall Street ou consideram as autoridades reguladoras como principais clientes.

Diante da disrupção ininterrupta, essa antiga doutrina empresarial era perigosamente contraproducente para a Comcast. No entanto, os sete erros não abrangem a ampla gama de pensamentos antigos dos quais é preciso se esquivar. A criação eficaz de um portfólio de ativos exige o afastamento de uma sabedoria de gestão ainda mais convencional.

Figura 5.1 A Nova Sabedoria de Crescimento Futuro

Estágio do Ciclo de Vida	Sabedoria Convencional	Sabedoria Concentrada no Pivot	Sabedoria Lógica do Pivot
O Antigo	Saia de Negócios Maduros	Inove para Gerar Capacidade de Investimento	Com a aplicação de tecnologia, as empresas podem encontrar novos e mais altos níveis de lucratividade em negócios antigos
O Atual	Ordenhe suas Vacas Leiteiras	Mire as Estrelas	Como as empresas não podem mais inovar o ritmo das mudanças tecnológicas, investimentos intensos nos mercados em crescimento são essenciais
O Novo	Alcance o Novo	Escale o Negócio para Vencer	As empresas enfrentam mais oportunidades e incertezas, o que exige inovação deliberada, experimentação e capacidade de escalar

Copyright © 2018 Accenture. Todos os direitos reservados.

A Figura 5.1 apresenta a sabedoria convencional e suas três novas substitutas para cada um dos estágios do ciclo de vida do portfólio. Elas refletem mudanças radicais no planejamento e na execução. As novas sabedorias seguem a lógica das estratégias vencedoras, cujo objetivo é diminuir a lacuna de valor retido em vez de ficar ainda mais em desvantagem.

Em suma, é preciso aprimorar seus principais recursos, obtendo os lucros restantes das tecnologias maduras (o antigo). Também é necessário acelerar o crescimento de ofertas que, para os outros, pareçam estar próximas de atingir seu ápice (o atual). Por fim, é necessário adotar simultaneamente novas tecnologias para criar produtos e serviços inovadores, preparando-se para a rápida adoção do cliente (o novo). Seguir a sabedoria concentrada no pivot possibilitará o desenvolvimento de um novo núcleo, preparado para repetir o processo.

Como aprendemos em primeira mão, essas novas sabedorias representam uma mudança radical na estratégia e na execução tradicionais. Todavia, nossa pesquisa mostra que a maioria dos líderes empresariais, mesmo aqueles que aceitam a realidade da disrupção iminente e contínua, continuam a aplicar abordagens lineares à gestão de seus negócios. É importante se preparar, pois nossas alternativas à sabedoria convencional podem parecer contraintuitivas para gestores que foram treinados de acordo com os paradigmas empresariais do passado. A adoção das novas sabedorias pode causar um choque cultural significativo em toda a organização e também entre as principais partes interessadas.

No restante deste capítulo, analisaremos detalhadamente as três novas sabedorias concentradas no pivot. Mas, por ora, retornemos ao exemplo da Comcast para entender como a empresa aplicou cada uma delas em seus pivots contínuos:

O ANTIGO — Não saia de negócios maduros antes do tempo. Em vez disso, reinvista neles com novas tecnologias a fim de liberar o valor retido ignorado e utilizar os lucros resultantes como capacidade de investimento para crescer mais rápido em outros negócios. Houve uma época em que os produtos, serviços e negócios comoditizados estavam destinados a serem fechados ou vendidos. Porém, graças à lacuna de valor retido em constante crescimento, mesmo os negócios próximos do fim de seu ciclo de vida podem ser retomados por meio da aplicação rigorosa da inovação.

Investidores e analistas do setor acreditavam que a GE havia alcançado tudo o que podia com os antigos ativos de tecnologia e propriedade intelectual da

NBCUniversal. Entretanto, a Comcast viu algo diferente: um valor retido que poderia ser liberado por meio de novos investimentos e integração com sua infraestrutura de distribuição. Ao identificar e aprimorar os pontos positivos da empresa, a Comcast deu a eles uma nova vida. Agora, a NBCUniversal impulsiona o crescimento de receita para sua empresa-mãe por meio do licenciamento de conteúdo e produto, aumento de bilheteria e parques temáticos entusiasmantes.

Ao mesmo tempo, ainda que outras operadoras de TV por assinatura agilizassem suas arquiteturas de tecnologia para eliminar conversores e seus custos de distribuição e manutenção, a Comcast reforçou sua tecnologia de decodificadores. A plataforma X1 libera valor retido para os consumidores com uma interface consideravelmente melhorada, controle por voz e serviços de DVR baseados em nuvem, o que extingue a necessidade de soluções avulsas mais caras da TiVo e de outras empresas.

Ao manter seu próprio hardware e software em primeiro plano, a Comcast agora está apta a se envolver em publicidade personalizada e, tal como as novas concorrentes, incluindo Amazon e Netflix, utilizar análises para determinar o que os novos consumidores de programação desejam, como querem assistir aos conteúdos e em qual dispositivo.

O ATUAL — Não ordenhe suas vacas leiteiras supondo que sua produtividade não possa ser melhorada ou reduzida. O melhor caminho é reconhecer que as novas tecnologias criam oportunidades para prolongar sua vida útil e expandir as receitas e os lucros que geram.

Em vez de esgotar a atividade principal no meio de seu ciclo de vida, as liberadoras de valor buscam oportunidades para estender a curva S e acelerar o crescimento da receita e dos lucros. Certamente é assim que a Comcast aborda o investimento em suas ofertas atuais. Mesmo ao perceber as ameaças tecnológicas graves e inevitáveis às principais tecnologias de seus negócios de TV por assinatura, a empresa continuou a investir recursos de capital e inovação, incutindo novas tecnologias que melhoram a competitividade do núcleo atual.

Por exemplo, embora o público mais jovem possa relutar em assinar o pacote tradicional de canais, os baby boomers ainda valorizam melhorias contínuas na qualidade de vídeo, maiores opções de canais e interfaces de usuário aprimoradas. Para atrair a geração Y, a Comcast integrou sua rede aos serviços de streaming que são rapidamente adotados por esses consumidores, oferecendo uma alternativa às soluções à la carte que ainda são caras e relativamente inconvenientes.

Ao antecipar as tecnologias sem fio de próxima geração que podem chegar a acarretar uma forte concorrência de velocidade, confiabilidade e mobilidade do acesso doméstico à internet, a Comcast acelerou os investimentos em infraestrutura, reconstruindo sua rede com fio para internet com velocidade de gigabit, muito antes da demanda de mercado. Por meio do Internet Essentials, ela também reduziu de forma significativa o abismo digital em sua presença geográfica, trazendo pontos de vista sub-representados às conversas online e apresentando os produtos e serviços da empresa a novos clientes.

Mesmo que a tecnologia 5G atinja seus objetivos ambiciosos, as redes sem fio dependem cada vez mais do backbone da internet de alta velocidade para o transporte de tráfego distribuído, ou o que é conhecido como "backhaul". Portanto, se os consumidores trocarem o acesso com fio para o móvel em algum momento no futuro, os clientes empresariais, incluindo os próprios provedores de telefonia móvel, ainda precisarão da capacidade adicional da Comcast. O investimento acelerado da empresa em um núcleo em amadurecimento provavelmente compensará, não importa como.

O NOVO — Em vez de adotar uma estratégia de imitação para os mercados emergentes e as tecnologias que os impulsionam, teste de forma intensa uma ampla variedade de opções futuras, criando um portfólio equilibrado que maximiza as oportunidades de escala rápida, quando e se surgir uma barbatana de tubarão.

A sabedoria convencional afirma que o momento de mudar para o novo é quando os clientes começam a adotar tecnologias disruptivas. A essa altura, as empresas estabelecidas, no mínimo, sentem que precisam oferecer algo — qualquer coisa — que se assemelhe ao plano de negócios das disruptivas.

No momento em que um novo mercado começa a atender clientes reais, é provável que seja tarde demais para as empresas estabelecidas participarem dele. Se um portfólio de opções para aplicar no novo não foi desenvolvido, uma abordagem de imitação não gerará novos clientes ou receita. Há uma chance maior de que isso apenas acelere uma queda incontrolável de receita e um declínio de ativos no antigo e no atual.

Como mencionado, a Comcast investiu intensamente em seu portfólio de capital de risco corporativo, visando investimentos iniciais em startups, muitas com tecnologias complementares aos negócios e produtos variados da empresa. Elas incluem participações nas próximas gerações de vídeo, aplicativos de esporte interativos, ferramentas de colaboração para clientes empresariais e serviços digitais de construção de comunidade.

A inovação nacional da empresa inclui patentes para segurança doméstica e casas inteligentes. Elas são extensões naturais do amplo canal de dados da Comcast de e para as residências de seus clientes, melhorando a capacidade da empresa de seguir uma estratégia hiper-relevante de personalização extrema.

Para usuários iniciais de dispositivos móveis, especialmente a próxima geração de clientes, a Comcast aproveitou milhões de pontos de acesso Wi-Fi nas residências e escritórios dos clientes atuais, criando a maior rede capilar sem fio do mundo. Além disso, ao agregar serviço celular integrado por meio de um contrato de comercialização com a Verizon, a Xfinity Mobile oferece serviço móvel em todo o país, construindo efetivamente uma nova rede sem fio por um custo menor do que seus concorrentes.

>

O restante deste capítulo analisa mais exemplos de nosso trabalho e da pesquisa de organizações que utilizam as novas sabedorias. Ele destaca sua aplicação em todos os setores, de empresas grandes e pequenas, antigas e novas, todas focadas particularmente em uma missão de buscar e liberar ainda mais lucro nos limites máximos da lacuna de valor retido.

O ANTIGO: INOVE PARA IMPULSIONAR CRESCIMENTO FUTURO

Por que sair dos negócios tão depressa?

Ao analisar as histórias de centenas de empresas globais, percebemos um padrão constante: quando entram em negócios novos e mais promissores, elas se desprendem de seus negócios e clientes mais antigos de forma rápida e impassível. E quem pode culpá-las? Os especialistas em estratégia há muito tempo insistem na importância de uma saída antecipada; de fato, abandonar mercados maduros é o tema central de muitos livros de estratégia.

Há também um aspecto pessoal, até mesmo psicológico, nesse fenômeno. O desejo natural dos líderes de deixar suas empresas em um estado melhor do que quando as assumiram pode levar à saída prematura de produtos e mercados que estão próximos, mas ainda não chegaram, ao fim. Os CEOs que se importam em deixar um legado podem preferir, em outras palavras, se concentrar no novo. Isso se aplica principalmente quando um produto que já foi bem-sucedido é subitamente substituído por alternativas melhores e mais baratas, graças a uma crescente lacuna de valor retido.

O problema é que as ofertas ainda melhores e mais baratas nem sempre escalam tão rapidamente quanto se poderia imaginar. Por um lado, os clientes habituais podem não estar prontos para desistir dos produtos que utilizavam e integravam em seu dia a dia. Talvez seja necessário depender de receitas saudáveis provenientes de negócios maduros e clientes antigos por muito mais tempo do que se imagina.

Por exemplo, em 2011, os líderes da Netflix previram corretamente que a crescente onipresença do acesso doméstico à internet de alta velocidade logo significaria o fim de seu negócio de DVD por correio — que antes era disruptivo. Dessa forma, o CEO, Reed Hastings, decidiu dividir a empresa em duas: o antigo negócio adquiriu certa autonomia, enquanto os melhores funcionários e a maior parte do dinheiro foram destinados ao desenvolvimento de uma alternativa de streaming inédita. O negócio antigo, renomeado Qwikster, exigia uma assinatura separada, com um adicional de 60% no preço para adquirir os dois serviços juntos.

A ideia de Hastings foi adequada, mas ele anunciou o fim da antiga atividade principal da empresa rápido demais. Os clientes fiéis que ainda viam valor na comodidade e no custo mais baixo do serviço de entrega por correio sentiram-se traídos e deixados de lado. Investidores se revoltaram. Antes do lançamento do Qwikster, as ações da empresa perderam 60% de seu valor e 800 mil assinantes, o primeiro declínio desse tipo em anos.

A Netflix logo reverteu a situação ao esclarecer que não interrompera as melhorias de seu serviço antigo. "Há uma diferença entre avançar rapidamente, o que a Netflix tem feito muito bem há anos, e avançar rápido demais, que foi o que fizemos nesse caso", reconheceu Hastings.

Os cancelamentos do Qwikster comprovaram que é melhor prevenir do que remediar. Restabelecer o serviço de DVD proporcionou à empresa tempo suficiente para solucionar falhas técnicas e de licenciamento inesperadas que atrasavam a implementação prevista do serviço de streaming. No fim das contas, o negócio de DVD continua firme. Em 2017, o serviço de entrega pelo correio possuía 3,4 milhões de clientes — muitos em áreas rurais com serviço de banda larga menos estáveis — e receita anual de aproximadamente US$450 milhões. Parafraseando Mark Twain: as notícias sobre a morte dos DVDs são muito exageradas.

Essa receita não apenas impulsionou o investimento no negócio de streaming, mas também ajudou a Netflix com seu subsequente pivot multibilionário — a produção de conteúdo original. Ao mesmo tempo, o serviço de streaming obteve 125 milhões de assinantes, validando o investimento inicial da empresa em uma nova tecnologia escalável.

Assim como a Netflix, as liberadoras de valor de nossa pesquisa aprenderam, às vezes da pior forma, a evitar o abandono prematuro do antigo. Mesmo quando os produtos ou serviços se tornam comoditizados ou começam a fracassar, os líderes inteligentes se opõem à sabedoria convencional e dedicam recursos financeiros e técnicos para prolongar sua vida útil, utilizando tecnologias que antes não eram maduras o suficiente nem economicamente viáveis.

Considere a gigante de bebidas Anheuser-Busch InBev, que nos últimos anos presenciou a queda nas vendas de suas cervejas industriais conforme uma nova geração de consumidores aderia ao advento da microcervejaria, ou "cerveja artesanal", possibilitada pela tecnologia. É uma história recorrente de um setor há muito tempo estável que agora vivencia a disrupção compressiva conforme novos concorrentes identificam um valor retido significativo que antes era desconhecido ou inacessível.

Apesar de trabalharem com lotes muito menores, as cervejarias artesanais aproveitam ao máximo a redução dos custos de tecnologia para inovar, incluindo o uso das mais recentes ferramentas de automação de fábrica, algoritmos de aprendizagem que aprimoram suas fórmulas e a IoT para acompanhar a produção e a distribuição. Os sensores medem e relatam variáveis determinantes, tais como vazão, pressão, temperatura, peso e tempo. Algumas fabricantes de cerveja artesanal utilizam a análise preditiva para determinar quando colher amostras durante a fermentação, melhorando a consistência do produto e reduzindo o número de lotes não conformes.

Em 1988, no auge de sua popularidade, mais de uma em cada quatro cervejas vendidas nos EUA ostentavam a icônica embalagem vermelha e branca da Budweiser, marca pertencente à Anheuser-Busch. Porém, nos últimos 25 anos, a "king of beers" se viu sendo destituída, com o risco de perder não apenas suas joias da coroa, mas também o restante de seu reino.

As cervejas industriais têm perdido popularidade a nível mundial devido à redução de custo na produção artesanal. Apenas nos Estados Unidos, mais de 400 microcervejarias foram inauguradas em 2012, um aumento de 17% em relação ao ano anterior. Atualmente, há mais de 6 mil. Seu consumo continua a aumentar em muitos mercados pelo mundo, mesmo com a diminuição do consumo geral de cerveja.

Se a AB InBev agisse de acordo com a sabedoria convencional, teria se apressado para sair do mercado. No entanto, a empresa não estava disposta a aceitar a derrota. Em vez disso, intensificou seu foco nos principais produtos, mercados e marcas. Ela rejeitou a sabedoria convencional, que indicaria a redução de funcionários, o fechamento de fábricas e o desinvestimento de produtos antigos com baixo desempenho.

Em vez disso, a gestão optou por se concentrar na liberação de valor retido em mercados mal explorados e na redefinição da redução de custos. A AB InBev está se expandindo em países onde há crescimento do produto interno bruto e da classe média, um fator demográfico essencial para a produção e o consumo eficiente de cervejas industriais. Na África, por exemplo, a Budweiser utiliza colheitas da região para vender marcas locais a preços atrativos e com margens saudáveis.

No que diz respeito à redução de custos, a principal inovação da empresa foi adotar o orçamento base zero (OBZ), uma abordagem que utilizamos há anos na Accenture como alicerce de nosso próprio pivot. O conceito, descrito pela primeira vez por Peter A. Pyhrr, contador da Texas Instruments, em um artigo de 1970 publicado na *Harvard Business Review*, é intuitivamente simples. Em vez de usar o orçamento do ano passado como ponto de partida e, então, aumentá-lo ou diminuí-lo, um processo que sempre acarreta embate político interno e esforços contraproducentes para burlar o sistema, o novo ano fiscal começa com toda a contabilidade zerada.

Assim, as despesas devem ser justificadas para cada novo período orçamentário, com base em sua adequação à estratégia geral, demonstrada pela contribuição de um item para a rentabilidade prevista, o aumento de receita ou outras iniciativas corporativas, como a sustentabilidade.

Com o OBZ, é possível eliminar de forma rápida e transparente custos que não podem ser justificados. Fundamentar a alocação de recursos nas necessidades atuais, e não nas metas do ano passado, libera capital que pode ser utilizado de maneiras que terão maior impacto no desenvolvimento de inovação e no incentivo ao crescimento. Na Accenture, o OBZ é um processo anual de gerenciamento de custos em ciclo fechado, não apenas uma prática isolada. Ele nos ajuda a criar uma cultura de conscientização de custos, para que os gastos sejam sempre racionalizados e alinhados à estratégia de negócios.

Nos últimos anos, trabalhamos com a AB InBev para transformar nossa experiência prática com o OBZ em estímulo para o pivot da empresa em direção ao novo. A InBev adotou a técnica pela primeira vez em 2004, aplicando-a, ao longo dos anos seguintes, em holdings na América do Norte, na Europa e na Ásia. O OBZ desempenhou um papel fundamental na contenção de até US$1,4 bilhão em custos como parte da fusão da InBev com a norte-americana Anheuser-Busch em 2008, que deu origem à AB InBev.

Com a economia de custos de um orçamento mais realista, a empresa investiu intensamente na expansão dos negócios de novos produtos, aproveitando as vantagens de marketing e distribuição do antigo para vencer os novos concorrentes em seu próprio domínio. A AB InBev realizou várias aquisições, adicionando à sua lista marcas artesanais populares como Goose Island, Elysian, 10 Barrel Brewing, Golden Road e Blue Point. Ao todo, a empresa gastou centenas de milhões de dólares para comprar 21 empresas. Embora a maioria dessas aquisições tenha focado cervejas artesanais, a AB InBev também expandiu para categorias adjacentes de bebidas, incluindo startups de refrigerantes, sidras e bebidas não alcoólicas.

À medida que cada aquisição é concluída, a filosofia do OBZ é aplicada para eliminar custos duplicados, que são mais bem aproveitados por funções corporativas centralizadas. Qualquer item que não esteja diretamente relacionado ao produto ou mercado da empresa adquirida, como despesas de viagem, custos administrativos ou instalações, é considerado "dinheiro improdutivo" e zerado no início de cada ciclo orçamentário. As economias são reinvestidas no negócio como "dinheiro produtivo", que pode ser utilizado para qualquer despesa que acrescente valor imediato ao produto ou ao cliente, como compra de mídia, promoções ou aquisições de ponto de venda. As melhorias operacionais são perceptíveis. Na França, por exemplo, a Leffe, marca premium da AB InBev, se tornou a segunda mais popular do país.

"Consideramos [o OBZ] um investimento", explicou Tony Milikin, diretor de compras da Anheuser-Busch InBev, em um vídeo para a Accenture Strategy. "Se uma empresa consumir 10 mil calorias por dia, sendo que precisa de apenas 2 mil, ela ganhará peso, ficará lenta e fora de forma." Seguindo a nova sabedoria de inovar para impulsionar crescimento futuro, a AB InBev espera obter US$3,2 bilhões em redução de custos da sua fusão de US$100 bilhões com a SABMiller em 2016, um valor acima da meta anterior de US$2,3 bilhões — uma verdadeira rotina de exercícios.

O ATUAL: MIRE AS ESTRELAS

A primeira de nossas novas sabedorias concentradas no pivot analisa maneiras de liberar valor retido em produtos antigos que os concorrentes buscam abandonar por já os considerarem desfavoráveis. A segunda analisa a parte atual do portfólio: produtos e serviços que vendem bem hoje, mas cuja tecnologia subjacente, embora ainda em trajetória de crescimento, pode em breve se aproximar do nivelamento da curva S.

Porém, a suposição de que não se pode alterar o formato da curva é subvertida pelos novos concorrentes que desestabilizam mercados maduros com o uso de nova tecnologia. Quando as empresas estabelecidas tentam reagir, elas enfrentam uma reação fraca por parte do cliente. Embora essas empresas geralmente apliquem os mesmos componentes digitais e se direcionem às mesmas fontes de valor retido que as startups, elas são invariavelmente superadas a cada pivot.

Não há nada particularmente exclusivo na tecnologia usada em um site de e-commerce, por exemplo, mas as varejistas tradicionais, como vimos no Capítulo 1, fracassaram nos esforços para vencer a Amazon em seu próprio domínio. Da mesma forma, ainda que o streaming de vídeo e música, as redes móveis e os aplicativos suportados em nuvem já sejam bastante comuns, as ofertas online de empresas estabelecidas que produzem esse tipo de conteúdo tiveram pouco impacto na rápida adoção de serviços oferecidos por novos concorrentes, como Spotify e Amazon Prime Video.

Enquanto a Comcast e outras líderes de conteúdo e distribuição fazem incursões em mídia de streaming, é perceptível que elas tentam acompanhar a Netflix e outras empresas, mesmo na criação de conteúdo original. No entanto, essa é a principal habilidade das empresas estabelecidas, aperfeiçoada por décadas de evolução de Hollywood e avanços tecnológicos. Então por que apenas algumas delas vencem no novo?

Nossa pesquisa sugere que o motivo se relaciona com a forma como gerenciam o atual. Em vez de alavancar os principais ativos de hoje para acelerar e escalar sua entrada em novos mercados, muitas empresas estabelecidas tratam esses ativos como vacas leiteiras, ordenhando-as para obter receita e nada mais.

As liberadoras de valor, por sua vez, adotam uma metáfora diferente. Em vez de considerarem seus produtos, tecnologias e serviços mais lucrativos como um conjunto de ativos em amadurecimento com valor fixo e vida útil, elas veem o núcleo atual como um negócio ativo que pode crescer ainda mais depressa com o estímulo adequado para inovação e investimento contínuos. Em vez de aceitar a forma da curva S tradicional, elas a redefinem, transformando suas vacas leiteiras em estrelas ainda mais brilhantes e, assim, expandindo-se a um ritmo mais acelerado e em uma trajetória mais acentuada do que antes.

"Vacas leiteiras", como o próprio nome sugere, são produtos e negócios que podem operar, em grande parte, de maneira independente e que geram lucros confiáveis, com pouco ou nenhum reinvestimento ou inovação. Os exemplos incluem marcas populares de creme dental, cereais, refrigerantes, seguros de vida e serviços de contabilidade. Ao gerar receita previsível, as vacas leiteiras podem ajudar a financiar novos sistemas, fábricas e aquisições, além de compensar a estagnação de negócios vulneráveis ou ainda em crescimento durante os períodos de crise econômica. Portanto, talvez não seja surpreendente que os executivos de hoje tenham sido ensinados a ordenhar suas vacas leiteiras, obtendo delas o máximo de receita possível sem considerar muito sua saúde em longo prazo.

A expressão foi originada na matriz de portfólio de produtos do Boston Consulting Group, publicada pela primeira vez em 1970. A matriz BCG recomenda diferentes estratégias para quatro categorias distintas de ofertas: abacaxis (produtos com baixo crescimento e baixa participação de mercado); interrogações (produtos em mercados de alto crescimento, mas com baixa participação de mercado); estrelas (produtos em mercados de alto crescimento e com alta participação de mercado); e vacas leiteiras (produtos em mercados de baixo crescimento, mas com alta participação de mercado).

De acordo com seus autores, a regra simples aplicada à última categoria é "ordenhar esses produtos o máximo possível sem matar a vaca". Em outras palavras, concentrar-se nas eficiências e recusar investimentos adicionais em inovação, acima do incremental, que possam diminuir a lucratividade.

Porém, uma crescente lacuna de valor retido contraria a lógica da matriz BCG. A capacidade incessante das tecnologias digitais e outras de se tornarem simultaneamente melhores, mais baratas e menores subverte as premissas tradicionais sobre o potencial e a competitividade de produtos maduros.

Com a infusão adequada de novas tecnologias, poucos produtos são considerados de "baixo crescimento". Ademais, a propensão de novos concorrentes para buscar valor retido crescente implica hoje uma alta participação de mercado, que pode desaparecer repentinamente após décadas de instabilidade relativamente baixa.

Em outras palavras, não se pode considerar as vacas leiteiras como algo garantido nem supor que elas não possam ser rejuvenescidas ou clonadas em novos bezerros mais saudáveis. Não é apenas uma questão de ter a oportunidade de aproveitá-las melhor em um ritmo mais rápido — no contexto do pivot sábio, isso se tornou um imperativo estratégico e competitivo.

Basta entrar em praticamente qualquer táxi de Nova York e você entenderá o que queremos dizer. Na maioria das cidades do mundo, as empresas de transporte privado operam sob um sistema regulatório rigoroso que limita, às vezes drasticamente, o número de veículos de aluguel que podem circular e quanto podem cobrar. Há muito tempo, as ofertas limitadas e os preços de commodity eliminaram qualquer incentivo para empresas de transporte ou motoristas autônomos investirem em inovação a fim de diferenciar seus serviços. Ao longo dos anos, a qualidade geral dos veículos, motoristas e experiência do usuário praticamente despencou para a mais precária. Os veículos são operados quase sem condições de circulação e o atendimento ao cliente, incluindo disponibilidade, conforto, limpeza, segurança e cortesia, diminuiu ainda mais. Desde a década de 1940, os únicos sinais de nova tecnologia foram as máquinas de cartão e os monitores de tela plana que exibiam breves ciclos de notícias locais e anúncios repetidos.

Essa triste realidade equivalia a décadas de frustração reprimida do cliente. Ainda assim, enormes barreiras regulatórias e de investimento de capital significavam que havia pouco risco de um novo concorrente transformar essa frustração em liberação repentina de valor retido em rápido crescimento. Quer dizer, isso até que a revolução móvel disponibilizou rastreamento por GPS, mapas digitais, serviços de mensagem e ferramentas de pagamento online a milhões de clientes. À proporção que a implementação e o rápido aprimoramento de dispositivos e aplicativos móveis aumentavam, as vantagens regulatórias e de capital das empresas de transporte estabelecidas desapareciam da noite para o dia. Uber, Lyft e outros serviços de transporte por aplicativo simplesmente combinavam a onipresença de celulares com GPS e serviços de computação em nuvem escaláveis para oferecer transporte alternativo, simultaneamente melhor e mais barato do que a opção regulamentada.

À medida que as empresas de rede de transporte pareavam passageiros com motoristas não profissionais e veículos particulares, as prestadoras tradicionais se desestabilizavam. Somente em Nova York, entre 2013 e 2017, o valor coletivo de cada uma das 13.587 licenças de táxis da cidade despencou de um recorde de US$1,3 milhão para apenas US$150 mil, uma liberação e transferência de valor retido compartilhado por novos serviços, seus motoristas e um número crescente de clientes satisfeitos.

A vaca leiteira está produzindo leite coalhado. E, por enquanto, ao que parece, as empresas estabelecidas não encontraram uma maneira de reverter a situação. Como as empresas de táxi indicam, é difícil resistir à tentação de ordenhar a vaca leiteira quando os obstáculos à entrada são muitos e os consumidores têm pouca influência em expressar a necessidade, e menos ainda para obter as melhorias que liberariam grandes quantidades de valor retido.

Ainda assim, é preciso resistir, principalmente quando a vaca leiteira pasta em um campo aberto. Nos mercados mais competitivos — incluindo bens de consumo embalados, moda e eletrônicos —, as vantagens competitivas atuais, mesmo aquelas que acarretam domínio de mercado, raramente perduram, ou pelo menos não tanto quanto se possa imaginar. As mais recentes tendências de alimentos, marcas de roupa e modelos de smartphones estão apenas a uma disrupção de distância da obsolescência.

Em outras palavras, mesmo em mercados saturados, manter uma poderosa vantagem competitiva ainda pode ser ilusório, especialmente quando o valor retido e a tecnologia para liberá-lo estão latentes, com quantidade e ímpeto cada vez maiores. Essa é a moral da história de uma longa sucessão de empresas precursoras da internet. Por um momento brilhante, cada uma delas não apenas liderou ao oferecer o principal navegador da web, mas também aproveitou um impulso aparentemente irrefreável.

Com novos algoritmos, interfaces, dispositivos e modelos de negócios emergindo rapidamente no frenesi do ecossistema do Vale do Silício, estimulado por capital de risco, o Netscape foi destronado pelo Internet Explorer, que perdeu para o Firefox, que foi derrubado pelo Chrome e pelo Safari quando os usuários passaram de notebooks para celulares e tablets. Em 2017, o Chrome controlava quase 50% do mercado de navegadores, enquanto o Explorer mantinha apenas 15% dos mais de 90% de participação que outrora detinha.

O mesmo fenômeno perseguiu as empresas que oferecem buscas na internet. Novamente, poderosos reis do castelo foram derrotados em batalhas desiguais. Durante anos, as vencedoras continuaram a ascender e cair rapidamente, incluindo AltaVista, Excite, Lycos, AOL, MSN Search, Ask Jeeves e, claro, Yahoo.

Essa situação se manteve até o final de 1998, quando outro mecanismo de busca foi lançado de outra garagem de Palo Alto, Califórnia. O Google Search, com sua abordagem algorítmica exclusiva, foi logo acompanhado pelo Google AdWords, uma nova plataforma baseada em leilão para vender publicidade relacionada.

Essa combinação se mostrou fatídica. O Google ascendeu rapidamente para se tornar o provedor dominante de pesquisa e publicidade na internet até o fim de 2002, acompanhando o aumento substancial no número de usuários da internet, a expansão do acesso em alta velocidade e, com o lançamento do iPhone em 2007, a propagação ainda mais rápida de dispositivos móveis. Atualmente, o domínio do Google se mantém inédito. Ele controla até 90% do mercado global de buscas e é a principal plataforma de publicidade online no mundo, controlando, com o Facebook, 63% do mercado de publicidade digital norte-americano de US$83 bilhões desde 2018.

Esse mercado continua a crescer rapidamente, mesmo com a adoção do usuário de internet se aproximando da saturação total no mundo desenvolvido. Apenas em 2017, a receita de publicidade da empresa cresceu quase 25%, uma aceleração de 7% em relação a 2016. No fim de 2018, o Google declarou mais de US$110 bilhões em receita anual, dominando um valor de mercado superior a US$750 bilhões.

Isso, sim, é vaca leiteira! No entanto, o Google, aprendendo com os colapsos desoladores de suas rivais extintas, nunca considerou como garantida sua posição ou vantagem no mercado. Mesmo que a Alphabet, sua empresa-mãe, pivote à velocidade da luz em direção a produtos novos e escaláveis, e ao que a empresa chama de investimentos de "grande aposta", incluindo carros autônomos e automação residencial (logo falaremos mais sobre isso), a equipe de produtos de pesquisa continua a inovar as principais ofertas, como se cada dia fosse a última chance de agradar os usuários que solicitam auxílio da empresa por meio de 3,5 bilhões de pesquisas diárias.

Embora os custos não sejam divididos por produto, é bastante evidente que o Google jamais parou de mirar as estrelas, competindo mais consigo mesmo do que com qualquer novo concorrente real ou imaginado. Apenas as despesas de P&D aumentaram de US$226 milhões em 2004 para mais de US$16 bilhões atualmente.

Não é preciso ir muito além para perceber que grande parte desse dinheiro é investida com o objetivo de acelerar o crescimento no atual. Por meio de testes conduzidos por uma rede de 10 mil avaliadores remunerados, os principais algoritmos são atualizados constantemente para melhorar os resultados. Em 2017, o Google realizou 31.584 testes simultâneos, que acarretaram 2.453 alterações distintas em seu principal produto de pesquisa. A empresa não foi pioneira apenas em pesquisa e publicidade baseadas em texto, mas também em uma ampla variedade de inovações e novas tecnologias, coerentes com uma missão claramente expressa de "organizar as informações do mundo para que sejam universalmente acessíveis e úteis para todos".

Apenas nos últimos dez anos, algumas das inovações mais significativas que o Google adicionou às suas principais ofertas incluem preenchimento automático; traduções automáticas; rotas e situação do trânsito; versões otimizadas para uma ampla gama de dispositivos móveis; e pesquisa por voz e imagem. O valor desse tipo de inovação contínua no atual certamente contribui para o rendimento líquido da empresa, afugentando potenciais concorrentes tolas o suficiente para achar que podem superar a líder de mercado, como muitas fizeram com as antecessoras do Google.

Talvez, tanto quanto qualquer outra empresa, a estratégia do Google representa os insights obtidos em nossa própria experiência e pesquisa. A empresa não apenas ataca a lacuna de valor retido, ela se empenha para aumentá-la, quase como se desafiasse a si mesma e a suas concorrentes para ver quem pode se esforçar mais para fechá-la.

O NOVO: ESCALE PARA VENCER

Aplicar nossa nova maneira de pensar à gestão do antigo e do atual ajudará a criar um portfólio gerador de receita e liberdade competitiva que possibilita o foco em um futuro cada vez mais incerto: o novo. Melhorar seu núcleo e, ao mesmo tempo, aumentá-lo protege a participação de mercado e gera crescimento de receita que pode ser reinvestida em tecnologias e inovações de alto risco, as quais têm o potencial de ajudá-lo a concluir um pivot sábio.

Pode parecer que justificar investimentos futuros é a parte fácil de criar um portfólio. Como já explicamos, as tecnologias que aumentam a lacuna de valor retido não fazem distinção entre os setores. Independentemente de a empresa desenvolver software, aviões comerciais ou produtos químicos, há a probabilidade crescente de disrupção big bang ou compressiva. De fato, esses setores que não foram impactados pela primeira onda de disrupção digital são os que agora mais correm o risco de serem atingidos pela impetuosidade e velocidade desse tipo de destruição criativa menos esperada.

Ainda assim, hábitos antigos são difíceis de mudar. Por esse motivo, às vezes, o maior desafio em um pivot sábio é justificar não apenas investimentos orientados para o futuro, mas, em especial, investimentos que podem e serão rapidamente escalados para novos negócios. Afinal, os gestores de setores maduros são avaliados com base em sua capacidade de manter o *status quo*, fazer melhorias incrementais e afastar as empresas revolucionárias.

Adotar um mindset de disrupção exige tempo, começando pelo reconhecimento às vezes incômodo de que a mudança, mesmo a benéfica, é traumática. Provavelmente, a Accenture teria ficado muito satisfeita em continuar melhorando seus principais negócios de consultoria, tecnologia e terceirização, e crescendo em um ritmo definitivamente gerenciável. Porém, quando surgiu a ameaça de novos concorrentes com novas tecnologias, a decisão de pivotar, embora difícil, tornou-se inevitável.

Ao fazê-lo, descobrimos maneiras de revitalizar os serviços mais antigos, desenvolver os mais recentes que muitos pensavam que durariam menos e, acima de tudo, alavancar nossos principais ativos em negócios inteiramente novos, dos quais, honestamente, jamais esperávamos participar quando iniciamos o processo. Portanto, sabemos pela nossa própria reinvenção, e pela de nossos clientes e empresas estudadas, que pivotar para o novo, e vencer nele, é difícil. Porém, também sabemos que isso pode e deve ser feito.

Começar do modo certo é essencial para o sucesso. O fator distintivo das liberadoras de valor do nosso estudo é o quão adequadamente elas analisaram e definiram seu pivot para o novo, logo no início.

Assim como aprendemos em nossa própria experiência, o segredo é começar com uma avaliação sincera de suas vantagens competitivas, seus valores centrais e seus diferenciais de marca. Tendo esse entendimento compartilhado como seu ponto de apoio, é possível buscar novas tecnologias orientadas a seus clientes, negócio e setor, concentrando-se naquelas que têm maior probabilidade de expandir riscos e oportunidades na lacuna de valor retido.

Em seguida, questione qual dessas disruptivas iminentes oferece a melhor chance de desenvolver produtos e serviços que podem ser escalados rapidamente para, assim, se tornarem novos negócios lucrativos. Além disso, reflita sobre como você pode testar e validar seu pivot, por meio de um portfólio de investimentos que pode incluir experimentação de mercado, crescimento orgânico, requalificação, aplicação em startups e aquisições.

Após finalizar o planejamento, é preciso ter em mente que um fator igualmente importante para que seu pivot seja bem-sucedido é a capacidade de executá-lo com rapidez. As empresas que não demoraram para investir nas novas tecnologias que causavam disrupção em seus setores, e que o fizeram de forma ampla e sábia, conseguiram lançar novos produtos e serviços mesmo com a chegada frequentemente precipitada do futuro.

Qualquer vantagem é bem-vinda. Por quê? Graças às informações quase perfeitas de mercado para usuários de redes sociais e outras ferramentas digitais, e à velocidade cada vez maior para negócios em rede e plataforma, menos empresas conseguem obter a vantagem do pioneirismo. Porém, talvez seja suficiente apenas chegar ao *lugar certo, na hora certa e com o nível certo de disponibilidade do produto*, garantindo o que denominamos de "vantagem de maior estímulo".

Os mercados propensos às principais vantagens de maior estímulo, seja de um jogo para smartphone, uma série digna de maratona ou um monitor de tela plana almejado, duram pouco e vencer em um não é garantia de vitória no próximo. Porém, ter esse tipo de vantagem ajuda. Em 1978, por exemplo, quando o setor de aviação dos EUA foi definitivamente desregulamentado, foram geradas ondas de impactos disruptivos que ainda hoje são sentidas. Companhias aéreas respeitáveis, como Braniff, Eastern e TWA, desmoronaram diante de novos concorrentes e novos tipos de competição, substituídas por líderes de mercado iniciantes, como a pioneira de baixo custo People Express.

A People Express, por sua vez, deu lugar a companhias aéreas ainda mais inovadoras, que liberavam ainda mais valor retido com tarifas acessíveis, horários mais convenientes e grande disciplina operacional. As empresas estabelecidas remanescentes lutavam para se manter, entrando e às vezes sobrevivendo à falência diante de uma nova competição, aumentos nos preços dos combustíveis e imprevisíveis choques econômicos e políticos globais. Ao longo desse processo, a maioria tentou imitar as inovações das recém-chegadas, mas sem resolver os problemas estruturais e culturais subjacentes que arruinavam suas condições de concorrência.

No início dos anos 2000, por exemplo, algumas companhias aéreas estabelecidas lançaram alternativas baratas e simples aos seus próprios serviços premium tradicionais de viagens aéreas e às suas decorrentes complicações em tarifas, classes de serviço e estruturas de rendimento. O problema era que as novas subsidiárias eram apenas um sinal de inovação, fundadas com pouco entusiasmo e fatalmente ameaçadas desde o início. Por exemplo, elas utilizavam os mesmos colaboradores sindicalizados, equipamentos e outras infraestruturas como a operação legada contra a qual teoricamente competiam. As subsidiárias herdaram todas as desvantagens operacionais e de despesas que as empresas estabelecidas tentavam superar, sem o potencial de proporcionar algo melhor do que as companhias aéreas de baixo custo.

O pivot em direção ao novo das empresas estabelecidas era tardio e destinado ao fracasso. Não havia como suas marcas de baixo custo escalarem; de fato, quanto mais êxito tinham, mais dinheiro, certamente, perdiam. A maioria foi rapidamente extinta.

Compare essa experiência com o sucesso do pivot da Toyota para automóveis híbridos. Apesar da incerteza da tecnologia e da mudança cultural entre os consumidores, a montadora japonesa abandonou sua abordagem historicamente conservadora de inovação de produtos e começou a investir de forma substancial em tecnologias de bateria no início dos anos 1990, mesmo quando as concorrentes norte-americanas descartavam a ideia ao considerá-la um prejuízo.

A Toyota investiu mais de US$1 bilhão no desenvolvimento de seu primeiro veículo híbrido, o Prius, lançando-o no mercado em 1997 e reduzindo suas margens para garantir que escalasse rapidamente. Em 2001, sua linha híbrida já era lucrativa. Em menos de uma década, o lucro da empresa era de US$3.100 por cada híbrido vendido, um valor semelhante às margens dos veículos tradicionais de combustão interna. Até 2017, a Toyota havia vendido 4,3 milhões de automóveis híbridos e era a única empresa no mundo a lucrar com a tecnologia. Considerando os híbridos plug-in, a Toyota é responsável por cerca de dois a cada três carros elétricos já vendidos, com planos de oferecer versões totalmente elétricas de todos os seus modelos até 2025.

Nesse ínterim, as concorrentes da Toyota tentam alcançá-la. Em 2004, Bob Lutz, vice-presidente da GM, ainda se referia aos híbridos como "uma curiosidade interessante". Porém, quando os preços do combustível subiram acentuadamente no ano seguinte, Lutz admitiu que a GM havia perdido sua melhor oportunidade de escalar no novo. Ele disse em uma entrevista: "O sucesso notório do Prius causou uma reconsideração por parte de todos."

Escalar para vencer também se revela uma estratégia poderosa para algumas empresas estabelecidas de energia elétrica, um dos vários setores regulamentados que vivenciam disrupção significativa. O aumento de fontes de energia renováveis, incluindo tecnologias eólicas, solares e de células de combustível, está abaixando os preços da energia elétrica tradicional em todas as economias desenvolvidas. Ademais, esse fator também está forçando a reconfiguração de uma rede de energia complexa que há muito tempo realizava o fornecimento de eletricidade das distribuidoras aos usuários em um fluxo unidirecional.

O setor de energia está mudando, liberando valor retido para os consumidores e a sociedade em geral por meio de práticas mais sustentáveis. Em resposta, muitas empresas de energia, por muito tempo consideradas um investimento prudente que gera retornos estáveis, estão recorrendo à divisão ou à fusão para atrasar o inevitável ou optando por sair completamente do setor. Outras estão utilizando seus principais negócios ainda viáveis como incentivo para novos empreendimentos, com o objetivo de escalar rapidamente em áreas emergentes — gerenciamento de energia e infraestrutura de veículos elétricos, por exemplo.

A Enel, maior empresa de energia elétrica da Itália, está descobrindo maneiras de mudar a energia sustentável, transformando-a de uma fonte de concorrência em uma de novos lucros. Como parte de seu pivot sábio, a Enel optou por vender ou extinguir ativos que não mais considera estratégicos, investindo mais de US$5 bilhões provenientes de rendimentos e economias nos três estágios do ciclo de vida.

Por exemplo, no que diz respeito ao antigo, a Enel está aproveitando seus imóveis, seus direitos de passagem e sua infraestrutura de distribuição para implementar cabos de fibra óptica em toda a sua rede, com o objetivo de lançar um negócio de acesso à internet para o mercado de wholesale — o Open Fiber. Em relação ao atual, a empresa está investindo em seu negócio tradicional de energia para transformá-lo em uma versão mais impulsionada por tecnologia. A Enel já digitalizou seu relacionamento com dois terços dos clientes ao instalar medidores inteligentes em toda a Itália e em seus outros mercados europeus, o que torna o faturamento e outras operações mais eficientes. O mais significativo é que uma conexão de dados bidirecional com seus 65 milhões de usuários pode rastrear a energia distribuída que o usuário injeta na rede a partir de sua própria capacidade de geração, incluindo painéis solares e baterias. A Enel está, de fato, criando uma rede inteligente.

O pipeline de dados também terá um papel de destaque no novo, pois a Enel investe em aplicativos de gerenciamento de energia para casas e edifícios inteligentes, nos quais todos os dispositivos que consomem energia se conectam à IoT.

Isso possibilita mais controle aos usuários, fornecendo à Enel informações de uso atualizadas, especialmente valiosas para gerenciar as necessidades de energia dos automóveis plug-in. A empresa também está fazendo grandes investimentos para instalar infraestrutura de recarga por toda a Itália.

A fim de se preparar para seus pivot simultâneos, primeiro a Enel migrou todas as suas atividades de processamento de dados para a nuvem da AWS. A empresa desativou o equivalente a 10 mil servidores e planejava encerrar seu último data center em 2018. Sua mudança para a nuvem já gerou uma redução significativa de custos no atual, incluindo os de energia e armazenamento. A Enel também melhorou significativamente a velocidade da nova capacidade de processamento de dados para inserção ou exclusão, passando de três a quatro semanas com seus próprios data centers para apenas dois dias com a AWS.

Com seus clientes conectados e sua infraestrutura de TI virtualizada, a Enel estava pronta para acelerar seu pivot em direção ao novo. Isso incluía a aquisição de várias startups de gerenciamento de energia, que foram incorporadas a uma nova unidade de negócios chamada Enel X. Essa empresa operará todos os novos negócios da Enel, incluindo soluções para casas inteligentes; iluminação, sinalização e segurança por fibra óptica; serviços para cidades inteligentes; mobilidade elétrica; e soluções independentes de distribuição "isolada", como sistemas movidos a energia solar com armazenamento de bateria.

Uma das empresas adquiridas pela Enel é a EnerNOC, a maior fornecedora norte-americana de soluções de "resposta à demanda", que oferece às instituições tarifas mais baixas de energia caso concordem em reduzir o uso durante os horários de pico. A EnerNOC negocia com os consumidores em prol dos produtores, fornece software para hospitais, fábricas e edifícios comerciais, o qual identifica maneiras de melhorar o gerenciamento de custos de energia sem prejudicar as operações regulares.

As informações coletadas e analisadas dessas redes inteligentes liberam um enorme valor retido que pode ser compartilhado entre os participantes do setor e seus clientes, por meio de preços dinâmicos, melhor integração de fontes de energia renováveis e não renováveis, furto de energia reduzido e design aprimorado para usinas elétricas e dispositivos que dependem delas. Ademais, a Enel planeja implementar o software da EnerNOC também em seus mercados externos.

Essas iniciativas mostram como a Enel adotou muitas das sete estratégias vencedoras, tornando-se, por exemplo, uma empresa impulsionada por tecnologia, orientada por dados e interconectada. Segundo Francesco Starace, CEO da Enel: "Hoje somos mais eficientes e sustentáveis e, portanto, capazes de obter valor dessa evolução e aproveitar todas as oportunidades criadas pela mudança radical que envolve todo o setor de energia."

INTEGRANDO O ANTIGO, O ATUAL E O NOVO: O PIVOT DE PORTFÓLIO

Como evidenciado pelo pivot da Enel, nossas três novas sabedorias devem ser aplicadas não apenas individualmente, mas em uma estratégia coordenada a fim de criar um único portfólio equilibrado ao longo dos estágios do ciclo de vida. Não adianta liberar capital e aumentar a receita no antigo, sem planejar investir esses fundos com sabedoria na escala do novo. Da mesma forma, continuar mirando as estrelas sem ter o capital necessário disponível pode implicar muitas dívidas, um dos sete erros que inviabilizam o pivot sábio.

Além da criação de uma visão estratégica geral para cada direção do pivot sábio, nossas novas sabedorias exigem equilíbrio e foco. Para entender melhor cada uma delas, vejamos alguns exemplos úteis de liberadoras de valor que conseguiram dominar esses dois aspectos.

EQUILÍBRIO — Um portfólio equilibrado deve distribuir o investimento de maneira racional e inteligente entre os três estágios do ciclo de vida. Ainda que a maioria das decisões de investimento e inovação fique a cargo dos gerentes diretamente responsáveis por elas — uma estrutura de gestão comum —, é interessante que a equipe executiva ou o comitê de investimentos do seu conselho revise o portfólio regularmente para garantir que a respectiva alocação de recursos entre os estágios permaneça apropriada ou, quando necessário, que seja redefinida.

Considere novamente a Alphabet, empresa-mãe da gigante de tecnologia Google. Como observado anteriormente, o Google exemplifica a sabedoria concentrada no pivot de investir intensamente em seus principais produtos de pesquisa e publicidade, apesar da falta de concorrência significativa. Ao mesmo tempo, a empresa analisa constantemente a lacuna de valor retido, buscando seu próximo novo e fomentando futuras iniciativas com lucros provenientes do núcleo atual.

No que diz respeito ao atual, a Alphabet diversifica suas fontes de receita. Seus outros negócios, como computação em nuvem, hardware (celulares e alto-falantes inteligentes e produtos de IoT, como os termostatos inteligentes da Nest), aplicativos na loja Google Play e assinaturas do YouTube Red constituem cada vez mais a receita total do Google, com um aumento superior a 10% até 2017. No entanto, a empresa acredita que essas inovações ainda estão longe de atingir todo o seu potencial.

Em relação ao novo, os investimentos mais especulativos da Alphabet são conhecidos como "outras apostas" e abrangem praticamente todas as divisões da empresa além do Google. Ela investe cerca de 7% da receita operacional anual nessas iniciativas, incluindo a unidade de veículos autônomos Waymo e o laboratório de tecnologia X, que supervisiona iniciativas como banda larga fornecida por balões de alta altitude e uma empreitada de drones para entregas chamada Project Wing.

Outras apostas incluem a Access, o novo nome para o Google Fiber, que implementou acesso doméstico à internet de alta velocidade em algumas cidades antes de limitar seus projetos futuros. Os investimentos de bilhões de dólares da empresa em startups externas também integram as "outras apostas". Seu braço de capital de risco corporativo, conhecido como GV, gerencia um portfólio desenvolvido em torno de tecnologias emergentes nas áreas de ciências da vida, agricultura, robótica e outras.

No portfólio equilibrado da Alphabet, todos os negócios que compõem as outras apostas são gerenciados com o objetivo de alcançar a independência financeira. Cada um tem seu próprio CEO, orçamento e meta de receita estabelecidos pela equipe executiva da Alphabet, com um caminho definido para a lucratividade. O mais notável é que, nos três estágios do ciclo de vida, todos os investimentos estão estreitamente relacionados ao produto principal da empresa e à sua antiga missão de coletar e organizar as fontes de informação mundiais e disponibilizá-las a todos os seus consumidores.

É claro que algumas das outras apostas não compensam e acarretam fracassos dispendiosos. Porém, a Alphabet tem um processo para minimizar o risco e os prejuízos. A alta gestão avalia todos os investimentos regularmente, acelerando ou desacelerando-os com base no desempenho real da tecnologia e do modelo de negócios envolvidos. O Google Cloud e o aplicativo de rotas de trânsito Waze adquirido pela empresa, por exemplo, se mostraram um sucesso e foram escalados rapidamente. Por outro lado, após lançamentos com baixo êxito, o Google Fiber, o Google Glass e a plataforma de redes sociais Google+ foram retirados do mercado, retornaram ao laboratório e acabaram sendo cancelados.

Manter a inovação equilibrada em todos os três horizontes, como aprendemos com o pivot da Accenture, é um desafio. Nosso próprio orçamento apresenta muitos dos mesmos atributos e desafios da Alphabet. Por exemplo, os gastos já foram distribuídos em grande parte com base nas receitas projetadas atuais e futuras, um processo radicalmente reinventado. Agora, estabelecemos prioridades estratégicas específicas e alocamos nosso considerável, mas não ilimitado, financiamento de inovação às iniciativas que melhor se alinham com essas prioridades.

Tanto a Accenture quanto a Alphabet aplicam uma abordagem top-down e bottom-up à inovação. Isso significa que a gestão define as regras, mas oferece aos colaboradores liberdade significativa para sugerir e desenvolver novas iniciativas. Quando o Google ainda estava em sua fase inicial, os funcionários eram incentivados a se dedicar a seus próprios projetos uma vez por semana, um investimento que resultou em novos produtos escaláveis. O Gmail e o AdSense, principais ofertas do núcleo da empresa há mais de uma década, começaram como projetos de colaboradores.

No entanto, cada aposta feita pela Alphabet deve fomentar o núcleo e ajudá-lo a evoluir para produtos escaláveis no novo. A empresa se organiza rigorosamente em torno da coleta, análise e seleção de informações; de fato, ao aplicar todas as sete estratégias vencedoras, ela se concentra em descobrir e liberar valor retido de fontes de informação cada vez mais complexas. Essa filosofia distancia a Alphabet de uma empresa vinculada a produtos e serviços e a aproxima de um mecanismo de inovação otimizado.

É provável que os objetivos de pivot e o anseio por risco de investimento da sua empresa sejam mais modestos que o da Alphabet, ainda assim, a abordagem equilibrada que ela utiliza para estruturar, investir e avaliar seu portfólio é um aprendizado válido para todos.

FOCO — Um portfólio equilibrado de inovações, investimentos e capital humano é indispensável para um pivot sábio e bem-sucedido. Mas não é suficiente para assegurar o percurso de um núcleo antigo para um novo e escalável. Investir sem planejamento é como jogar dardos de olhos vendados. É possível acertar o alvo, mas, se isso acontecer, será um feliz acaso. Nenhum portfólio está completo sem a visão para o futuro almejado e a estratégia para alcançá-lo.

Em suma, é preciso um foco que inclua avaliação imparcial dos negócios atuais e das principais tecnologias utilizadas para atender aos clientes. Embora nossa primeira sabedoria concentrada no pivot alerte sobre o risco de simplesmente sair de um negócio antigo próximo à obsolescência, isso não significa que nunca existirá o momento oportuno para fazê-lo. É praticamente certo que seu setor será recriado por uma disrupção big bang ou compressiva e, quando acontecer, o pivot sábio maximizará as chances de que você já esteja operando um novo núcleo — não apenas como um experimento, mas como um verdadeiro negócio.

O foco da Accenture foi alcançado em grande parte por meio de um conjunto de práticas de visão estratégica. Conforme observado no Capítulo 4, nossa iniciativa Ambition 2020 tinha todos os elementos típicos de estratégia, incluindo metas ambiciosas de crescimento. Mais notavelmente, ela idealizava o futuro digital que, por fim, percebemos ser parte de nosso pivot sábio. Ao seguir essas sabedorias, é possível cronometrar adequadamente suas transições entre as curvas S.

Consideremos outro exemplo. Como mencionado na introdução, a Royal Philips comprovou que é possível saber quando e como pivotar mesmo que sua empresa fique sem fazê-lo por mais de um século de domínio dos antigos mercados. Em 2006, a Royal Philips adotou uma estratégia ousada ao abandonar seu negócio de iluminação incandescente, uma linha de produtos altamente lucrativa que ela ajudou a inventar no século XIX. Essa não foi uma pequena mudança de estratégia, mas, sim, uma reinvenção drástica que exigia coragem, sabedoria e insight autênticos para perceber que a disrupção devastadora era iminente e inevitável.

Nesse caso, a tecnologia emergente era o diodo emissor de luz, ou LED. Desde a década de 1960, a tecnologia LED seguia um caminho de desenvolvimento exponencial de melhorias mais favoráveis e baratas, paralelas à revolução digital. Os LEDs até tinham sua própria versão da lei de Moore, conhecida como lei de Haitz, que previa que o custo unitário por lúmen fornecido cairia 10 vezes a cada década. Coincidentemente, a quantidade de luz gerada aumenta 20 vezes em determinado comprimento de onda. Além disso, os LEDs são programáveis, permitindo alterações de cor e intensidade em tempo real como parte da emergente Internet das Coisas.

A lei de Haitz convenceu a Philips de que, em algum momento, as lâmpadas de LEDs seriam mais econômicas do que as incandescentes, uma tecnologia que pouco mudou desde a Primeira Guerra Mundial. Os LEDs também trazem benefícios ambientais, visto que as lâmpadas incandescentes são altamente ineficientes, emitindo mais calor que luz e desperdiçando a maior parte da energia que consomem. Ademais, sua fabricação envolve poluentes perigosos, o que aumenta os custos e os riscos no descarte.

Para os consumidores, era provável que o baixo desempenho dos primeiros LEDs fosse superado pelo potencial de sustentabilidade da nova tecnologia, uma liberação de valor retido no nível social. Somente na Europa, os consumidores substituem 2 bilhões de lâmpadas por ano. Os LEDs economizarão mais de US$9 bilhões em custos de energia e eliminarão 20 milhões de toneladas de gases do efeito estufa.

Esses fatores constituíam um indício irrefutável de disrupção iminente. Os LEDs podem ter demorado uma década ou duas a mais do que a lei de Haitz previu, mas a Philips reconheceu que, em um futuro próximo, eles logo superariam as lâmpadas incandescentes em todas as dimensões importantes para os consumidores. A vaca leiteira pararia de produzir. Isso parece fácil de compreender agora, mais de uma década depois, quando a maioria dos governos (em parte por insistência da Philips) determinou a retirada de produtos incandescentes e à medida que os benefícios da iluminação inteligente, incluindo a própria linha de produtos de LED da Philips, a Hue, ficam mais evidentes.

Porém, em 2009, a Philips Lighting representava 30% da receita total da empresa, superior a US$26 bilhões, e a maior parte dela era proveniente da venda de lâmpadas incandescentes, que contribuíam com US$396 milhões em lucros. Como consequência, a Philips provocou ondas de choque significativas quando, em 2006, declarou que estava eliminando a tecnologia incandescente e, em seguida, desafiou suas concorrentes a fazer o mesmo. A empresa manteve seu foco durante uma transição difícil. Os principais ativos de fabricação e distribuição foram vendidos, ao mesmo tempo em que a Philips inovava na produção e aplicações de LED. Ela adquiriu várias empresas menores em um ecossistema emergente de LED, incluindo, em 2007, uma das principais fabricantes norte-americanas de luminárias de última geração por US$4,3 bilhões.

Após aumentar o negócio de LED para quase US$7 bilhões, a Philips acelerou sua saída do núcleo antigo, transformando seus novos negócios de iluminação na Philips Lighting em 2016. Desde então, ela reduziu sua participação na empresa para menos de 30%. (A Philips Lighting agora é conhecida como Signify.)

Uma parte importante do pivot da Philips foi a expansão concomitante de um novo núcleo no setor de saúde. Em 2017, três quartos da receita da empresa eram provenientes de equipamentos de diagnóstico e tratamento, e de um negócio menor de informática de saúde integrada baseada em IoT. A maioria dos ganhos da Philips agora é gerada por equipamentos médicos avançados, incluindo ressonância magnética.

O novo foco da Philips exigia um desinvestimento minuciosamente planejado da iluminação, seu núcleo antigo. No entanto, a previsão da empresa e a adoção antecipada de uma estratégia de portfólio equilibrada possibilitaram que ela executasse seu pivot à sua própria maneira, forçando outras fabricantes de lâmpadas incandescentes a se adaptarem ao cronograma estabelecido.

A Philips já está desencadeando o poder de sua formidável cultura de inovação em novos mercados. Em 2014, por exemplo, trabalhamos com a empresa para desenvolver uma tecnologia revolucionária que proporciona maior autonomia aos pacientes com ELA (esclerose lateral amiotrófica). Essa doença, que afeta mais de 400 mil pessoas, degenera os neurônios motores do cérebro e da medula espinhal, diminuindo gradualmente os movimentos musculares voluntários do paciente.

No protótipo, um display vestível e o Emotiv Insight Brainware, que capta as ondas cerebrais do eletroencefalograma, foram conectados a um tablet. Os usuários puderam, então, emitir comandos de ondas cerebrais para controlar os produtos da empresa, incluindo o serviço de alerta médico Philips Lifeline, as Smart TVs Philips e o sistema pessoal de iluminação sem fio da Hue.

O tablet também permite o controle desses produtos por meio de movimentos oculares e, para pacientes que ainda possuem essa capacidade, comandos de voz. Nos dois casos, é possível transmitir mensagens pré-configuradas, solicitar assistência médica e controlar TVs e luzes. Os Technology Labs da Accenture em São José, Califórnia, colaboraram com o Digital Accelerator Lab da Philips na Holanda para criar o software que interage com o Emotiv Insight Brainware e o display vestível, cuja interface do usuário foi desenvolvida pela Fjord, nossa consultoria de design.

Como esse exemplo enfatiza, a busca por valor retido geralmente pode levá-lo a direções decisivas, solucionando o desafio de um futuro que não pode ser adiado nem previsto.

>

Pivotar é inevitável. A questão é se você o fará sabiamente, com um portfólio de ativos e investimentos equilibrados entre os três estágios do ciclo de vida, ou se você simplesmente se descontrolará, apenas dando a impressão de estar fazendo algo, mas com pouco ou nenhum progresso real.

Alcançar o novo com sucesso, e sempre conseguir fazê-lo, é a essência do pivot sábio. Como já sabemos, acertar exige paciência e determinação.

Durante o processo, você utilizará e reinventará três ativos principais: sua capacidade de inovar, sua disciplina financeira e o capital humano de seus colaboradores e partes interessadas. Juntos, eles constituem a essência da história, da cultura e do potencial de sua empresa. Os próximos três capítulos analisam essas fontes detalhadamente, enquanto mostramos como a Accenture, nossos clientes e as empresas de nosso estudo aprenderam a pivotar em torno de cada uma delas.

Capítulo 6

O PIVOT DE INOVAÇÃO

Concentração, Controle e Ambição

ESTE E OS DOIS PRÓXIMOS CAPÍTULOS analisam em detalhes como desenvolver e manter o portfólio de ativos e recursos necessários à medida que se inicia o pivot de um núcleo antigo para um novo. Aqui, nos aprofundaremos na parte do negócio que se dedica à própria inovação — pesquisa e desenvolvimento; incubação e outros experimentos; e aquisições e corporate venture.

A gestão do seu pivot de inovação, assim como dos pivots de finanças e de pessoas, exige que você reveja e ajuste três conjuntos principais de decisões. Considere esses parâmetros como as alavancas de controle que determinam o formato, a velocidade e a trajetória de sua estratégia: os eixos em torno dos quais seu portfólio pivota (veja a Figura 6.1).

Sua abordagem à inovação, por exemplo, será praticamente centralizada, a alta gestão exercerá certo nível de supervisão sobre como ela é executada e seu modelo de investimento definirá um nível de risco aceitável. Em cada caso, o primeiro passo será analisar qual é a posição atual da alavanca e, então, questionar se é o momento de fazer um pequeno ou até mesmo um grande ajuste. Essa decisão será baseada, entre outros fatores, no nível de disrupção que o setor enfrenta e nas oportunidades que as novas tecnologias oferecem para liberar valor retido.

No entanto, independentemente do que for decidido, como parte do pivot sábio, os processos de definição e ajuste das alavancas devem ser formalizados. Algumas organizações já têm regras vigentes, com cronogramas bem estabelecidos e processos de gerenciamento para reavaliar cada uma das nove alavancas.

Porém, como descobrimos em nosso estudo, para muitas empresas, os parâmetros atuais podem estar implícitos e não ter sido revisados ou alterados por anos ou décadas. Em setores maduros, nos quais as ofertas e os preços são amplamente comoditizados ou regulamentados, todo concorrente pode ter estratégias iguais ou muito semelhantes e, portanto, parâmetros quase idênticos para as alavancas estratégicas.

Figura 6.1   Nove Alavancas do Pivot Sábio

Copyright © 2018 Accenture. Todos os direitos reservados.

No entanto, considerando que até mesmo os setores mais maduros são reconfigurados pelas disrupções big bang e compressiva, realizar um pivot sábio requer ajustes pelo menos em algumas das alavancas, bem como uma revisão mais frequente de quão bem os parâmetros atuais atendem ao portfólio. Fazer isso nem sempre será fácil, mas é nesse aspecto que as mudanças reais ocorrem e, para as liberadoras de valor do nosso estudo, o verdadeiro crescimento futuro é gerado.

Quando e como você fará suas próprias modificações? Antes de responder a essa pergunta, analisaremos como uma empresa líder em alimentos e bebidas abordou o pivot de inovação em mercados que começaram a mudar repentinamente após décadas de relativa estabilidade. E como os líderes da empresa aproveitaram as oportunidades do novo com a intenção de melhorar não apenas a própria saúde corporativa, mas também a de milhões de consumidores.

PIVOTANDO PARA VALHALLA

A PepsiCo é uma gigante global no setor de alimentos e bebidas, com 20 de suas inúmeras marcas gerando individualmente mais de US$1 bilhão em vendas anuais no varejo. Todos os dias, os consumidores compram 1 bilhão de seus produtos. Porém, em 2010, após mais de 100 anos de crescimento contínuo e expansão frequente por meio de aquisições, a CEO, Indra Nooyi, começou a perceber sinais ameaçadores de disrupção futura.

Uma mudança para estilos de vida mais saudáveis, incentivada em parte por uma campanha antiobesidade liderada por Michelle Obama, ex-primeira-dama dos EUA, afetou a venda dos principais refrigerantes e produtos de conveniência da PepsiCo. Nooyi, que apoiava a iniciativa, reconheceu que a mudança de preferência não era um mero modismo. Assim, ela decidiu que a PepsiCo precisava mudar drasticamente para acompanhar os novos hábitos.

O mais fácil seria introduzir novos produtos que atendessem à nova demanda, o que a PepsiCo fez com entusiasmo. Nos anos seguintes, a empresa lançou versões mais saudáveis de muitos de seus produtos existentes e acelerou a aquisição de empresas emergentes preocupadas com a saúde do consumidor, incluindo a fabricante de petiscos feitos com vegetais Bare Foods Co., a produtora de bebidas probióticas KeVita e a SodaStream, uma empresa israelense que produz sistemas de carbonatação domésticos. No entanto, em longo prazo, Nooyi precisava fazer mais — foi nesse ponto que o pivot sábio da empresa realmente começou.

O departamento de P&D da PepsiCo, sediado em um lugar apropriadamente chamado Valhalla, em Nova York, há muito se concentrava em melhorias incrementais de ingredientes, produção e embalagem. Os recursos e investimentos em pesquisa e desenvolvimento eram distribuídos amplamente pela empresa. A maioria das marcas realizava sua própria inovação, com engenheiros e pesquisadores operando de maneira independente.

Esforços valiosos eram despendidos para fortalecer e prolongar os principais produtos antigos da empresa, mas não os essenciais para a mudança disruptiva. A estratégia de inovação da PepsiCo deixava poucos recursos disponíveis para desenvolver o novo núcleo proposto por Nooyi, que se baseava em produtos mais saudáveis e na reação rápida às tendências de alimentos, ingredientes e tecnologias de embalagem e entrega que mudavam depressa.

Sendo assim, Nooyi decidiu mudar não apenas a abordagem da PepsiCo em relação à inovação, mas também a cultura da empresa de forma mais abrangente. Desde o início, cada produto foi reclassificado em três categorias básicas com foco no impacto, e não na marca: "diversão para você" (produtos de conveniência, incluindo salgadinhos Lays, Doritos, Baconzitos e Cheetos; e bebidas Pepsi e Gatorade); "melhor para você"(as versões diet ou com baixo teor de gordura desses mesmos produtos); e "bom para você" (marcas preocupadas com a saúde, como a Quaker Oats).

Como parte de uma ampla reestruturação, Nooyi expandiu os papéis de seus novos diretores científico e de design, incumbindo-os de criar mais produtos de nutrição diários (incluindo água, chá sem açúcar e nutrientes como grãos, frutas, vegetais ou proteínas); uma nova linha de bebidas "sem culpa", com menos de 70kcal em 350ml; e alimentos com níveis mais baixos de sódio e gordura saturada. Esse foi apenas o começo, mas era uma iniciativa importante. Posteriormente, em uma entrevista para o podcast do Freakonomics, Nooyi admitiu: "Sabia que essa jornada seria longa, árdua e cheia de obstáculos, pois não se tratava apenas do desejo de mudar o portfólio, mas de alinhar todos os aspectos de inovação, marketing, execução e orçamentos para acompanhar o mercado e, depois, ter que mudar a cultura dessa empresa."

Enquanto os cientistas e designers da PepsiCo realizavam mudanças, Nooyi tentava conquistar outros dois importantes apoiadores: funcionários e acionistas. Embora ambos os grupos conseguissem perceber as mesmas tendências que Nooyi, pivotar com êxito uma organização com o tamanho e a dinâmica da PepsiCo em direção a uma nova abordagem à inovação exigia reforço regular e expresso da CEO. Dessa forma, Nooyi precisava, como ela mesma descreveu, "retratar o futuro de uma maneira pessoal" para os funcionários. Se seus próprios hábitos alimentares estavam mudando, como não considerar que o mesmo acontece com o restante do mundo? Quando os colaboradores perceberam que eram parte de uma tendência social de maior dimensão, a cultura de inovação da PepsiCo começou a mudar.

O PIVOT DE INOVAÇÃO

Então, foi a vez de Wall Street. Nooyi teve que cativar com cautela os analistas da empresa, apresentando garantias regulares de que o aumento dos investimentos em P&D de novos produtos não retardaria o crescimento de negócios antigos que eles eram especialistas em medir e analisar. Quer dizer, pelo menos até que um novo núcleo emergisse tanto como uma fonte substancial de receita quanto como um motor que impulsiona inovação acelerada e lucros contínuos ainda mais sustentáveis.

O pivot da PepsiCo se expandiu. As despesas de P&D triplicaram, sendo financiadas por US$1 bilhão proveniente da redução anual de custos que incluía operações vigentes, automação e fechamento de fábricas, algumas das quais exigiam inovação e investimento próprios. Os ativos e recursos de inovação da empresa se tornaram mais centralizados e coordenados em todas as linhas de produtos. Em 2018, a PepsiCo fundou a Hive, uma incubadora de tecnologia interna focada no desenvolvimento e na aceleração de startups e marcas emergentes. A Hive estimula marcas menores, como Maker Oats e Stubborn Soda, que, do contrário, não chamariam atenção dentro da organização maior. A incubadora também abrigará experimentos com novas marcas baseadas nos interesses em rápida evolução dos consumidores por novos ingredientes, como algas marinhas ou água de coco.

Essas atividades também foram mais estritamente integradas aos investimentos iniciais do PepsiCo Ventures Group, o fundo de capital de risco corporativo da organização. A estratégia do fundo é procurar empresas que já demonstraram uma crescente aceitação de mercado e cuja marca emergente esteja alinhada à missão de "desempenho com propósito" da PepsiCo.

Para acelerar a mudança da empresa em direção ao novo, o diretor científico da PepsiCo, um endocrinologista por formação, começou a recrutar talentos de inovação dos setores de ciências da vida, biotecnologia, energia, farmacêutica, automóveis e beleza, incorporando novas especialidades e linhas de pensamento.

Para impulsionar ainda mais a divisão tecnológica para além das fronteiras da organização, no fim de 2018, a PepsiCo fundou uma aceleradora externa chamada Nutrition Greenhouse, que concederá US$20 mil para cada uma de 10 startups e as associará a um mentor da empresa. Ao fim de um programa de 6 meses, destinado a acelerar o desenvolvimento dos novos negócios, a mais promissora receberá US$100 mil adicionais para expandir sua parceria com a PepsiCo.

Por fim, Nooyi estabeleceu novas expectativas para os riscos e vantagens da inovação futura. Ela incentivou todos os funcionários a abordarem a inovação a partir de um entendimento profundo das vontades e dos desejos dos consumidores, identificando necessidades não atendidas ou latentes antes mesmo que eles pudessem perceber essa situação. Agora, a PepsiCo precisa prever e incitar; inspirar mudanças; e idealizar, em vez de simplesmente criar.

Essa ambição alterou radicalmente o equilíbrio em Valhalla. Em relação a isso, Nooyi afirma abertamente: "Tínhamos mais desenvolvimento do que pesquisa na PepsiCo. Poderíamos lançar mais sabores de nossos produtos. Ocasionalmente, poderíamos adquirir e desenvolver um novo produto, mas não éramos muito bons em inovação significativa, modificação significativa de embalagens ou desenvolvimento significativo de ingredientes que poderia, de fato, se aplicar a diversos produtos."

O PIVOT DE INOVAÇÃO

O desafio de disrupção da PepsiCo era intenso. Os consumidores em todo o mundo identificavam grandes quantidades de valor retido no nível da sociedade: o potencial de ter vidas mais longas e saudáveis. A PepsiCo poderia ajudar a liberá-lo? Nooyi estava determinada a tentar.

A reformulação empresarial ousada de Nooyi utilizou muitas das sete estratégias vencedoras. Seu reequilíbrio do portfólio de inovação, abrangendo desenvolvimento e pesquisa, por exemplo, trouxe à empresa o impulso por tecnologia e a interconexão. Ao adotar uma consciência emergente de saúde global, a PepsiCo passou de uma marca associada a fast-food para uma hiper-relevante e inclusiva. Elevar o perfil de inovação e contratar novas especialidades tornou a empresa mais rica em talentos.

O pivot da PepsiCo foi bem-sucedido? Até o momento, os sinais são favoráveis. De 2010 a 2017, mesmo com a queda da sua receita de bebidas gaseificadas, a empresa melhorou as vendas totais em mais de US$5 bilhões, dobrou a capitalização de mercado e manteve em grande parte sua participação de mercado.

No último ano de Nooyi como CEO, a empresa continuou a superar as concorrentes tradicionais, impulsionando 18% do crescimento total das vendas no varejo de alimentos e bebidas em todo o setor, apesar de a PepsiCo representar menos de 10% dessas vendas. (As concorrentes sofreram declínios.) Mais impressionante, os

O PIVOT DE INOVAÇÃO

produtos recentes da empresa conquistaram quase 20% das categorias emergentes de alimentos e bebidas, mais do que as outras quatro fabricantes juntas.

Em 2018, após 12 anos de liderança, Nooyi deixou o cargo de CEO da PepsiCo. Embora suas realizações tenham sido impressionantes, para dizer o mínimo, a empresa já está trabalhando em seu próximo pivot sob o comando do novo CEO, Ramon Laguarta, visto que os hábitos de consumo relacionados à nutrição continuam a evoluir.

A reinvenção da PepsiCo enfatiza muito do que aprendemos no pivot sábio da Accenture e das empresas de nossa pesquisa. Obter uma alocação equilibrada dos principais ativos e recursos é a essência da execução bem-sucedida de estratégia, um imperativo que deve ser multiplicado nos três estágios do ciclo de vida. O mais importante é a forma como se aborda a própria inovação. Seja a partir da súbita ameaça da dirupção big bang, seja do ataque mais lento da disrupção compressiva, um pivot sábio exige inovação constante no antigo, no atual e no novo.

Nossa pesquisa descobriu que poucos líderes reagem com rapidez suficiente aos riscos de disrupção. Porém, o fracasso deles não se deve à falta de financiamento disponível. Uma pesquisa recente da Accenture Research realizada com 840 executivos de alto escalão revelou que, nos últimos 5 anos, quase todas as empresas relataram um aumento no investimento em inovação. Muitas agora estão reforçando a iniciativa — quase três quartos dos entrevistados afirmaram que, entre 2017 e 2022, planejam aumentar os gastos com inovação em mais de 25%.

Para onde vai esse dinheiro? O capital de risco corporativo, em particular, é uma fonte de sucesso e frustração. No fim dos anos 1990, muitas empresas abriram fundos no Vale do Silício para investir em startups sem relação com seus negócios ou objetivos. Com o colapso das pontocom em 2000, muitos desses esforços foram encerrados de forma rápida e discreta. Atualmente, o capital de risco corporativo regressou — em 2016, aproximadamente mil empresas investiram bilhões com capitalistas de risco tradicionais. Os investidores de capital de risco corporativo participam de quase um terço de todas as negociações de risco nos Estados Unidos, e esse número é ainda maior na Ásia.

A diferença é que, hoje, os fundos de capital de risco corporativo estão mais estreitamente relacionados aos objetivos estratégicos que seus financiadores têm no que diz respeito ao novo. As boas práticas emergentes incluem garantir que cada investimento esteja vinculado a um patrocinador corporativo específico, que atua como cliente-alvo dos produtos do empreendimento, sendo responsável por testar e, por fim, integrar as ofertas quando elas amadurecem. De acordo com a empresa de pesquisa CB Insights, o capital de risco corporativo também se tornou mais padronizado. Por exemplo, os fundos agora têm orçamentos exclusivos e a maioria dos esforços de capital de risco corporativo concluem mais de cinco acordos por ano.

Entretanto, poucas empresas parecem obter o tipo de retorno necessário sobre o investimento. Nossa pesquisa constatou que mais da metade das organizações que relataram ter aumentado substancialmente os investimentos em inovação nos cinco anos anteriores ainda tiveram um desempenho inferior a suas semelhantes do setor no que diz respeito ao aumento dos lucros ou da capitalização de mercado.

Ou seja, apenas investir mais não é suficiente para liberar valor de forma eficaz. Fazer a inovação dar certo está cada vez mais difícil, visto que nunca houve tanto dinheiro despendido na busca da nova grande ideia. Ser muito ousado com os investimentos em inovação pode acarretar um significativo avanço, mas também pode levar a um grande fracasso. Nossa análise mostra que grande parte do problema decorre do gasto predominante em inovação incremental — o foco de investimento da maioria das empresas no baixo desempenho —, e não em inovação disruptiva.

Evidentemente, ter cautela pode aumentar as chances de sucesso. No entanto, para que serve o sucesso se ele não faz diferença no desempenho empresarial, principalmente quando as concorrentes, novas e antigas, se orientam em direção às maiores fontes de valor retido que se acumulam bem à sua frente?

Como é possível redefinir a estratégia de investimento para melhorar os resultados de inovação no âmbito de um pivot sábio? Analisaremos três alavancas — concentração, controle e ambição — necessárias para responder a essa pergunta.

- **CONCENTRAÇÃO**. Centralizar a inovação melhora a integração, mas pode interferir na capacidade de agir de acordo com as melhores ideias de colaboradores e partes interessadas externas. Essa abordagem também pode ser contracultural para empresas cujo modelo operacional concede autonomia às suas unidades de negócios.

- **CONTROLE**. Conceder aos funcionários de P&D e aos gestores de fundos de capital de risco corporativo mais liberdade para que prossigam com projetos que consideram mais favoráveis é uma forma de respeitar sua expertise, mas isso pode significar uma longa duração de projetos sem futuro, que desviam recursos preciosos de esforços mais promissores.

- **AMBIÇÃO**. Embora experimentos com tecnologias emergentes no limite superior da lacuna de valor retido maximizem o potencial de provocar uma disrupção big bang, nenhuma empresa, nem mesmo as líderes em tecnologia, podem apostar apenas em moonshots. Algumas apostas de inovação, principalmente aquelas voltadas para o crescimento do núcleo, precisam ter um alcance mais limitado e uma garantia quase certa de sucesso.

Precisamos esclarecer um aspecto. Não existe um cenário perfeito, para nenhuma das alavancas, que se aplica a todas as empresas. Dependendo da natureza do valor retido em seu setor, o portfólio de inovação exigirá maior ou menor análise, autonomia e risco. A resposta à pergunta realizada terá como base os tipos de valor almejados, as novas tecnologias utilizadas e as estratégias vencedoras adotadas.

Você precisa aumentar as ofertas para o novo organicamente, em uma incubadora de empresas, ou externamente, com a participação nas denominadas aceleradoras de startup? Você necessita de um programa formal de capital de risco corporativo? Quanto tempo o CEO deve dedicar ao gerenciamento do pivot de inovação? Quão radical deve ser a mudança em sua estratégia de inovação para que sua empresa sobreviva à próxima onda de disrupção? Essas são as perguntas que analisaremos, no contexto de nosso próprio pivot e dos realizados pelas empresas que estudamos.

A ALAVANCA DE CONCENTRAÇÃO: QUÃO CENTRALIZADA A INOVAÇÃO DEVE SER?

As liberadoras de valor do nosso estudo aprenderam a lição, às vezes dolorosa, de que a inovação apresenta um desempenho insatisfatório tanto sob uma gestão ditatorial quanto em uma anarquia. O controle excessivo acarreta apenas melhorias incrementais de produto, pois os pesquisadores se sentem extremamente desencorajados a correr riscos. Todavia, permitir que todas as divisões, equipes de produto ou desenvolvedores individuais sigam suas próprias prioridades — um fracasso em aproveitar a expertise integrada de toda a organização — é deixar ao acaso o alinhamento com uma estratégia geral de inovação.

Também é mais difícil para as unidades de negócios individuais contratarem talentos escassos em áreas essenciais, incluindo ciência de dados, aprendizado de máquina e outras modalidades de novas tecnologias. Para ser sincero, é bem possível que os melhores designers e desenvolvedores prefiram trabalhar na Alphabet ou em outra organização de tecnologia de alto nível do que em sua empresa.

Para seu próprio pivot sábio, a questão consiste em saber onde, no espectro de concentração, sua organização funciona melhor, sendo capaz de oferecer crescimento atual e futuro. O pivot sábio da PepsiCo inclui elementos de centralização (Valhalla) e descentralização (Nutrition Greenhouse). Alguns esforços são claramente direcionados a partir da alta gestão e outros ficam inteiramente a cargo de inovadores externos que experimentam por conta própria, com a PepsiCo fornecendo orientação, mas não supervisão direta.

Com base na experiência das empresas do nosso estudo, a distribuição excessiva pode aumentar as margens no curto prazo, mas há o risco de que sua organização perca maiores oportunidades de crescimento no futuro.

Considere, em um extremo, a Illinois Tool Works, fabricante de ferramentas e peças industriais da Fortune 500 que já foi descrita como "a empresa mais descentralizada do mundo". Sua abordagem à inovação é atraída pela demanda. Os desenvolvedores de produtos obtêm insights dos principais clientes e, em seguida, concentram-se em desenvolver e patentear novos produtos e componentes que abordam desafios ou oportunidades específicas.

Isso mantém a redução nos custos de P&D e o aumento na potência de inovação em relação às empresas semelhantes do setor de produção. Os resultados são impressionantes — todos os anos, a Illinois Tool Works geralmente fica entre as cem principais detentoras de patentes nos Estados Unidos; em 2017, por exemplo, a empresa ocupou o 14º.

O CEO, E. Scott Santi, disse aos investidores: "A Illinois Tool Works não é uma inovadora tradicional se considerarmos que o objetivo não é investir em ou criar ciência. A empresa não se adéqua ao que eu descreveria como uma organização centrada em pesquisa e desenvolvimento. Na verdade, nossa atividade consiste em aproveitar e combinar tecnologias estabelecidas para desenvolver soluções inteligentes e consistentes para nossos maiores clientes e segmentos de negócios mais desafiadores. É nisso que somos realmente bons."

O PIVOT DE INOVAÇÃO

No entanto, recorrer inteiramente ao mercado atual para orientar a inovação faz com que a Illinois Tool Works aposte seu futuro, e sua habilidade de pivotar, exclusivamente em necessidades conhecidas dos clientes existentes. Mas e se os compradores de hoje tiverem maior aversão a riscos, falta de imaginação ou vulnerabilidade à disrupção do que se supõe? A empresa enfrenta um risco considerável de disrupção compressiva. Os clientes atuais podem se tornar menos lucrativos com o tempo, ou pior, simplesmente desaparecerem à medida que novas concorrentes na fabricação industrial os superam, recorrendo a mais fornecedores visionários.

Também há perigos na inovação excessivamente centralizada, especialmente quando ela é física e culturalmente isolada do restante da empresa. Os think tanks e os centros de pesquisa oferecem ambientes de trabalho que maximizam a criatividade dos funcionários mais inovadores, mas os pesquisadores podem se afastar da realidade, dedicando-se aos problemas errados, devido à falta de interação regular com os líderes da empresa e uma muito menor com os clientes e gerentes do dia a dia.

Pior ainda, eles podem desenvolver produtos para um futuro no qual o restante da empresa não acredita. O exemplo mais infame é a incubadora no Vale do Silício pertencente à Xerox, o Palo Alto Research Center (PARC). Durante o auge do laboratório nos anos 1970, seus brilhantes engenheiros e cientistas da computação inventaram muitos dos recursos revolucionários dos modernos computadores desktop, incluindo interfaces gráficas de usuário, computadores em rede e impressão a laser.

Alan Kay, pesquisador do PARC, afirmou celebremente: "A melhor maneira de prever o futuro é inventá-lo." Sem dúvidas, a visão do PARC sobre o futuro da automação de escritório acabou sendo assustadoramente precisa. Porém, embora seus desenvolvedores tivessem a liberdade de trabalhar sem orientação ou restrições corporativas, eles careciam dos canais de comunicação mais básicos com a empresa ou sua direção estratégica. Como consequência, nenhum dos avanços revolucionários do PARC foi capitalizado com êxito pela Xerox.

Em vez disso, o considerável valor retido que o PARC identificou e ao qual se direcionou foi disponibilizado para que outras empresas o liberassem. Em uma famosa visita realizada no ano de 1979, os jovens Steve Jobs e Steve Wozniak ficaram impressionados com as invenções existentes no laboratório, nenhuma das quais a Xerox parecia determinada a comercializar. Ao reconhecer a mudança revolucionária prestes a irromper, Jobs e Wozniak acataram as ideias do PARC, as utilizaram para reformular sua própria linha de computadores pessoais na incipiente Apple e, assim, mudaram o curso da história.

O PARC, da Xerox, tinha a solução para fechar uma considerável lacuna de valor retido, mas, sem o maior envolvimento da empresa como um todo, essa possibilidade foi desperdiçada. John Seely Brown, ex-diretor do PARC, reconheceu: "Nem todas as nossas iniciativas se adequam posteriormente aos negócios. Muitas das ideias desenvolvidas implicam uma mudança de paradigma para gerar valor." Ou, nas palavras inusitadas de Jobs: "Eles simplesmente transformaram em derrota a maior vitória da indústria de computadores."

O PARC é, no mínimo, o arquétipo de fracasso que os gestores de inovação atuais estão determinados a evitar. Por exemplo, a New York Times Company, empresa majoritariamente privada, recentemente executou um pivot de inovação para que seus próprios esforços de P&D se aproximassem mais do atual do que do novo, reconhecendo que, sem uma inovação maior em curto prazo, a organização poderia não ter a capacidade de desempenhar um papel de destaque no futuro.

Assim como todas as empresas de comunicação, a New York Times Company enfrenta uma crise existencial em sua atividade principal. Os consumidores não abandonaram apenas os jornais impressos em prol de alternativas digitais; eles também estão adotando avidamente novas fontes de informação, muitas delas provenientes não de jornalistas profissionais, mas de fontes mais baratas e menos confiáveis, incluindo as mídias sociais. A receita de publicidade que há muito tempo subsidiava a obtenção e a divulgação das notícias convencionais está acompanhando os consumidores para o mundo online, o que causa um segundo impacto nos rendimentos.

Nas últimas duas décadas, a New York Times Company reagiu ao lutar intensamente para reequilibrar seu departamento de P&D, acompanhando a disrupção do setor que ocorreu mais rápido do que o previsto e que continua a dificultar que as empresas estabelecidas planejem seu curso, velocidade e trajetória em meio a preferências instáveis e muitas vezes contraditórias dos consumidores.

Alguns anos atrás, o departamento de pesquisa e desenvolvimento da empresa tinha autorização ampla para pensar por três a cinco anos, sem se preocupar em relacionar seu trabalho ao jornal do dia. Usando a tecnologia de detecção de voz e movimentos Kinect da Microsoft, o grupo criou um protótipo que parecia ter saído diretamente do filme Minority Report e que foi denominado "espelho mágico". Fixado a uma parede, o espelho mágico podia executar comandos de voz para navegar na internet, enviar e-mails e, é claro, pesquisar a lista completa de artigos e conteúdos de vídeo do Times.

Por mais impressionante que essa demonstração possa ser, a empresa talvez tenha hesitado, mais do que pivotado, entre a adoção de uma estratégia digital first e o recuo para a segurança relativa de ser uma das únicas, e mais prestigiadas, fontes de publicação impressa restantes no país. Segundo um relatório interno de 2014 intitulado "Innovation": "Nos próximos anos, o New York Times precisa acelerar sua transição de um jornal que também produz reportagens digitais produtivas e notáveis para uma publicação digital que também produz um jornal produtivo e notável."

Em 2017, a New York Times Company voltou a pivotar, reformulando a unidade de P&D para que ela se tornasse mais estreitamente integrada à redação. Renomeada para Story[X], a equipe de cinco pessoas tem uma nova atribuição: sonhar menos e realizar mais. A Story[X] desempenha três funcionalidades da empresa — editorial, produto e publicidade —, com ênfase na primeira.

O departamento de P&D deixou de ser um hub de inovação para se tornar uma equipe amplamente distribuída, encarregada de acelerar a inovação que já acontece em toda a organização. Essa iniciativa acarreta, principalmente, uma tecnologia que o Times e seus anunciantes podem usar no futuro próximo, incluindo realidade aumentada, aplicativos de mensagens e integração com alto-falantes inteligentes [smart speakers] e veículos conectados. Por enquanto, o foco real está nas ofertas aprimoradas de vídeo, que incluem experimentos com realidade virtual a fim de tornar as notícias mais imediatas para os consumidores.

"Há valor nessa realização de P&D, mas, na prática, o que realmente deixamos de fazer foi relacionar esse aspecto às atividades do restante da empresa", afirmou Marc Lavallee, que trabalha na New York Times Company desde 2011 e agora lidera a Story[X]. "Meu desejo era alterar esse modelo com a seguinte orientação: em vez de desenvolver algo e, então, conferir se há um aplicativo, primeiro devemos considerar as necessidades da redação e dos anunciantes e avançar a partir disso, e não entregar às pressas algo que ninguém solicitou."

Como esses exemplos evidenciam, deve existir um equilíbrio entre inovação centralizada e descentralizada; essa ponderação precisa ser reavaliada regularmente como parte do pivot sábio. Certamente aprendemos essa lição durante nossa própria reinvenção. Para sobreviver, que dirá prosperar, percebemos que teríamos de superar a inovação das mais rápidas empresas do Vale do Silício a fim de causar disrupção em nossa própria atividade principal antes que outras organizações fizessem isso conosco.

Para nós, o segredo de um pivot mais rápido foi a decisão de realizar grandes mudanças na forma como gerenciávamos nosso portfólio de inovação. Naquela época, nossos ativos de inovação eram isolados, um conjunto abrangente de atividades dinâmicas, mas descoordenadas. Para explorar essa força inaproveitada, precisávamos exercer liderança a partir do topo, ou o que chamamos de "inovação gerenciada".

O resultado foi a arquitetura de inovação descrita no Capítulo 4. Ela integra atividades de inovação em todos os três estágios do ciclo de vida, da pesquisa básica às melhorias em tempo real no trabalho diário com o cliente. Com as competências da Accenture Research, Accenture Ventures, Accenture Labs e Accenture Studios, agora podemos desenvolver e escalar rapidamente novas ideias para nossos negócios e clientes. O objetivo é sempre investir adequadamente no estágio relevante de maturidade — quanto mais próxima a ideia estiver da comercialização, mais dinheiro é despendido.

A nova estrutura é orientada e estimulada por uma abordagem top-down, com Omar como seu arquiteto-chefe. Pierre Nanterme, ex-CEO da Accenture, foi o comunicador de nossa estratégia de inovação no antigo, no atual e no novo, tanto interna quanto externamente. Ao mesmo tempo, a inovação de abordagem bottom-up foi e continua sendo necessária. Como já mencionado, em 2017, inauguramos o The Dock em Dublin, nosso centro multidisciplinar de pesquisa e incubação, onde, nas palavras de Nanterme: "Toda a arquitetura de inovação ganha vida." No The Dock, funcionários, clientes e acadêmicos visitantes colaboram para rapidamente criar e desenvolver protótipos de soluções inovadoras para a Accenture e seus clientes.

Em um recente hackathon de design e programação com duração de 2 dias que realizamos no The Dock, 14 equipes globais — compostas de empreendedores, equipes de tecnologia corporativa, universidades etc. — apresentaram soluções baseadas em blockchain que se direcionavam a liberar valor retido no nível da sociedade. Ficamos impressionados com a qualidade das ideias propostas após somente 36h de codificação. Os protótipos tinham uma abordagem abrangente, que incluía a crise de desabrigados na Irlanda, as mudanças climáticas, o monitoramento da produção ética de carne halal, ferramentas que ofereciam maior controle de dados aos usuários e muitos outros problemas.

O PIVOT DE INOVAÇÃO

O The Dock realmente comprova que a alta liderança não possui o monopólio das melhores ideias. Ao refletir sobre nossa experiência até agora, Omar observa que ele nunca teria concebido por conta própria o modo como as equipes poderiam usar a visão computacional para controlar defeitos de qualidade ao final de uma linha de fabricação de autopeças; como poderiam aplicar a IA para gerenciar o processo altamente complexo de rotulagem farmacêutica; ou como poderiam utilizar a pesquisa em linguagem natural para ajudar a coletar e organizar as evidências necessárias para processar indenizações de seguro.

Além do The Dock, agora temos mais de cem centros de inovação subsidiários em todo o mundo, que aproximam nossos esforços dos mercados locais e de suas fontes únicas de valor retido. Somente em 2017, inauguramos 16 "Liquid Studios", que aceleram o desenvolvimento avançado de software, com 8 centros de distribuição e novos hubs de inovação em Bangalore, na Índia, e em Houston, no Texas, reunindo vários elementos da arquitetura de inovação.

Os Liquid Studios utilizam princípios e ferramentas de desenvolvimento rápido de aplicativos, combinando-os com tecnologias de rápida evolução, como IoT e dispositivos vestíveis. O foco é transformar ideias em experimentos, ou o que às vezes é chamado de "pretotipagem". Ao longo do processo, nosso investimento em inovação progrediu a cada ano, aumentando de US$100 milhões para mais de US$700 milhões entre 2015 e 2017.

Um desejo semelhante de permanecer à frente de forças disruptivas moldou nosso trabalho com a Schneider Electric, que lidera a transformação digital de gerenciamento e automação de energia em importantes mercados, incluindo indústria, energia, construção, data centers e infraestrutura.

Em 2016, trabalhando lado a lado com a Schneider Electric, cocriamos sua Digital Services Factory para desenvolver e escalar rapidamente novas ofertas em áreas como manutenção preventiva, monitoramento de ativos e otimização de energia, com o objetivo de colocar o cliente no centro do processo de inovação. O plano da Schneider Electric é fornecer uma plataforma de IoT que suporte os padrões emergentes do setor, com uma plataforma aberta de desenvolvimento e um amplo ecossistema de parceiros.

Ao realizar a intersecção entre diferentes negócios, a IoT incorporará sensores, comunicação e capacidade computacional nos equipamentos em toda a cadeia de suprimentos de fabricação e distribuição, possibilitando a coleta e a análise em tempo real de dados em todas as etapas do ciclo de vida do produto. Com uma conexão cada vez maior de equipamentos, fabricantes como a Schneider Electric compreendem a necessidade de incorporar os mais recentes recursos digitais em seus produtos, tornando-se, assim, empresas interconectadas e hiper-relevantes.

Como nossa pesquisa evidencia, as fabricantes industriais reconhecem que as tecnologias digitais são essenciais para o seu futuro. Todavia, seu nível de inovação e adoção digital tem sido lento, o que causa o risco de perder participação de mercado e lucros para startups e outras disruptivas digitais. De fato, dois terços das empresas do setor industrial pesquisadas pela Accenture afirmaram sentir o impacto da disrupção digital; mesmo assim, metade delas ainda não investe em soluções de IoT como parte de sua estratégia de negócios.

A Schneider Electric tem a intenção de ser diferente. Para competir na economia digital ao lado de novas concorrentes e outras disruptivas, a empresa está transformando a experiência de seus clientes e aproveitando novas oportunidades de mercado. Ela capacita ativamente os agentes de mudança digital em toda a organização para promover a inovação e criar sinergias entre negócios recentes e antigos, ao mesmo tempo em que desenvolve novos serviços digitais.

É nesse ponto que a Digital Service Factory desempenha um papel fundamental, pois ela é um modelo de engajamento bem-sucedido que pode impulsionar a convergência entre o DNA tradicional e o novo DNA digital da empresa. A Schneider Electric e a equipe da Accenture geram e incubam novas ideias para ofertas de serviços digitais, como manutenção preventiva ou softwares de monitoramento de ativos. Com um processo seguro de desenvolvimento do ciclo de vida do produto, a Digital Service Factory tem como objetivo reduzir em 80% o tempo entre a concepção do produto e a introdução no mercado, disponibilizando suas ofertas em menos de 8 meses — em contraste aos 3 anos da época pré-digital. Essa agilidade e capacidade de resposta acarretam uma inovação digital rápida de produtos e serviços conectados, com o controle de todos os novos dispositivos na borda da rede; análises, aplicativos e serviços.

Juntas, essas histórias ressaltam a importância de gerenciar o local da inovação de modo mais deliberado. No entanto, reiteramos que nossa sugestão não é uma divisão meio a meio, ou qualquer outra proporção mágica de centralização versus descentralização. O equilíbrio adequado varia de acordo com as condições de mercado, o setor e a cultura de sua empresa.

O PIVOT DE INOVAÇÃO

No entanto, ao ponderar seu próprio equilíbrio, considere as conclusões de nossa pesquisa de 2018 sobre o pivot sábio, realizada com 1.440 executivos de alto escalão à frente de empresas com receita superior a US$500 milhões em 11 setores e 12 países. Analisamos como as grandes organizações reagem a mudanças disruptivas, tanto na reinvenção de seus negócios antigos quanto na expansão em direção ao novo escalável.

A pesquisa contemplou quatro tópicos centrais: abordagem de mudança de portfólio; abordagem de inovação; abordagem de investimento; e novos mindsets de liderança. As respostas revelaram alguns insights valiosos. Por exemplo, quando comparadas às empresas semelhantes do setor, as liberadoras de valor — aquelas que relataram que pelo menos 75% de sua receita atual era proveniente de atividades empresariais, investimentos e empreendimentos com menos de 5 anos — foram mais deliberadas em relação à estruturação de suas organizações para inovar e aproveitar ao máximo esses esforços de inovação.

Assim como a Schneider Electric, ao concentrar as capacidades de inovação sob a gestão de uma poderosa equipe de liderança, com investimento orientado e funções e responsabilidades definidas, elas incorporam a inovação em seu DNA corporativo. Três quartos das liberadoras de valor já adotaram estratégias de inovação centralizadas, com recursos combinados em uma única função específica, que dispõe de liderança e orçamento próprios. Em contrapartida, apenas um terço das outras empresas que pesquisamos fizeram o mesmo.

Essa é uma mudança importante. Definir algum tipo de estratégia centralizada possibilita a identificação de inovações promissoras e o desenvolvimento de protótipos de forma antecipada. Em um mundo de disrupção acelerada em vários setores, certo nível de centralização pode ser essencial para reconhecer rapidamente ideias de maior potencial e transformá-las em realidade comercial antes das concorrentes.

A ALAVANCA DE CONTROLE: QUANTA AUTONOMIA OS INOVADORES DEVEM TER?

Estabelecer um equilíbrio saudável entre centralização e descentralização é essencial para um pivot de inovação bem-sucedido. Feito isso, o próximo desafio é considerar o controle em relação à autonomia. Qual o nível de orientação que a gestão deve fornecer para manter a inovação focada, sem restringir a criatividade e o potencial de inspiração e serendipidade?

O extremo de muito ou pouco controle produz resultados abaixo do ideal. Os líderes podem ser bastante diretivos, instruindo seus funcionários, especialmente cientistas, engenheiros e pesquisadores, em relação ao que inovar e com que finalidade. Essa abordagem maximiza o alinhamento estratégico do portfólio de inovação, mas, a menos que o CEO tenha uma bola de cristal para ver o futuro, quase certamente ela subestimará a criatividade e a expertise dos desenvolvedores.

Outra alternativa seria deixar mil flores desabrocharem, incentivando a inovação em toda a empresa. Nesse modelo, todos os funcionários e até as partes interessadas externas assumem o papel de inventores. Nesse caso, o trabalho da alta gestão seria simplesmente escolher os experimentos mais promissores e consolidá-los em novos produtos e serviços. Porém, é provável que essa abordagem também não funcione. A inovação sem direção ou alinhamento não tem maior probabilidade de gerar ofertas úteis de novos produtos ou serviços nos três estágios do ciclo de vida do que a escolha aleatória de ideias. Os funcionários podem ter boa intuição, mas, sem aconselhamento e orientação, até mesmo ideias excelentes podem não atingir seu potencial e acabar se tornando uma distração da atividade cotidiana de satisfazer os clientes.

Uma outra frase de Alan Kay é: "A maioria das ideias é ruim." Com frequência, os CEOs falam sobre o quanto se esforçam não para originar ideias, mas para avaliar várias propostas de prova de conceito provenientes de suas organizações. Então como ajustar a alavanca para alcançar um nível adequado de direcionamento de inovação sem restringi-la? Como saber quando é o momento de alterar o equilíbrio como parte de um pivot sábio contínuo?

Considere a experiência da 3M, empresa global de ciências cujo nome é sinônimo de inovação há muito tempo. Ela conquistou o maior prêmio dos EUA em inovação, a Medalha Nacional de Tecnologia e Inovação, e é constantemente classificada como uma das "Empresas Mais Admiradas" na pesquisa anual da revista Fortune. Com produtos baseados em quase 50 plataformas de tecnologia diferentes, a 3M ostenta mais de US$30 bilhões em vendas anuais e quase 100 mil funcionários.

Mais importante, ao longo de mais de cem anos de história, seus engenheiros e designers produziram inovações escaláveis com regularidade, seguindo uma metodologia rigorosa. Eles avaliam, monitoram e controlam seu foco, com o objetivo de encontrar o equilíbrio adequado entre desempenho e inovação.

Ainda assim, mesmo os grandes inovadores precisam ajustar a fórmula de vez em quando, especialmente em uma conjuntura na qual as mudanças da tecnológica principal estão acelerando. Portanto, há duas décadas, no início da revolução da informação, a 3M pivotou mais próxima ao topo da lacuna de valor retido. A gestão introduziu uma nova métrica principal conhecida como "Índice de Novidade", que calculava a porcentagem da receita proveniente de produtos com menos de quatro anos. O objetivo era obter 25% de receita dos lançamentos de novos produtos em 5 anos.

Como reação à ameaça das disrupções big bang e compressiva, muitas das liberadoras de valor do nosso estudo — incluindo gigantes da tecnologia como Google, Amazon e Tencent, além de empresas como a Starbucks e a líder industrial global Bosch — ajustam a alavanca para mais, e não menos, investimento nas novas tecnologias, buscando seus próprios "moonshots". Embora esse talvez não seja o seu caso, essas empresas executam pivots sábios, pelo menos em parte, com uma ampla perspectiva do que entendem por "novo", espreitando o horizonte em busca de tecnologias emergentes com potencial de reformular completamente as regras de seus setores.

Tais esforços, integrados por parceiros externos e pelos funcionários mais criativos e menos tolerantes à burocracia, invariavelmente exigem liberdade de movimento. Porém, esforços não podem simplesmente ser impulsionados e esquecidos, com a expectativa de que, algum dia, o recompensem com o futuro já pronto. Até mesmo os moonshots precisam estar alinhados com o restante do portfólio de inovação, aproveitando a orientação e a disciplina dos gerentes corporativos no que diz respeito a capital humano, orçamento, gestão de projetos etc.

No entanto, esse controle deve ser aplicado com cautela, e até mesmo com zelo. Esse foi o modelo que a gigante do varejo Walmart seguiu em 2017, no lançamento de sua nova incubadora com sede no Vale do Silício, conhecida como Store Nº 8. (O nome é uma referência a Sam Walton, fundador do Walmart, que utilizou a verdadeira loja nº 8 no Arkansas como um local para testar inovações no setor.)

O objetivo da Store Nº 8 é se antecipar à inovação e às disrupções do varejo antes que outras empresas avancem. (Por "outras empresas", leia-se Amazon, que está impulsionando seu domínio no varejo virtual para o mundo físico, com a aquisição da varejista de produtos orgânicos Whole Foods Market e a abertura de lojas físicas experimentais que usam sensores e câmeras para automatizar os caixas, entre outras mudanças radicais.)

O Walmart utiliza a Store Nº 8 para incubar algumas de suas apostas de maior risco. Os esforços recentes contemplam testes de potenciais aplicativos, empregando muitas das novas tecnologias que mencionamos com frequência, como robótica;

realidades virtual e aumentada; aprendizado de máquina; e inteligência artificial. Esses experimentos incluem um serviço personalizado de compras por assinatura, chamado Jetblack, que fornecerá recomendações e possibilitará compras via mensagens de texto. Outro esforço relatado, o Project Kepler, reelabora o conceito de experiência na loja por meio de tecnologias como a visão computacional.

A Store Nº 8 é um elemento importante do portfólio de inovação mais abrangente do Walmart, que a empresa continua a expandir e reequilibrar regularmente. O Walmart Labs, por exemplo, aborda o estágio "atual" do pivot da organização, desenvolvendo melhorias na tecnologia de experiência do cliente que podem ser implementadas no prazo de 6 a 12 meses. Com mais de 2 mil funcionários no Vale do Silício, o Walmart Labs testou recentemente um novo serviço que conecta motoristas autônomos a pedidos de entrega dos clientes à medida que são realizados.

A intenção da Store Nº 8 é buscar inovações com pelo menos três anos de antecedência. Embora o Walmart tenha estabelecido sua incubadora como uma empresa dentro de outra empresa, as startups inauguradas a partir dela serão de propriedade exclusiva do Walmart. Em vez de utilizar os modelos típicos de capital de risco para avaliar o potencial e o progresso das empresas de seu portfólio, o Walmart mensura os esforços da Store Nº 8 por meio do que chama de "retornos operacionais e estratégicos" — ou seja, como suas inovações podem gerar valor para uma experiência futura específica no varejo.

Ao inaugurar a Store Nº 8, o Walmart reconheceu a necessidade de um pensamento mais visionário e a dificuldade de integrá-lo a uma empresa notoriamente concentrada na eficiência operacional do atual ecossistema de varejo com foco no cliente. Sua criação sucedeu a aquisição realizada em 2016 da inovadora de varejo online Jet.com por US$3 bilhões, uma iniciativa amplamente considerada como um esforço de recuperação para tornar o Walmart uma potência de e-commerce e, não por acaso, infundir a cultura digital em sua estrutura corporativa analógica. A escala do e-commerce e de outras aquisições digitais antes e depois da compra da Jet.com continua a se destacar dentro e fora da empresa.

Não coincidentemente, a Store Nº 8 é administrada por Marc Lore, fundador da Jet.com, que gerencia todas as operações de e-commerce nos EUA. Portanto, além do valor imediato da Jet.com como fonte de receita online, a capacidade do Walmart de aproveitar a expertise e as habilidades de Lore suscitou dividendos em todos os esforços da empresa no antigo, no atual e no novo. Por exemplo, Lore liderou a ampliação de estoque no site da empresa e a implementação do frete gratuito, com envio em 2 dias, para pedidos de no mínimo US$35. Como resultado, as vendas de e-commerce do Walmart estão decolando. Somente em 2018, a empresa estava prestes a aumentar sua receita digital em 40%.

Em 2017, em uma conferência de tecnologia de varejo, Lore afirmou que a Store Nº 8 "será protegida pelo restante da organização e apoiada pela maior varejista do mundo". Ela terá os recursos financeiros de uma grande corporação, mas a liberdade de uma startup — exatamente o que uma organização com o tamanho e a dinâmica de setor do Walmart precisará para completar seu pivot em direção ao novo. A Store Nº 8 também pretende facilitar colaborações com startups externas, capitalistas de risco e acadêmicos para desenvolver inovações ainda mais disruptivas. Até o momento, ela tem anuência irrestrita para fazê-lo.

No entanto, assim como acontece com todas as liberadoras de valor do nosso estudo, a coragem para dedicar recursos estratégicos à busca pela lacuna de valor retido decorre do alto escalão. Lori Flees, vice-presidente sênior de estratégia corporativa do Walmart, disse em uma entrevista: "A equipe de alta gestão foi a responsável por considerar que deveríamos acompanhar o fluxo do varejo pelos próximos 20 anos, bem como definir quais áreas precisávamos liderar para que causássemos disrupção em vez de sofrê-la."

O verdadeiro segredo do pivot da empresa foi o apoio da família Walton. Seus membros ainda detêm 50% da organização e, por volta de 2016, decidiram que o Walmart exigia mudanças significativas para prosperar nos próximos 100 anos. Eles apoiaram a decisão de reduzir os ganhos em curto prazo, a fim de abaixar os preços para os consumidores e promover o aumento dos investimentos em inovação digital. Embora esses investimentos ainda não tenham sido recompensados pelos ganhos atuais, eles têm o reconhecimento dos investidores no componente de valor futuro do preço das ações da empresa.

Nem toda empresa de capital aberto tem o apoio consistente de seus acionistas para assumir uma visão de longo prazo. Esse tipo de prospectiva é particularmente impressionante no caso do Walmart, considerando que a empresa foi e continua sendo a maior do mundo em termos de receita. Por outro lado, o Walmart começou como disruptiva, tendo, 20 anos atrás, o mesmo impacto no varejo que a Amazon tem hoje. Agora, a empresa causa disrupção em si mesma para permanecer relevante.

No setor de eletrodomésticos, uma respeitável empresa estabelecida está adotando uma abordagem ainda mais radical no seu pivot em direção ao novo, baseando-se intensamente na filosofia da "comunidade maker", na qual as pessoas se reúnem para realizar experimentos com os mais recentes hardwares e softwares aprimorados por tecnologia apenas para conferir o que conseguem inventar.

Desde sua aquisição pela Haier em 2016, a GE Appliances (GEA) tem trabalhado para adotar o modelo de inovação exclusivo de sua empresa-mãe chinesa, descrito no Capítulo 3. A GEA reconhece seu fracasso passado em relação às principais inovações nos eletrodomésticos de linha branca e, atualmente, prioriza a busca de valor retido no nível do consumidor, lançando novos produtos que atendem às mudanças demográficas e à demanda crescente por itens mais personalizáveis. Nos 10 anos antes de ser adquirida pela Haier, a receita da GEA caiu mais de 10%, mas teve um aumento de 6% em 2017, após a aquisição. Ainda mais impressionante, os lucros do mesmo ano aumentaram em mais de 20%, sua primeira taxa de crescimento de dois dígitos.

Para refletir o mantra da Haier "distância zero do consumidor", a GEA renovou seu compromisso com o FirstBuild, um experimento de inovação aberta lançado pela empresa em 2014. No modelo de inovação aberta, as empresas invertem o processo de P&D tradicionalmente sigiloso, colaborando de forma transparente com solucionadores de problemas de diferentes domínios, inovando de forma explícita, mesmo para as concorrentes.

Localizado em um campus universitário próximo à sede da GEA em Louisville, no Kentucky, o FirstBuild é uma microfábrica de inovação de eletrodomésticos, aberta a qualquer pessoa que simplesmente se inscrever. O FirstBuild possui mais de 23 mil usuários registrados (quase o dobro do número de funcionários da GEA), disponibilizando à empresa ideias excêntricas, mas potencialmente valiosas, que podem ser testadas e até produzidas com a mesma velocidade de uma startup do Vale do Silício.

A instalação é realmente aberta — sem acordos de confidencialidade, sem tecnologia proprietária. "O que realizamos no FirstBuild não poderia ser mais diferente", afirmou recentemente Kevin Nolan, presidente da GEA. "O local é completamente aberto. Qualquer um pode entrar quando quiser, seja um concorrente, seja alguém que apenas queira conferir o que estamos fazendo."

A instalação conta com impressoras 3D, cortadores a laser, equipamentos de fabricação de placas de circuito e outras ferramentas de alta e baixa tecnologia para maximizar a experimentação. Materiais e equipamentos estão disponíveis gratuitamente para projetos relativos a eletrodomésticos. Os desenvolvedores que não podem ir até Louisville podem enviar ideias online e trabalhar com a equipe do FirstBuild para desenvolvê-las. Com vários produtos já lançados, o FirstBuild pode, em breve, se tornar totalmente autofinanciado.

Todas as ideias, propostas presencialmente ou online, são votadas pelos membros do FirstBuild. A partir disso, a comunidade faz o necessário, incluindo o conceito do produto, o design, a engenharia, a fabricação e as vendas iniciais, para cerca de até mil unidades. Os inventores ganham uma pequena quantia em dinheiro pelos conceitos vencedores, além de royalties de até 0,5%.

Para que o FirstBuild se mantenha o mais econômico possível, os inventores financiam a produção não por meio da GEA, mas por plataformas de financiamento coletivo, incluindo Indiegogo e Kickstarter. A Opal Nugget Ice Maker, máquina que produz cubos de gelo fáceis de mastigar, baseia-se em uma ideia enviada no site do FirstBuild em 2015. Após comprovar o conceito, a equipe de desenvolvimento arrecadou quase US$3 milhões por meio de financiamento coletivo, realizando 7 mil pré-vendas, com todos os pedidos entregues em 2016. (Uma versão controlada por smartphone já está disponível por US$499.)

Quando há demanda além do período experimental, a GEA pode optar por produzir o produto em escala, mas a comunidade também pode apresentar suas inovações às concorrentes da empresa — um conflito de controle que a GEA acredita poder administrar, devido à crescente capacidade de ser a primeira a comercializar.

Ao refletir sobre o sucesso do FirstBuild, Nolan atribui os créditos à separação física, às ideias validadas pela comunidade, à agilidade, à execução rápida e à utilização de hackathons (em vez de reuniões de planejamento de produtos) para obter novos projetos. "Valorizamos a experimentação", afirmou Nolan sobre o FirstBuild. "Não temos um plano, o que parece algo estranho para a GE." Estranho mesmo. No entanto, ao pivotar em direção ao novo, isso geralmente é necessário para afastar as disruptivas que podem experimentar quando quiserem e escalar com facilidade.

Com a Store Nº 8, o Walmart alterou radicalmente o equilíbrio em sua alocação de recursos de inovação, apostando alto no novo, ao mesmo tempo em que aprimorava sua capacidade de reagir a disrupções no antigo e no atual. Com o FirstBuild, a GEA adotou uma abordagem extremamente aberta, tanto para compensar o tempo perdido quanto para se forçar a desenvolver a capacidade de ser a primeira a comercializar quando uma inovação se revela escalável.

Como esses exemplos sugerem, o pivot sábio invariavelmente muda as características da alta gestão, exigindo que os executivos de alto escalão aprendam habilidades de startup indispensáveis que podem direcionar a inovação sem restringi-la. Ironicamente, os executivos seniores podem precisar de mais disciplina para desencadear um caos controlado.

Como descobrimos em nosso próprio pivot, uma maneira de alcançar o sutil equilíbrio entre muito e pouco controle é ser bastante claro sobre as métricas. Nós as mantemos alinhadas com nossa estratégia de forma simples e absoluta, alterando-as rapidamente quando as prioridades mudam. Métricas eficazes, compreendidas e apoiadas pelos vários níveis de liderança nos proporcionam o nível de assertividade necessário para realizar a estratégia, mas também a flexibilidade que nossos líderes de inovação precisam para atingir seus objetivos.

A ALAVANCA DE AMBIÇÃO: QUANTO DA LACUNA DE VALOR RETIDO OS INOVADORES DEVEM FECHAR?

O pivot do Walmart em direção ao novo enfatiza a terceira alavanca que deve ser considerada na elaboração e no gerenciamento de seu portfólio de inovação. Enquanto as duas primeiras alavancas determinam onde a inovação ocorre e quanta autonomia os desenvolvedores recebem, a última define quanto da lacuna de valor retido seus esforços devem pretender fechar: sua alavanca de ambição.

De fato, a alavanca de ambição determina como alocar recursos nos três estágios do ciclo de vida. Quanto de sua inovação deve ser incremental e quanto deve ser disruptiva? Como você alocará recursos em cada estágio, com base no seu nível de ambição? As respostas a essas perguntas, que podem variar de acordo com cada estágio do ciclo de vida, exigem uma análise sensata do valor retido nos quatro níveis: sua empresa, seu setor, seus consumidores e a sociedade em geral.

Se seu setor ainda é relativamente estável, você pode descobrir que, em cada negócio, seu portfólio está mais focado em melhorias incrementais de produtos, serviços e modelos operacionais existentes que acarretam novas tecnologias do que em investimentos diretamente voltados a disruptivos futuros. Por outro lado, se a disrupção é iminente, você pode ter poucas chances de sobreviver sem um pensamento ousado — novas parcerias, investimentos de risco e experimentos reais com as tecnologias que novas participantes e concorrentes já implementaram e as quais seus consumidores estão adotando com entusiasmo.

Em ambos os casos, não é suficiente simplesmente despender todos os seus esforços e esperar pelo melhor. Ao fazer isso, não existirá alternativa quando a tecnologia não evoluir conforme o esperado ou, mais provavelmente, a aceitação e a adoção do cliente se revelarem difíceis de prever. Além disso, cometer qualquer um dos sete erros pode levá-lo a um beco sem saída — o que aconteceu com muitas startups que começaram de forma notável, mas acabaram desaparecendo de repente.

Assim como é o caso de todos os aspectos do pivot sábio, não existe uma melhor configuração para a alavanca de ambição. A maneira de alocar recursos de inovação para atingir a lacuna de valor retido dependerá de muitos fatores e, como nos outros elementos de um pivot equilibrado, mudará ao longo do tempo à medida que as condições de mercado se alteram.

Por exemplo, como constatamos há pouco, o Walmart tinha um longo histórico de inovação no varejo — a fonte de sua formidável vantagem competitiva em relação às concorrentes estabelecidas, grandes e pequenas. Porém, por muito tempo, a estratégia do Walmart se concentrou no antigo e no atual. A título ilustrativo, a empresa melhorou a eficiência de sua cadeia de suprimentos física, estabelecendo conexões digitais consistentes com fornecedores e usando tecnologias nos pontos de venda, como leitores de código de barras e etiquetas RFID (identificação por radiofrequência) para otimizar estoques, precificação e promoções.

Essa abordagem, reproduzida por muitas das concorrentes tradicionais da empresa, pode, em algum momento, ter sido suficiente. Afinal, o advento do e-commerce no fim dos anos 1990 caracterizava uma ameaça ínfima ao modelo de negócios do Walmart ou ao seu portfólio de inovação. Em 2018, as vendas de e-commerce representavam menos de 10% do total de varejo, longe de constituir uma disrupção big bang. Ademais, milhões de consumidores em economias desenvolvidas ainda não tinham realizado uma única compra online.

O que o Walmart percebeu, talvez com certo atraso, foi que a empresa vivenciava uma disrupção compressiva. O crescimento da receita disfarçava o declínio dos lucros, conforme as varejistas online selecionavam as categorias de produtos mais atraentes para a venda virtual e uma nova geração de varejistas, concentrada em custos, reduziam os preços em geral. O verdadeiro desafio foi ainda mais mascarado pela saída das varejistas vulneráveis, o que sustentou, ainda que temporariamente, a participação de mercado e a receita das sobreviventes. A vitória era apenas ilusória.

As ousadas aquisições da Jet.com e da FlipKart realizadas pela empresa, com a inauguração da incubadora Store Nº 8, representam um movimento significativo da alavanca de ambição em direção ao fechamento da lacuna de valor retido. Agora, o Walmart está apostando bilhões de dólares não apenas para aumentar sua força nos mercados tradicionais, mas também nas tecnologias emergentes de varejo digital.

No entanto, assim como acontece com todos os pivots, avançar longe ou rápido demais, em qualquer que seja a direção, pode agravar uma difícil situação competitiva. Considere, por um lado, a Tesla, que conquistou compradores de carros sofisticados, ansiosos por um veículo elétrico mais ambientalmente consciente que não prejudicasse o design ou o desempenho. A empresa realizou um número impressionante de pré-vendas do seu primeiro modelo popular, o Model 3. Porém, quando chegou o momento de fabricá-lo, a Tesla descobriu que havia sido ousada demais em seu esforço extremo para diminuir a lacuna de valor retido relacionada não apenas à tecnologia de baterias e motores, mas também à robótica, cabos de alta tensão, visores, fusíveis, entre outros componentes.

Pelo menos até o momento, a estratégia não se revelou escalável. A Tesla vivenciou o que seu próprio CEO, Elon Musk, reconheceu como um "inferno da produção", que acarretou um volume muito abaixo das entregas prometidas ou das expectativas de mercado. Nos primeiros meses de plena produção do Model 3, a empresa finalizou apenas 260 veículos, e não os 1.500 que havia planejado.

Por outro lado, considere as grandes empresas petroquímicas, que, nas décadas de 1990 e 2000, terceirizaram grande parte de sua pesquisa e desenvolvimento para prestadores de serviços da área como uma medida de redução de custos. A consequente falta de visibilidade das novas tecnologias de exploração e produção fez com que a maioria delas perdesse a revolução do gás de xisto na América do Norte, exigindo que comprassem ativos a preços altos apenas para se recuperarem.

Ademais, a urgência cada vez maior para reduzir emissões de carbono — valor retido no nível da sociedade — implica a possibilidade de que as petrolíferas tenham bilhões de barris em suas reservas que nunca serão produzidos. Em resposta, muitas produtoras redirecionaram recursos de inovação para sua atividade principal, com

O PIVOT DE INOVAÇÃO

a expectativa de aumentar a eficiência. No entanto, apesar do fato de a dependência atual dos combustíveis ter uma data final cada vez mais evidente, poucas dessas empresas encontraram novas fontes de energia escaláveis nas quais podem investir.

Na Accenture, nossa abordagem para gerenciar o dilema de ambição tem sido a diversificação. Ao inovar de forma suficiente e regular, nunca precisamos depender do sucesso de um grande investimento em inovação para garantir o destino da empresa. Em outras palavras, não esperamos a fome excessiva para caçar novamente. Analogamente, nossa pesquisa mostra que empresas menos dependentes de grandes apostas conseguem pivotar de modo mais eficaz e consistente. Os líderes que dependem de êxitos rápidos e amplos, por sua vez, cometem mais erros, incluindo decisões precipitadas, que geralmente se refletem em aquisições mal escolhidas de larga escala. É necessário controlar o apetite.

Para estender um pouco mais a metáfora, caçar antes de sentir fome pode exigir a canibalização de produtos que ainda vendem no atual para que se possa ficar à frente das concorrentes no novo. Por exemplo, no brutalmente competitivo mercado de consoles de jogos eletrônicos, a fabricante pioneira Nintendo sempre lança seu produto de última geração antes que a desaceleração das vendas da geração anterior o exija.

A empresa antecipa, geralmente de forma adequada, que os usuários que estão atentos à lacuna crescente de valor retido, fomentada pela tecnologia computacional de melhoria rápida, em breve farão a transição, se não para um de seus produtos, para um disponibilizado por suas concorrentes. A Figura 6.2 ilustra o resultado: uma série de pivots disciplinados, ainda que bruscos, de um produto principal para outro — a maioria dos quais a Nintendo executou com considerável sucesso.

Observe como cada nova plataforma — seja o Wii em 2006, seja o Switch em 2017 — foi introduzida quando as vendas do produto da geração anterior, ainda que longe do fim, diminuíram nitidamente. De fato, é provável que a introdução do sistema de próxima geração tenha acelerado a retirada de seu antecessor — uma substituição geralmente necessária em mercados propensos à disrupção big bang.

Esse acréscimo de produtos que a Nintendo realiza para fechar a lacuna de valor retido antes da demanda de mercado é a essência do que torna muitas das empresas líderes em tecnologia tão interessantes e ao mesmo tempo arriscadas para investir. Por exemplo, a Netflix introduziu de forma notória o serviço de streaming quando seu negócio de DVD pelo correio ainda era lucrativo e quase não havia concorrentes. Similarmente, a Tencent criou a plataforma de mídia social WeChat quando seu serviço de mensagens instantâneas QQ ainda era popular. Em ambos os casos, o risco foi recompensado generosamente — em 2017, as receitas de streaming da Netflix ultrapassaram US$8 bilhões, cerca de quatro vezes a receita obtida no auge do seu negócio de DVD; e o WeChat conta com mais de 1 bilhão de usuários ativos.

Adotamos uma filosofia semelhante na Accenture. Adquirimos e desenvolvemos habilidades em marketing digital e criação de novas experiências do cliente para nossos negócios interativos e digitais, embora nossa prática de integração e implementação de sistemas de TI ainda apresentasse bom desempenho. A aquisição da Fjord, da Karmarama e de muitas outras empresas contribuiu para que nos tornássemos a maior prestadora de serviços de marketing digital do mundo, com receita de US$6,5 bilhões em 2017 e 35% de crescimento ano a ano.

Figura 6.2   Evolução da Disrupção Big Bang na Nintendo

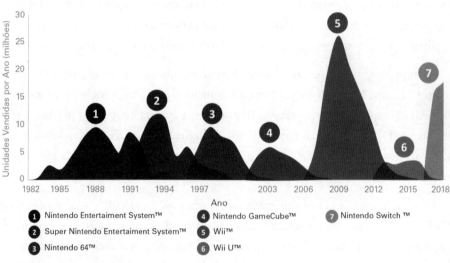

Assim como a Nintendo e a Netflix, também reconhecemos a necessidade ocasional de pivotar, mesmo quando isso pode acarretar a canibalização de negócios maduros e a aceleração de seu declínio. Um bom exemplo é a nossa estratégia "Cloud First". Em 2014, decidimos migrar todos os nossos sistemas de TI para a nuvem e desenvolver rapidamente as habilidades e a escala para ajudar nossos clientes a fazer o mesmo. Com base em nossa pesquisa, sabíamos que uma revolução na arquitetura de computação estava em andamento, afinal, as vantagens operacionais e econômicas superiores da computação em nuvem são simplesmente irrecusáveis.

A partir do compromisso com o investimento substancial que fizemos em nossa própria migração, estabelecemos parcerias com as principais empresas de plataforma em nuvem e com fornecedores de aplicativos de "software como serviço". Também adquirimos várias empresas, como a Cloud Sherpas, que eram líderes em consultoria para integração com a nuvem [cloud advisory] e serviços tecnológicos.

Em 2015, estávamos prontos para lançar o Cloud First, com o compromisso de treinar milhares de nossos funcionários na tecnologia em nuvem, incluindo 500 desenvolvedores do Accenture AWS Business Group — especialistas certificados na plataforma em nuvem da Amazon. Realizamos esse pivot mesmo sabendo que o êxito da computação em nuvem colocaria em risco algumas de nossas atividades tradicionais de desenvolvimento de sistemas, uma fonte significativa de nossa receita na época. Porém, essa aposta foi recompensada generosamente, pois agora somos a principal fornecedora global de migração em nuvem e serviços de consultoria.

Nosso pivot antecipado também nos ajudou a desenvolver relações significativas em todo o ecossistema. Por exemplo, a Accenture é a principal parceira de empresas como SAP, Oracle, Microsoft, Salesforce, Workday, Amazon Web Services, Google e muitas outras que possibilitaram o sucesso da revolução da nuvem em um ritmo impressionante. Ainda assim, esse tipo de investimento moonshot no topo da lacuna de valor retido acarreta riscos substanciais, inevitáveis em mercados extremamente competitivos e impulsionados por tecnologia como o nosso, bem como em outros, incluindo eletrônicos; alimentos e bebidas; moda etc. Os retornos podem ser espetaculares ou inexistentes, mas raramente ficam no meio-termo.

Direcionar demasiadamente seu portfólio de inovação para o topo da lacuna geralmente implica desviar a atenção da gestão e retirar o financiamento de outros investimentos menos significativos. Para cobrir parte desse risco, tradicionalmente, muitos setores recorreram a joint ventures e consórcios a fim de distribuir os custos e os benefícios de grande inovação — uma caçada em grupo.

Em todos os pontos da curva S do novo, cada vez mais, a inovação provém de empresas que colaboram, compartilhando o risco e as recompensas. Esse tem sido o modelo adotado na fabricação de produtos tão distintos quanto filmes hollywoodianos de grande sucesso, perfuração de campos de petróleo e seguros para projetos de infraestrutura em larga escala.

Na era da disrupção impulsionada por tecnologia, essa é uma abordagem adotada de maneira mais abrangente. Considere o desenvolvimento de veículos elétricos autônomos, uma revolução no setor automotivo que, em apenas alguns anos, mudou de "se" para "quando". A tecnologia para carros autônomos seguros e acessíveis está prestes a se tornar um bom custo-benefício para consumidores convencionais. No entanto, o próximo avanço será estabelecer padrões de comunicação entre veículos e integração de carros e caminhões autônomos com estradas, semáforos e outros componentes da infraestrutura de transporte. Devido aos custos e à coordenação, nenhuma empresa consegue desenvolver ou implementar esse tipo de inovação por conta própria, o que torna as parcerias imprescindíveis.

A Daimler AG, uma das antigas gigantes de tecnologia do setor, compreende esse imperativo. A empresa está determinada a desempenhar um papel de destaque na definição do futuro de muitas das principais tecnologias que impulsionam o novo no setor de transporte, incluindo conectividade, condução autônoma, compartilhamento de ativos entre consumidores e sistemas de acionamento elétrico. Além de seus próprios investimentos, a Daimler também lidera o desenvolvimento de um ecossistema abrangente para impulsionar a inovação autônoma. Por exemplo, para acelerar a criação de um mercado de massa para veículos elétricos de longa distância, ela investiu na IONITY, uma joint venture com outras montadoras que foca a implementação de uma infraestrutura de recarga acessível para veículos elétricos.

Em colaboração com a antiga fornecedora de componentes Bosch, a Daimler também está testando táxis autônomos. Ela fornecerá os veículos e a Bosch os equipará com sensores, atuadores e unidades de controle. Além disso, em 2017, a Daimler firmou um acordo para desenvolver carros autônomos para a líder de transporte por aplicativo Uber.

Como esse exemplo sugere, ajustar habilmente a alavanca de ambição requer o desenvolvimento do tipo de força organizacional indispensável para a colaboração com uma variedade muito maior de parceiros do que se pode estar habituado. As liberadoras de valor do nosso estudo trabalham regularmente em um ecossistema de partes interessadas, experimentando as mesmas novas tecnologias com objetivos complementares, ainda que às vezes distintos.

Uma terceira maneira de gerenciar o equilíbrio entre inovação incremental e disruptiva é aproveitar seus produtos de maior sucesso no antigo e no atual para alavancá-los no novo, de preferência em outro setor, no qual as empresas estabelecidas podem estar relativamente desprevenidas.

O PIVOT DE INOVAÇÃO

Retomando nossa metáfora de caçada — a história mostra que, do estilingue à espingarda, a tecnologia adequada pode tornar os pequenos caçadores extremamente perigosos até mesmo para grandes animais. A Amazon, por exemplo, concentrou seus esforços inicias de e-commerce nas livrarias estabelecidas que, devido à ampla descentralização, eram menos capazes de reagir com suas próprias inovações tecnológicas. Similarmente, a Haier, como já mencionado, também cresceu em grande parte por conta da aquisição de concorrentes mais vulneráveis que há muito tempo se sentiam confortáveis por adiar a derrota com vantagens locais, as quais se revelaram facilmente superáveis pela tecnologia adequada.

Executar uma grande matança exige uma vantagem tecnológica de impulsionamento e a coragem de entrar em território desconhecido na expectativa de conquistar novos clientes. Considere a fabricante de chips NVIDIA, que conseguiu pivotar inúmeras vezes em torno do eixo de sua unidade de processamento gráfico (GPU, na sigla em inglês), a série GeForce, lançada pela primeira vez em 1999.

A GeForce foi inicialmente comercializada como um chip avançado para processamento de imagens em videogames, setor em que se tornou líder. Porém, a NVIDIA enxergou além desse sucesso, reconhecendo que a velocidade de processamento do chip o tornava valioso para outras aplicações. Por exemplo, em 2006, a empresa aproveitou sua expertise em GPU para desenvolver uma arquitetura de computação paralela que possibilitava aos cientistas executar modelos extremamente complexos em milhares de GPUs de forma simultânea.

Desde então, a NVIDIA tem desenvolvido soluções para setores específicos, incluindo veículos autônomos e data centers, com chips que podem processar rapidamente grandes quantidades de dados. Com essa vantagem inicial, as GPUs de processamento paralelo da NVIDIA tornaram-se o chip escolhido para aplicativos emergentes de inteligência artificial, superando concorrentes de grande porte como a Intel, que permaneciam focados em produtos de processamento em série.

Um dos alicerces do sucesso da NVIDIA é o seu compromisso em adaptar a tecnologia GPU para futuras aplicações. Entre 2012 e 2016, somente seus investimentos em pesquisa e desenvolvimento de IA aumentaram quase 10% ao ano, atingindo US$1,3 bilhão, ou cerca de 30% da receita total da empresa. Essa é uma taxa de investimento muito maior do que a de suas semelhantes, o que evidencia o impacto que estratégias bem diferenciadas podem ter na alavanca de ambição. Outras fabricantes de semicondutores reduziram drasticamente os investimentos em P&D, na expectativa de proteger a receita no novo.

A NVIDIA também tem estimulado um ecossistema dinâmico de GPU, treinando desenvolvedores, financiando startups e estabelecendo parcerias para criar ainda mais soluções que incorporam produtos de GPU. Essa estratégia inclusiva transforma os consumidores em apoiadores, tornando-os a melhor força de vendas gratuita.

Embora Jensen Huang, CEO da NVIDIA, tenha admitido à revista Fortune que não seria possível prever como os carros autônomos evoluiriam ou quando a IA se tornaria dominante, ele sempre manteve a confiança na superioridade da computação gráfica para essas aplicações. Huang investe perto do limite da lacuna de valor retido e está determinado a capitalizar as oportunidades suscitadas por grandes mudanças nas necessidades dos clientes atuais e futuros, sempre que for o caso. "Eu falo sobre o mesmo assunto há 15 anos. Quase nem precisei mudar meus slides", brincou Huang.

>

Como evidenciado pelos pivots da NVIDIA, o desempenho sustentável diante da disrupção constante é tanto uma questão de dinheiro quanto de inovação. Não importa como você decida ajustar as alavancas do seu pivot de inovação, a execução bem-sucedida exigirá uma gestão de capital igualmente criteriosa. O dinheiro é o principal combustível que mantém a aceleração da inovação nos três estágios do ciclo de vida.

No próximo capítulo, analisaremos como os pivots de maior sucesso conseguem não apenas manter o acelerador pressionado, mas também aproveitar os recursos financeiros para otimizar as mudanças de um núcleo para o outro.

Capítulo 7

O PIVOT DE FINANÇAS

Ativos Fixos, Capital de Giro e Capital Humano

REALIZAR O PIVOT DE INOVAÇÃO causará um profundo impacto nas finanças da sua empresa, especialmente nos recursos de capital material e imaterial mais importantes: ativos fixos, capital de giro e capital humano. Por isso, abordaremos neste capítulo o pivot de finanças.

Determinar se sua estratégia exige grandes ou pequenas mudanças na gestão de ativos depende do tamanho e da forma da lacuna de valor retido enfrentada. Mesmo dentro de um ecossistema integrado, a expertise, a cultura e a missão específicas de determinado player podem sugerir ajustes distintos para essas alavancas em diferentes momentos.

No entanto, há um aspecto evidente: nenhuma empresa pode executar com êxito o pivot sábio sem realizar um investimento financeiro substancial no novo. Assim como no pivot de inovação, o delineamento específico desse investimento depende do tipo de disrupção que o setor enfrenta. Porém, em termos gerais, quanto maior a diferença de valor retido e mais rápido seu crescimento, maior é a necessidade de ajustar as alavancas do seu pivot de finanças — talvez no sentido contrário de suas concorrentes.

Aliás, essa é a moral da história da Uniqlo, gigante japonesa de roupas casuais, que usou a tecnologia digital para pivotar de uma empresa que vendia o que produzia para uma que produzia apenas o que conseguia vender.

DE "FEITO PARA TODOS" A "FEITO PARA VOCÊ"

A história da Uniqlo teve início em 1972, quando Tadashi Yanai, de 23 anos, foi trabalhar na rede de alfaiatarias de seu pai no Japão. Doze anos depois, ele assumiu a empresa e logo inaugurou um novo tipo de loja, a Unique Clothing Warehouse, criando, assim, a Uniqlo.

Yanai se tornou a pessoa mais rica do Japão ao transformar a empresa de seu pai, agora conhecida como Fast Retailing, em uma alternativa formidável ao mercado global de varejo fast fashion de grande sucesso, dominado por marcas como Zara e H&M. (No fast fashion, as varejistas consideram as novidades de passarela e as convertem rapidamente em produtos relativamente baratos e prontos para uso, acelerando a sazonalidade da moda nas tendências diárias.)

Como ele fez isso? Inspirado por suas viagens à Europa e aos Estados Unidos, onde pesquisou grandes redes de vestuário casual como Benetton e Gap, Yanai percebeu um potencial ilimitado no mercado de roupas casuais pouco desenvolvido no Japão e na Ásia. Ele rapidamente mudou o negócio da família de ternos para roupas menos formais, comprando artigos de moda por atacado a preço baixo.

Então, na década de 1990, baseando-se na estratégia das redes ocidentais, Yanai optou por integrar verticalmente sua cadeia de suprimentos, assumindo o controle de todo o processo, desde o design até a fabricação e o varejo. Em 1998, quando os compradores começaram a considerar a Uniqlo uma varejista de descontos que vendia peças baratas para moradores dos subúrbios, Yanai inaugurou uma loja de três andares no badalado bairro de Harajuku, no centro de Tóquio. Foi uma iniciativa dispendiosa, mas os consumidores logo começaram a associar a Uniqlo a roupas modernas, acessíveis e de alta qualidade.

A combinação de varejo no estilo ocidental, integração vertical e branding de excelência funcionou. Em 1998, Yanai inaugurou com sucesso mais de 300 lojas da Uniqlo em todo o Japão e começou a expandir para a China e Taiwan. Com a expansão contínua, desde 2002, a Uniqlo proporcionou aos acionistas um retorno de quase 1.000%, aumentando sua capitalização de mercado em US$39 bilhões.

A Uniqlo é a varejista de vestuário dominante no Japão, com o triplo do tamanho de sua concorrente mais próxima. Seu crescimento no exterior do país também tem sido impressionante. Desde a abertura de sua primeira loja em Xangai em 2002, a empresa inaugurou um número superior a 2 mil lojas, sendo mais da metade delas em locais internacionais. Embora o varejo tradicional em geral pareça estar em declínio, como observamos no Capítulo 1, a Uniqlo se revela a exceção à regra.

No entanto, a maior mudança ainda está por vir. Em 2017, a empresa anunciou planos de aumentar a receita anual para US$26 bilhões até 2021, um aumento de quase 70%. Se Yanai conseguir, a Uniqlo se tornará a maior varejista de roupas do mundo. Para ter êxito, a empresa precisará executar um pivot bem-sucedido fora da Ásia e, em particular, realizar uma grande expansão para os EUA. Não será uma tarefa fácil. O vestuário casual já é um mercado saturado, com crescimento em vendas de apenas 1% ao ano. Marcas conceituadas como Abercrombie & Fitch, BCBG, Eddie Bauer, Guess, J. Crew e True Religion estão fechando algumas lojas ou encerrando as atividades definitivamente, já que as varejistas online conquistam uma fatia maior.

Uma tentativa anterior da Uniqlo de se inserir no mercado dos EUA teve um resultado insatisfatório, agravado pelo declínio dos shoppings onde a empresa tinha lojas. Assim, reproduzindo o que fez em Tóquio, a nova estratégia da Uniqlo é elevar sua imagem de marca com a inauguração de lojas em locais caros e sofisticados em Nova York, Boston e Washington, D.C. O e-commerce também será o foco da expansão norte-americana da Uniqlo, mas a empresa deseja que os clientes continuem comprando nas lojas físicas, com cerca de metade delas sendo completamente reformadas. Há muito tempo, Yanai promove uma estratégia "clique e retire", na qual os consumidores compram roupas online e as retiram nas lojas. A Uniqlo acredita que esse modelo híbrido, de fato, aumenta as vendas em lojas físicas, pois, ao irem à loja para retirar pedidos, as pessoas acabam comprando outros itens que combinam com suas compras online.

Além da inovação no varejo, a empresa também aproveita as mais recentes tecnologias para melhorar sua cadeia de suprimentos integrada. Em 2016, a empresa-mãe da Uniqlo inaugurou o Jeans Innovation Center, um centro ecológico em Los Angeles incumbido de criar "o jeans perfeito", com o objetivo de reduzir o tempo do design à fabricação — de três a seis meses para apenas um ou dois —, usando tecnologias mais sustentáveis. Posteriormente, Yanai pretende reduzir o tempo desse processo para duas semanas. A Uniqlo tem convicção de que a velocidade em abastecer suas lojas com os mais recentes produtos jeans possibilitará o alcance de seus objetivos mais ambiciosos.

No entanto, aumentar a velocidade de fabricação, mesmo que consideravelmente, é apenas metade do caminho. A empresa também terá que melhorar de forma significativa sua capacidade de gerenciamento de estoque, o que exige um importante ajuste. Enquanto empresas fast fashion, incluindo a Zara, cresceram ao reagir depressa às tendências de mudança rápida da moda, a Uniqlo adotou a abordagem inversa, planejando a fabricação com um ano de antecedência. Diferentemente das concorrentes que vendem uma grande variedade de moda inspirada na passarela mundial, a Uniqlo produz apenas algumas peças viáveis de estilo urbano casual.

Isso significa que o processo de design inicial até a disponibilização das roupas nas lojas pode demorar de 6 a 12 meses. No entanto, nesse meio-tempo, as preferências podem mudar, resultando em vendas perdidas e excesso de estoque. Para minimizar esses riscos, a empresa está implementando etiquetas RFID em todos os seus produtos, o que possibilita a obtenção de dados em tempo real sobre a movimentação de mercadorias que, desse modo, pode ser analisada de forma imediata. Com o novo sistema, a Uniqlo consegue fazer estimativas precisas das vendas em cada loja de varejo diariamente e, assim, planejar e fabricar produtos com mais eficiência. O próximo passo será automatizar ainda mais o processo de produção, usando a tecnologia IoT para coletar e compartilhar dados em toda a cadeia de suprimentos, da fabricação ao varejo.

Em 2015, a fim de alcançar esses objetivos, a Uniqlo firmou uma parceria com a Accenture para desenvolver sua plataforma baseada em nuvem que otimiza a cadeia de suprimentos e melhora o atendimento ao cliente. Ao longo dos três anos seguintes, a Uniqlo se tornou uma empresa digital first, fornecendo experiências seguras e personalizadas ao consumidor. Como resultado, as vendas aumentaram tanto online quanto nas lojas físicas.

A digitalização também ajuda a Uniqlo a alcançar hiper-relevância, por exemplo, ao oferecer aos clientes itens personalizáveis e entrega no mesmo dia. Um novo complexo industrial em Tóquio sustenta essa estratégia, compartilhando dados e conectando mil funcionários de quatro divisões — planejamento, marketing, fabricação e logística — por meio de uma plataforma digital única. O sistema integrado facilita decisões mais rápidas e uma cadeia de suprimentos mais eficiente. Com a ajuda da Accenture, a Uniqlo trabalha para coletar e analisar ainda mais dados de clientes no nível da loja e transmiti-los à fábrica por meio da cadeia de suprimentos.

Como parte de seu pivot, a Uniqlo investe aproximadamente US$1 bilhão em novos armazéns e sistemas de distribuição. Yanai acredita que esses investimentos se recompensarão com a redução dos custos de armazenamento, diminuição do excesso de estoque e entrega mais rápida de produtos em todo o mundo. Embora a integração de planejamento, fabricação e vendas seja dispendiosa, o uso de tecnologia digital nesse processo é essencial para que a Uniqlo consiga mudar seu modelo de negócios, indo de "feito para todos" a "feito para você", nas palavras de Yanai.

A estratégia de capital humano da Uniqlo também está sendo impulsionada como parte da expansão de varejo. A empresa pratica o conceito japonês de *kaizen*, que, grosso modo, significa a busca contínua pela perfeição. Embora suas concorrentes às vezes tratem os funcionários como facilmente substituíveis, a Uniqlo os considera ativos valiosos, incentivando-os a sugerir ideias para melhorar a produtividade. Como parte da filosofia *kaizen*, a empresa estabelece, registra e analisa todas as atividades dos colaboradores, desde a forma como as roupas são dobradas até o modo de devolução dos cartões aos clientes (estilo japonês, com as duas mãos e contato visual). Todos os clientes são recebidos com "Bem-vindo à Uniqlo!" e os funcionários são ensinados a interagir com eles usando seis frases padrão, incluindo: "Você encontrou tudo o que procurava?"

O treinamento é uma prioridade. Os novos funcionários fazem o programa básico da Uniqlo University três vezes em seu primeiro trimestre de trabalho, com educação continuada à medida que são promovidos para cargos de gerenciamento e supervisão. Os estagiários trabalham em estreita colaboração com funcionários experientes, em parte para verificar se seus objetivos pessoais estão alinhados com os da empresa. Os estagiários realizam tarefas autênticas, o que facilita a transição para a contratação efetiva.

O PIVOT DE FINANÇAS

A Uniqlo utilizou suas competências únicas para identificar e liberar valor retido, transformando locais de varejo, que outras varejistas consideram passivos, em ativos estratégicos nos quais os consumidores conseguem encontrar as soluções de moda que desejam, pelo melhor preço possível. A empresa incorpora muitas das sete estratégias vencedoras, incluindo impulso por tecnologia, hiper-relevância, orientação por dados, riqueza de talentos e ativo inteligente.

A constante expansão global da Uniqlo também enfatiza o fato de que a sabedoria convencional sobre como reagir à disrupção pode ser prejudicial aos esforços para encontrar e liberar valor retido. No varejo, especialistas em gestão sugerem aos

CEOs que se livrem de lojas, estoques e, se possível, funcionários, a fim de competir com as concorrentes do e-commerce. Afinal, a Amazon não depende de nenhum desses aspectos, então a teoria é que as empresas estabelecidas também não precisem deles. Porém, o que funciona para uma concorrente não se aplica a todas. O pivot da Uniqlo demonstra que o investimento contínuo em infraestrutura de varejo, apoiado por sistemas de informação aprimorados e novas tecnologias, pode tornar os ativos existentes mais valiosos, e não menos. O investimento de capital no antigo, se aplicado com criatividade e determinação, pode ser um diferencial e uma fonte abundante de vantagem competitiva.

A Uniqlo continuou a fazer investimentos ousados em ativos fixos, incluindo lojas, hubs de inovação e centros de treinamento. Em vez de abandonar suas lojas de varejo, a empresa está reformulando-as para comportar a tecnologia digital e os clientes digital first. Imóveis são caros, mas Tadashi Yanai, CEO da Fast Retailing, acredita que o custo será neutralizado pela venda multicanal do clique e retire. As fábricas automatizadas também são um grande investimento, mas se compensam com custos mais baixos de estoque e produtos mais personalizados para os consumidores.

Além disso, a empresa rejeita a sabedoria convencional de que o estoque de moda deve ser fabricado em quantidade e estar pronto para uso, mesmo que isso acarrete o excesso de produção. Pelo contrário, a Uniqlo acredita que mais vendas podem ser geradas por roupas personalizáveis que os usuários recebem diretamente da empresa no mesmo dia. Evidentemente, para alcançar esse objetivo, é necessário um investimento tecnológico significativo no atual, incluindo automação, análise e IA.

Por fim, os pivots da Uniqlo em ativos fixos e estoque são apoiados por treinamento e promoção de colaboradores como parte de seu comprometimento com a filosofia *kaizen*. O resultado é uma força de trabalho dedicada que diferencia a Uniqlo das outras varejistas de roupas.

Como a história da Uniqlo sugere, o pivot de finanças é concebido em torno de novas estratégias para gerenciar três principais ativos de capital: ativos fixos (incluindo infraestrutura), capital de giro e capital humano. É provável que sua abordagem de gerenciamento para cada um deles já seja desafiada pela disrupção big bang ou compressiva. Em muitos setores, pelo menos um aspecto da infraestrutura física se tornou repentinamente dispendioso em comparação a serviços virtualizados de baixo custo, impulsionados pela computação em nuvem, redes móveis de alta velocidade e outras tecnologias rentáveis que são cada vez mais rápidas, baratas e confiáveis.

O PIVOT DE FINANÇAS

A disseminação dessas tecnologias também provoca mudanças rápidas nas expectativas do consumidor — por exemplo, receber produtos em vez de ir à loja — que podem desvalorizar abruptamente os ativos fixos, tais como lojas de varejo e redes de distribuição otimizadas para supri-las. O capital de giro, que já é um fator essencial para a lucratividade, também adquire uma função muito mais estratégica ao passo que novas tecnologias superam os obstáculos de tempo e insight competitivo. Por exemplo, análises avançadas beneficiam algumas concorrentes com o conhecimento antecipado de demanda— às vezes antes mesmo que os consumidores saibam exatamente o que desejam —, possibilitando redução do risco de estoque não vendido ou perda de vendas ocasionada pela indisponibilidade de produtos.

Ademais, é preciso reconsiderar o desenvolvimento de capital humano. Os requisitos de trabalho que antes eram bem definidos e fáceis de cumprir estão sofrendo disrupção, pois as novas tecnologias reduzem inesperadamente a vida útil de muitas competências empresariais. Em muitos setores, mesmo com o crescimento rápido da demanda por novas habilidades, corremos o risco da obsolescência de uma geração de colaboradores, o que suscita vagas não preenchidas.

A Accenture é uma empresa que depende da experiência profissional como sua principal fonte de receita e diferenciação e, por isso, sempre fomos obcecados por educação continuada. No entanto, esse aspecto está se tornando primordial para cada vez mais empresas de diferentes setores, incluindo manufatura, serviços públicos e recursos naturais.

Como ajustar seus esforços e alocações de ativos de capital como parte do pivot sábio? Neste capítulo, abordaremos as três alavancas do pivot de finanças: ativos fixos, capital de giro e capital humano.

- **ATIVOS FIXOS**. Eliminar ativos fixos reduz os custos contínuos, minimiza o risco de obsolescência e proporciona maior agilidade para alterar rapidamente as ofertas comerciais e os modelos operacionais sempre que as novas tecnologias tornam essa opção tão atrativa. Ao mesmo tempo, adotar o modelo "como serviço", no qual a capacidade de produção, distribuição, varejo e tecnologia é adquirida conforme a necessidade alheia, pode enfraquecer sua singularidade como empresa e prejudicar a capacidade de desenvolver suas próprias inovações.

- **CAPITAL DE GIRO**. Reduzir os custos de gerenciamento de estoque minimiza os riscos de acumular encargos de armazenamento ou de ser obrigado a oferecer liquidações devido à produção excessiva e rápida, melhorando, assim, a lucratividade em geral. Porém, o estoque limitado diminui as economias de escala quando é preciso comprar materiais de fornecedores, por exemplo. Essa decisão também pode prejudicar a marca se a demanda for subestimada, impossibilitando que o consumidor adquira o item desejado no momento que julgar oportuno.

- **CAPITAL HUMANO**. Independentemente do setor, as habilidades dos colaboradores são um ativo indispensável: o diferencial definitivo e mais difícil de conseguir quando necessário. No entanto, a disrupção causada por uma crescente lacuna de valor retido está eliminando rapidamente a vantagem de se ter funcionários em período integral. Ao mesmo tempo, apesar da escassez de funcionários qualificados, as novas habilidades em tecnologias recentes são imprescindíveis. No âmbito do pivot sábio, como é possível equilibrar o aperfeiçoamento de habilidades com a contratação da expertise em meio período?

A ALAVANCA DE ATIVOS FIXOS: QUANDO A INFRAESTRUTURA DEIXA DE SER UM ATIVO E SE TORNA UM PASSIVO?

Tradicionalmente, empresas de setores com grande intensidade de capital (como indústria pesada, serviços públicos, recursos naturais, varejo, turismo e serviços financeiros) alcançaram e mantiveram vantagem competitiva na qualidade de seus ativos fixos, incluindo propriedade, infraestrutura e fábricas. A certa altura, a infraestrutura, e o custo para reproduzi-la, instituía um grande obstáculo para as novas concorrentes.

Embora esses ativos sejam necessários e constituam uma fonte de diferencial, eles exigem manutenção e modernização contínuas para que permaneçam relevantes. Quando a demanda diminui, o que inevitavelmente acontece nos chamados setores cíclicos, como o de companhias aéreas e empresas de produtos químicos, o investimento excessivo em infraestrutura nova ou ampliada pode ser catastrófico.

No setor de notícias e entretenimento, as prensas móveis não eram apenas um custo essencial, mas também suficientemente alto para atuar como um obstáculo que desestimulava as novas concorrentes. No entanto, com o advento da distribuição de conteúdo melhor e mais barata, esses ativos se tornaram cada vez mais passivos. Eles impedem que as empresas estabelecidas pivotem em direção ao novo e aproveitem a chance de um recomeço ainda mais valioso como fontes de informação confiáveis em um amplo debate global.

Considere também o destino da sul-coreana Hanjin Shipping Co., que naufragou na falência em 2016. O problema da empresa foi muitos navios para pouca carga. Suas dificuldades começaram uma década antes, quando muitas companhias de navegação substituíram rapidamente seus navios mais antigos por embarcações com baixo consumo devido ao aumento dos preços de combustível. Similarmente, construtoras navais, operadoras portuárias e empresas de contêineres se prepararam em resposta à crescente demanda da China por bens industriais e de consumo. Porém, quando a economia global oscilou, o crescimento da China desacelerou. Consequentemente, todo esse investimento em infraestrutura, em vez de estratégico, se revelou fatal.

Outro exemplo é a Sears, que também entrou com pedido de falência, pelo menos em parte devido ao ônus de seus ativos fixos outrora valiosos. Embora as lojas âncora nos shoppings proporcionassem às varejistas uma vantagem competitiva, a empresa confiou demasiadamente em suas lojas físicas para impulsionar as vendas sem complementar a experiência de compra com ferramentas inovadoras e atrativas.

No entanto, ajustar a alavanca para longe demais da propriedade também não é necessariamente a única solução. Como evidenciado pelo pivot da Uniqlo, no varejo as lojas físicas ainda podem ser ativos valiosos quando implementadas como parte de um portfólio equilibrado de inovação online e offline.

Em vez de reduzir sua presença física, a Apple também expandiu. As Apple Stores são os espaços de varejo mais lucrativos dos Estados Unidos, obtendo em média mais de US$55.500/m² em um número superior a 500 localidades globais. Do design minimalista das lojas à seleção limitada de produtos, a Apple se destaca entre os tradicionais espaços de varejo. No entanto, sua distinção mais importante é a experiência hiper-relevante que a empresa proporciona aos consumidores. Atribuições de baixo valor, como filas e pagamento, foram totalmente automatizadas, deixando os funcionários livres para se concentrarem completamente em cada cliente.

Outras empresas, principalmente as startups, podem obter sucesso de outra forma: usando a tecnologia digital para virtualizar as operações empresariais e eliminar a necessidade de propriedade de ativos tangíveis (e, em alguns casos, até sua existência) — a Airbnb não possui hotéis; a Uber não possui táxis. Na verdade, o que essas empresas possuem são plataformas de software, grandes bases de usuários e quantidades consideráveis de dados valiosos de transação. Isso possibilita que elas superem obstáculos de entrada outrora intransponíveis, transformando a propriedade cara de imóveis e frotas de veículos, respectivamente, em passivos para empresas estabelecidas de hospedagem e transporte.

Independentemente de como se ajusta a alavanca em relação aos ativos fixos, nossa própria experiência, bem como a dos clientes e das empresas que analisamos, nos ensinou que o segredo para um portfólio financeiro de sucesso é utilizar da melhor forma todos os ativos que você decidir controlar. Afinal, essa é uma das sete estratégias vencedoras: ser uma empresa de ativo inteligente. De certa forma, toda organização deveria adotá-la.

Para entender o que queremos dizer, considere a estratégia de ativo inteligente da operadora indiana de rede móvel Reliance Jio Infocomm, mais conhecida como Jio. A Índia agora é o segundo maior mercado de smartphones do mundo, com 1,2 bilhão de assinantes de telefonia móvel, sendo superada apenas pela China. Porém, em 2010, alguns podem ter analisado a concorrência acirrada entre a Bharti Airtel, unidade indiana do Vodafone Group, a Idea Cellular, do bilionário do setor de alumínio Kumar Mangalam Birla, e cerca de meia dúzia de outras operadoras e concluído que havia pouco espaço para crescimento. (Desde então, ocorreu a fusão da Vodafone India com a Idea Cellular.)

Mukesh Ambani, o homem mais rico da Índia, percebeu algo diferente nessa conjuntura: uma crescente lacuna de valor retido. A exclusão digital havia afetado grande parte da emergente classe média da Índia e seus cidadãos mais pobres. Na opinião de Ambani, essa exclusão não estava diminuindo o suficiente, então, ele decidiu eliminá-la, aplicando uma estratégia inclusiva que envolvia um grande investimento em ativos fixos. Embora outro empreendedor optasse por alugar os ativos móveis de outras provedoras, Ambani acreditava que a população distribuída da Índia e as mudanças demográficas exigiam uma rede dedicada, confiável e de alta velocidade que pudesse fornecer conectividade em qualquer lugar — recursos que as redes existentes não sustentavam. Assim, com as principais radiofrequências que adquiriu em 2010, ele inaugurou a Jio, a primeira rede móvel do mundo baseada inteiramente na tecnologia 4G LTE de última geração.

Com o dinheiro proveniente dos negócios petroquímicos da Reliance, a Jio investiu US$30 bilhões em compras desenfreadas de ativos, implementando mais de 100 mil torres de celular, instalando 250km de cabos de fibra óptica e construindo

O PIVOT DE FINANÇAS

46m² de data centers em nuvem. No fim de 2016, época do lançamento da Jio, os consumidores de dispositivos móveis pagavam até US$60 por gigabyte para dados transmitidos por uma tecnologia de rede mais lenta e antiga. A Jio cobrava menos de US$1 por gigabyte, disponibilizando seu serviço de graça pelos primeiros 7 meses. Atualmente, as tarifas da Jio representam um terço dos preços de suas concorrentes e a empresa disponibiliza limites de dados maiores.

Esse tipo de concorrência de preços só poderia funcionar com um rápido crescimento de novos assinantes, incluindo muitos que não tinham capacidade de adquirir serviços móveis anteriormente. Enquanto os preços baixos da Jio eram atrativos para os clientes de classe média, a adesão de indianos com menos dinheiro exigia uma solução para o alto custo dos próprios dispositivos 4G. Assim, Ambani lançou o JioPhone, um aparelho 4G básico que a empresa vendia por um depósito reembolsável de aproximadamente US$23.

O marketing foi intensificado. Outdoors com o logotipo Jio, apresentando estrelas de Bollywood e o slogan "Come on India", foram espalhados por todo o país. A mensagem da Jio era que a empresa consistia em mais do que apenas um negócio — era um esforço para "democratizar a cultura digital na Índia". O propósito de Ambani era causar disrupção no setor, conectando milhões de pessoas à internet pela primeira vez. Seu pivot visava diretamente o valor retido nas quatro dimensões: empresa, consumidor, setor e sociedade. Funcionou. Em dezembro de 2016, menos de 4 meses após seu lançamento, a Jio tinha 51 milhões de assinantes. No fim de 2018, esse número aumentou para 200 milhões, cerca de 20% do mercado.

As concorrentes da Jio não perceberam a urgência de se atualizarem para a tecnologia 4G LTE, indicada pelas taxas de adoção lenta em todo o país e por uma base de clientes não disposta a pagar um valor superior para ter velocidades maiores. Ambani, por outro lado, percebeu as grandes quantidades de valor retido — os indianos queriam dados rápidos e a mais recente tecnologia móvel, contanto que fosse acessível.

A Jio também investiu em conteúdo atrativo, elevando o uso da rede. Depois do críquete, a segunda maior paixão da Índia é Bollywood. Portanto, o JioCinema, um dos aplicativos da empresa, transmite filmes em alta definição. A rede também oferece um aplicativo de TV ao vivo, músicas, mensagens, pagamentos online e outros serviços essenciais. No fim de 2017, a Ericsson, fornecedora de equipamentos, declarou que a entrada da Jio no mercado indiano havia "aumentado notavelmente o tráfego global de [dados móveis]".

O êxito da Jio impressionou e desestruturou suas concorrentes. Desde o lançamento em 2016, empresas estabelecidas menores que não tinham a mesma vantagem de ativo inteligente da Jio encerraram suas atividades, entraram com pedido de falência ou foram vendidas. O restante se esforça para competir, com duas provedoras tendo optado pela fusão. Essas empresas lutam para reproduzir a estratégia da Jio, com a atualização tardia para o 4G LTE e a redução das tarifas de dados para permanecerem na concorrência.

A solução de Ambani foi construir uma infraestrutura móvel totalmente nova que replicasse o que as concorrentes já possuíam, o que é conhecido no setor de comunicações como "overbuilding". Ele apostou alto na crença de que o aparente mercado saturado, na verdade, ocultava uma considerável demanda não atendida, que poderia liberar valor retido para os consumidores ao combinar a mais nova tecnologia móvel com aplicativos inovadores a fim de gerar economias de escala significativas.

A execução do plano não aconteceu sem complicações. As datas iniciais de lançamento foram adiadas, pois a construção e as operações se revelaram mais difíceis do que o planejado. As frequências licenciadas da empresa estavam em três bandas diferentes, o que implicava a dificuldade e a demora da harmonização de rede. No entanto, os protocolos de 4G LTE utilizavam a banda larga de modo muito mais eficiente, suportando filmes em alta definição e comunicações de voz melhor do que os padrões mais antigos usados pelos concorrentes da Jio.

Ao mesmo tempo, a tecnologia 4G LTE era relativamente nova, sendo adotada pelos principais mercados globais apenas no fim de 2010. Sem dispositivos compatíveis, a Jio não poderia ser lançada até que seus fornecedores desenvolvessem novos dispositivos LTE, que surgiriam na Índia somente em meados de 2015. Portanto, a estratégia da Jio também exigia a produção em grande escala desses dispositivos e o menor custo possível. Além disso, uma rede que pudesse suportar grande capacidade de dados exigia quantidades consideráveis de cabos de fibra óptica instalados em todo o país. Torres de celular precisavam ser construídas. E a autorização regulamentar na Índia leva tempo, assim como a fixação de novas antenas e outros equipamentos às torres de celular existentes. (Cerca de um terço das torres da Jio são de propriedade da empresa; as restantes são compartilhadas.)

Havia também a questão da interconexão, um componente essencial que garante a comunicação entre redes. Nos meses que antecederam o lançamento, a Jio acusou as concorrentes de sabotar os testes iniciais realizados por funcionários da empresa e primeiros clientes. A empresa reclamou que outras provedoras de comunicação deixaram de oferecer pontos de interconexão suficientes de forma intencional, o que acarretou um alto número de queda de chamadas para usuários da Jio. Apesar desses obstáculos, a empresa tem sido rentável desde o fim de 2017, lucrando US$89 milhões entre março e julho de 2018. Se continuar oferecendo preços substancialmente mais baixos que as concorrentes, a Jio aumentará sua participação de mercado, ampliando as economias de escala nas quais a rede precisa ser lucrativa.

Até agora, o posicionamento contraintuitivo adotado pela Jio em sua alavanca de ativos fixos, segundo a Ericsson, inaugurou um novo período de expansão sustentada dos serviços móveis na Índia. A Ericsson prevê que, entre 2015 e 2021, o consumo de dados no país aumentará 15 vezes. Ao liberar valor retido nos níveis do consumidor e da sociedade, o pivot da Jio também melhorou a perspectiva para seus parceiros no ecossistema, que antes se esforçavam a fim de expandir suas ofertas para além de populações urbanas ricas.

Nas palavras de um analista de mercado: "Os hábitos de consumo foram completamente alterados. Agora todo mundo está viciado em internet."

A ALAVANCA DE CAPITAL DE GIRO: QUANTO ESTOQUE É SUFICIENTE?

Empresas de todos os setores, incluindo vestuário, eletrônicos de consumo, eletrodomésticos e até automóveis, enfrentam um conflito árduo quando se trata de gerenciamento de estoque. Qual a melhor opção: fabricar e estocar lotes de produtos finalizados, arriscando excedentes, ou manter os suprimentos limitados e correr o risco de os compradores não conseguirem adquirir o que quiserem, no momento que julgarem oportuno? A resposta pode afetar profundamente as contas a pagar, a receber e o estoque, ou o que é geralmente conhecido como capital de giro.

Empresas mais conservadoras pecam pelo excesso de possíveis faltas de estoque, produzindo apenas o que sabem que podem vender. Essa abordagem evita o acúmulo indesejado de produtos que talvez desvalorizem depressa, mas também torna as empresas vulneráveis se a demanda aumentar inesperadamente, por conta de avaliações positivas dos usuários nas mídias sociais ou em outras formas digitais de boca a boca, por exemplo. Alguns fatos importantes da pesquisa sobre o setor reiteram o conflito. As vendas perdidas devido a condições de falta de estoque reduzem a receita potencial em até 4% no mundo todo, com estimativas de mais de US$125 bilhões ao ano apenas na América do Norte. Em geral, os clientes constatam que o item almejado consta como indisponível quase 10% do tempo; e somente 15% deles estão dispostos a adiar sua compra até que os estoques sejam reabastecidos.

Esse problema global de gerenciamento de estoque está prestes a se agravar. Em mercados sujeitos a disrupções big bang, os consumidores que encontram novos produtos e serviços que os agradam usam a mídia social para compartilhar a descoberta com todos que conhecem, e não conhecem, gerando, assim, picos repentinos de demanda. Se a empresa não estiver preparada para esse tipo de publicidade gratuita, ela poderá se encontrar em uma situação em que vende o que todo mundo deseja, mas que ninguém consegue comprar — uma crise que chamamos de "sucesso catastrófico".

Considere como exemplo de advertência a história da American Giant, uma startup de roupas artesanais. Em 2012, a revista online *Slate* publicou uma resenha positiva sobre o novo moletom 100% algodão da empresa ("o melhor moletom já fabricado"), o que exacerbou a demanda inesperadamente. Em um único dia, a American Giant recebeu 5 mil pedidos, os quais a empresa, que se orgulha de sua atenção obsessiva aos detalhes de design e atendimento ao cliente, não conseguiria cumprir. Constrangido, Bayard Winthrop, fundador da empresa, afirmou à BBC: "Quatro dias depois, não tínhamos mais nada. Nosso estoque estava zerado."

Como qualquer outra empresa, a American Giant deve fazer o possível para prever a demanda futura, solicitando as matérias-primas necessárias para fabricar produtos que, no seu caso, levam três meses para serem finalizados. Afinal, a resenha da *Slate* arruinou sua previsão de vendas, gerando um enorme acúmulo de pedidos. Cumprir toda a demanda implicava escolher entre duas possibilidades perigosas. Até que a American Giant conseguisse aumentar suficientemente a capacidade de produção, muitos clientes provavelmente se cansariam de esperar. Ainda pior, a empresa não tinha como saber se o aumento nas vendas era mais do que apenas um acontecimento isolado, correndo o risco de que a expansão, posteriormente, a sobrecarregasse com dívidas incontroláveis.

Estar despreparado para um sucesso catastrófico pode prejudicar as empresas estabelecidas da mesma forma, se não ainda mais. Quando o Switch, o mais recente console de jogos da Nintendo, começou a desaparecer das prateleiras das lojas, fãs decepcionados acusaram a empresa de reter as remessas propositalmente para aumentar a demanda. Inclusive, um mito urbano começou a circular: a Nintendo mantinha um armazém repleto de consoles Switch, liberando seletivamente apenas alguns de cada vez para varejistas de todo o mundo.

Porém, a realidade não era tão impressionante. A Nintendo estava apenas sendo cautelosa — talvez excessivamente. Considerando o moderado sucesso do Wii U, seu produto anterior, a empresa decidiu não fabricar muitos Switches para seu lançamento em março de 2017. Os executivos almejavam um grande sucesso, mas não o planejaram. Como diz o ditado: cuidado com o que se deseja. O Switch se tornou o console Nintendo mais vendido de todos os tempos. Até o fim do primeiro mês, quase 3 milhões de unidades haviam sido vendidas, além de quase 5,5 milhões de jogos. A Nintendo aumentou imediatamente a produção, mas logo teve que competir por componentes contra empresas como a Apple, que tinham uma demanda infindável. A memória flash, as telas de LCD e os motores usados para criar o recurso de vibração do Switch estavam com procura elevada, o que forçou a Nintendo a entrar em uma disputa por peças.

Da mesma forma que a Nintendo estava desprevenida para o aumento de demanda, ela também poderia ter fabricado muitos Switches e, pior ainda, no momento errado. De fato, como observamos em nossa breve discussão sobre a estratégia de produtos da Nintendo no Capítulo 6, a própria essência da disrupção big bang consiste no fato de que a adoção instantânea em todos os segmentos de mercado invariavelmente implica uma saturação de demanda antes do esperado. O controle adequado da fabricação possibilita a conquista de todo o mercado. A ausência de controle, por sua vez, acarreta a perda de oportunidades lucrativas para concorrentes mais ágeis ou um grande estoque de produtos que muitas pessoas queriam, mas que agora já possuem.

Até pouco tempo atrás, a previsão precisa do momento e da magnitude da demanda por novos produtos de consumo era praticamente impossível. Para empresas que vendem produtos de custo relativamente baixo, o modelo adotado sempre foi a produção excessiva, com a diminuição do valor ou o cancelamento contábil do estoque indesejado. Por exemplo, para muitos vendedores do setor varejista de vestuário, o mantra é: "Preços baixos, vendas altas." Mesmo no fast fashion, no qual o objetivo é a incorporação de novos designs de passarela às lojas o mais rápido possível, seguida imediatamente da próxima tendência da moda, o resultado às vezes é produção excessiva e descontos.

No entanto, marcas de moda premium não têm a opção de desconto; pelo menos não se pretenderem manter preços mais elevados no futuro. Algumas fabricantes de artigos de luxo chegam ao ponto de destruir seu excesso de estoque. Em 2017, uma marca foi criticada por queimar US$38 milhões em roupas e produtos de beleza não vendidos, em vez de reduzir seu preço. Desde então, a empresa suspendeu essa prática.

As empresas de eletrônicos de consumo, que podem ser quase tão impulsionadas por tendências quanto o setor de moda, enfrentam o mesmo problema. Em 2012, por exemplo, ao produzir cerca de 6 milhões de unidades de seu tablet Surface RT, a Microsoft superestimou demais a demanda do consumidor, o que acarretou uma enorme diminuição de valor que ultrapassou os US$900 milhões. A escassez de aplicativos de terceiros e a não inclusão de teclado no produto indignaram os compradores em potencial, o que levou a empresa a reduzir os preços do modelo básico em até 30% — de US$499 para US$349. Um ano depois, o problema foi exatamente o oposto. O Surface Pro, que encantou os clientes e se tornou um sucesso de vendas, teve uma grande demanda em seu lançamento. A essa altura, no entanto, a Microsoft, compreensivelmente cautelosa, produzira menos itens das versões iniciais, o que suscitou uma rápida falta de estoque.

Como esses exemplos sugerem, é particularmente difícil prever a demanda por bens que são comercializados como novos ou mesmo revolucionários, como produtos de moda e eletrônicos de consumo. De duas, uma: um pico na demanda ou absolutamente nada. Felizmente, é cada vez mais desnecessário se basear na intuição para escolher entre um estoque baixo ou excessivo. Com os avanços em tecnologias como aprendizado de máquina, a precisão da simulação de demanda está cada vez melhor, mesmo nos mercados mais incertos. À medida que a Internet das Coisas conecta partes e cadeias de suprimentos de forma mais abrangente, as empresas terão visibilidade instantânea de como e onde os produtos estão vendendo mais — e onde não estão —, o que possibilita ajustes mais rápidos em qualquer direção.

As liberadoras de valor do nosso estudo combinam essas tecnologias com as sete estratégias vencedoras para adiar a produção o máximo possível até que a demanda se torne mais conhecida. Depois, elas aplicam abordagens de marketing inovadoras, como a Uniqlo e outras empresas fazem, para maximizar a satisfação do cliente por meio de melhor direcionamento e personalização. Quando as fabricantes acumulam mais estoque do que o previsto, outras ferramentas digitais podem amenizar o impacto, conectando-as a vendedores online especializados em excesso de estoque a fim de eliminá-lo. Elas podem até mesmo usar a tecnologia para garantir os melhores preços possíveis.

Por exemplo, a fim de aprimorar os resultados de um cliente com problemas de excesso de estoque, a Accenture desenvolveu um modelo preditivo que possibilita o uso de dados históricos para melhorar as previsões do volume e da velocidade de vendas com preços distintos. Segundos após a oferta de um novo produto do excesso de estoque a um determinado preço, a ferramenta recomenda o valor e o momento das mudanças de preço que otimizarão os lucros e garantirão a venda do produto, na maioria dos casos com apenas um ajuste.

Os algoritmos de otimização orientados por IA já buscam e exploram de maneira mais ampla padrões, correlações e relacionamentos observados entre os elementos de dados, gerando melhores decisões na cadeia de suprimentos. Essas novas ferramentas preveem quando realizar pedidos de modelos específicos, quantos encomendar, onde vendê-los e em quais cores, tamanhos etc. Em breve, cada setor poderá oferecer sua própria versão do fast fashion, apoiada por software que recomenda os melhores locais de venda e preços que minimizam o excesso de estoque, disponibilizando rapidamente novos produtos para satisfazer as preferências em constante mudança dos clientes.

Os algoritmos também podem ser testados por meio de dados históricos, depois avaliados e corrigidos de forma automática com base nas efetivações reais da demanda do cliente, literalmente aprendendo conforme avançam. Assim como no caso do vendedor com excesso de estoque que atendemos, esses algoritmos podem identificar imediatamente os produtos que não estão com procura elevada e vendê-los depressa.

A adoção dessas ferramentas é essencial, em particular para empresas de capital aberto, pois os analistas estão atentos ao capital de giro. Assim, assustar o mercado com problemas de estoque pode ser altamente nocivo à saúde do preço de suas ações. Foi o que aconteceu em 2017 com a Nike, a maior marca esportiva do mundo. A empresa estabeleceu uma meta de receita ambiciosa demais — US$50 bilhões até 2020 — que, por sua vez, levou à fabricação excessiva. O excesso de estoque teve que ser vendido com descontos, o que acabou prejudicando os resultados. Em nota aos investidores, o Goldman Sachs rebaixou a empresa para uma "classificação neutra", alegando "desafios fundamentais" no setor de roupas esportivas, incluindo excesso de estoque com parceiros de varejo da Nike. As ações despencaram.

Não era como se a demanda geral tivesse diminuído; na verdade, as vendas do setor aumentaram com o advento da tendência "athleisure" — roupas que podem ser usadas na academia ou como trajes casuais. No entanto, a competição se mostrava incrivelmente acirrada, com a popularização de marcas inovadoras como Athleta, Under Armour, Lululemon Athletica e linhas de roupa de celebridades.

A Nike se recuperou rapidamente, acelerando estratégias orientadas por dados e hiper-relevantes que já estavam em andamento. No curto prazo, a gestão se comprometeu com uma redução de 25% no número de estilos que lançava no mercado, a fim de se concentrar em seus sucessos de vendas. O número de parcerias no varejo também foi consideravelmente reduzido — de 30 mil empresas com 110 mil pontos de distribuição para apenas 40 parceiras essenciais. As varejistas escolhidas incluem Foot Locker, Nordstrom e um grupo seleto de outras empresas que gerenciam espaços exclusivos da marca em suas lojas e que têm funcionários especificamente treinados pela Nike para auxiliar as vendas.

Com menos parceiros de varejo para gerenciar, a Nike se concentrou na maior e melhor obtenção de dados de clientes. Em troca, ela ofereceu uma experiência do cliente mais relevante e personalizada — o alicerce do seu ajuste de capital de giro. Por exemplo, em uma iniciativa denominada "ofensiva direta ao consumidor", a empresa converte compradores online anônimos em "membros" Nike Plus, com contas no site Nike.com ou em um de seus aplicativos. A Nike já conquistou mais de 100 milhões de assinaturas de usuários, que gastam em média quase três vezes mais do que os "convidados" não registrados. O objetivo é triplicar a adesão nos próximos cinco anos.

Ao aproveitar os dados sobre os hábitos de compra de centenas de milhões de consumidores, a Nike consegue melhorar sua capacidade de prever quais itens fabricar, para quem e como vendê-los melhor, nas lojas ou online. Simultaneamente, como parte de seu compromisso com a experiência cada vez mais aprimorada do consumidor, a empresa dobrará a velocidade de lançamento da sua linha reduzida de novos produtos no mercado. Ainda mais impressionante, a empresa desenvolve ferramentas que localizam o controle de estoque, suprindo as lojas apenas com os produtos que seus clientes desejam.

Considere a "Nike by Melrose", uma loja estilo pop-up que a empresa abriu na famosa avenida de West Hollywood no segundo semestre de 2018. A Nike utiliza dados de membros locais do Nike Plus para determinar como estocar a nova loja, que oferece estilos característicos da cidade, independentemente das prioridades sazonais mais amplas da empresa. Por exemplo, como o tênis de cano baixo Nike Cortez é uma compra popular em Los Angeles, a loja tem um estoque maior do modelo, com mais variedade de cores. A fim de manter a hiper-relevância da Nike by Melrose, a empresa personaliza o estoque a cada duas semanas para corresponder às mudanças nas tendências locais.

Para aprimorar ainda mais sua otimização de estoque, a empresa utiliza sensores de localização que auxiliam na identificação de membros Nike Plus quando eles entram nas lojas. Com base no histórico de compras, é possível reservar itens especiais para cada membro, independentemente de sua solicitação. Vender diretamente aos consumidores, e mais depressa do que antes, é parte de uma estratégia maior para aprimorar a marca da empresa, oferecendo não apenas produtos, mas uma experiência personalizada — um estilo de vida, se preferir — aos compradores mais fiéis.

Embora o pivot da Nike ainda esteja na fase inicial, seu foco extremo em obter, analisar e operar com base em dados maiores e melhores destaca o modo como as empresas de todos os setores estão ajustando a alavanca de capital de giro. Acreditamos que organizações de qualquer tamanho podem utilizar novas tecnologias não apenas para gerenciar com mais precisão o estoque, mas também para transformar essa expertise em uma vantagem competitiva. Com redes de comunicação onipresentes, capacidade de baixo custo baseada em nuvem e fontes de dados cada vez mais reaproveitáveis, as empresas podem, sim, ter o melhor dos dois mundos.

A ALAVANCA DE CAPITAL HUMANO: O QUANTO VOCÊ REALMENTE VALORIZA SEUS COLABORADORES?

O ritmo da disrupção impulsionada por tecnologia está forçando as empresas de todos os setores a repensar uma terceira categoria principal de ativos financeiros: as habilidades e a expertise de seus funcionários. Independentemente de qual seja o seu negócio, é provável que você tenha investido uma quantia considerável em treinamento — técnicas e equipamentos específicos; processos empresariais; desenvolvimento profissional e interpessoal; ou licenciamento e educação continuada.

No entanto, as novas tecnologias podem alterar a estimativa desses investimentos, às vezes devagar e às vezes muito rapidamente. A disrupção não exige apenas a substituição de equipamentos antigos e a terceirização da infraestrutura. Ela também impõe a requalificação ou o afastamento de funcionários que antes eram especialistas nesses ativos. Ironicamente, à medida que as habilidades mais antigas se tornam obsoletas, a alta demanda por colaboradores capacitados para trabalhar no novo está provocando grandes lacunas na disponibilidade.

Por exemplo, no setor de transporte, estamos na iminência de caminhões autônomos de longa distância. Os veículos podem ser organizados em "pelotão", com configurações semelhantes, para realizar entrega de mercadorias de maneira mais eficiente, rápida e segura. Mas o que acontece com a profissão de motorista de caminhão nesse processo? E como é realizada a contratação e a manutenção de especialistas na implementação e operação da nova tecnologia — profissionais que, pelo menos inicialmente, serão difíceis de encontrar e contratar?

Embora um inventário de habilidades dos funcionários possa não aparecer diretamente no balanço patrimonial, o capital humano é um ativo cada vez mais importante e, ao mesmo tempo, o mais inconstante de todos. Sabemos disso por experiência própria. Desde 2015, como parte do pivot para se tornar digital first, a Accenture desenvolveu, praticamente do zero, uma prática de cibersegurança no valor de US$2 bilhões. Hoje, temos quase 6 mil especialistas em segurança trabalhando em todo o mundo, incluindo centros cibernéticos em Manila e Praga. Grande parte do fluxo de talentos especializados é proveniente de aquisições, como Arismore, iDefense, Defense Point Security e empresas de segurança na Austrália, em Israel e na Índia.

Porém, mesmo esse alto nível de fusões e aquisições não foi suficiente para suprir o tipo de prática que nossos clientes no atual precisam, e muito menos para conceder à Accenture a escala essencial para o pivot em direção ao novo. A empresa permaneceu impulsionada pelo crescimento orgânico, comprometida com o investimento contínuo nas habilidades dos colaboradores, independentemente de como eles se juntaram à equipe. Foi por isso que, em 2016, as instalações em Bangalore, na Índia, automatizaram várias tarefas de nível inferior, tanto para aumentar a capacidade quanto para mudar o trabalho dos funcionários para a solução de problemas de nível superior.

Uma das principais prioridades do portfólio de capital humano da Accenture é a rápida expansão de habilidades altamente especializadas. Durante o ano fiscal de 2018, gastamos mais de US$925 milhões em desenvolvimento de funcionários, oferecendo oportunidades personalizadas de educação continuada em um ambiente digital sob demanda. Também realizamos um investimento substancial em requalificação, com mais de 290 mil colaboradores capacitados em novas habilidades tecnológicas, incluindo automação, desenvolvimento ágil e plataformas inteligentes.

A tecnologia impulsiona a necessidade de repensar a alavanca de capital humano, fornecendo novas ferramentas e novos imperativos para as empresas que adotam estratégias vencedoras de riqueza de talentos, ativo inteligente e interconexão como parte de seu pivot sábio. O treinamento está se deslocando da sala de aula para a nuvem, aprimorado por vídeo de alta definição e teleconferência avançada; holografia; aprendizado de máquina; e novas interfaces humanas criadas com realidades virtual e aumentada.

Descrevemos a função desempenhada pelo ajuste da alavanca de capital humano em nossa própria reinvenção. Agora, analisaremos como outra empresa líder, uma das maiores e mais antigas do mundo, muda a alavanca de habilidades enquanto seu setor passa por disrupções big bang e compressiva — a gigante de mídia moderna AT&T.

Como constatamos nos exemplos anteriores, os setores de comunicação e mídia de convergência acelerada enfrentam algumas das disrupções mais intensas. Não faz muito tempo que as comunicações por voz utilizavam sua própria rede de comutação analógica, enquanto o entretenimento em vídeo dependia da transmissão sem fio. Em muitos países, ambos os serviços eram oferecidos exclusivamente por agências governamentais e, posteriormente, por monopólios rigorosamente regulamentados. Preços e serviços; entrada e saída; e requisitos de cobertura universal eram estabelecidos por procedimentos complexos, geralmente conduzidos pelas autoridades locais.

À medida que novas tecnologias de produção e distribuição — como cabo, celular, fibra óptica e satélite — tornaram-se comercialmente viáveis, elas foram incorporadas aos antigos regimes regulamentares e de rede, algumas com menos facilidade do que outras. Por exemplo, alguns países mantiveram os novos serviços de comunicação de dados legalmente separados do governo ou de fornecedores regulamentados. Isso significava que, conforme a tecnologia se tornava melhor e mais barata, não havia muitos aspectos que restringiam as empresas de a desenvolverem e implantarem para adaptar suas redes a usos recentes e antigos, incluindo novos híbridos, como mensagens de texto, videochamada e redes sociais.

Um resultado dessa liberdade: os padrões primordialmente não proprietários da internet se infiltraram em todas as tecnologias de rede mais antigas, fornecendo voz, vídeo, dados e novas combinações desses três aspectos em apenas algumas décadas. Essa revolução e a crescente lacuna de valor retido gerada por ela pressionaram de forma considerável as empresas estabelecidas, principalmente aquelas que antes eram rigorosamente regulamentadas, a executar uma série rápida e acelerada de pivots. Já mencionamos como algumas líderes do setor e novas concorrentes, incluindo Comcast, Jio, Google, Microsoft e Amazon, reagiram ao pivotar suas estratégias de inovação e infraestrutura. Agora, analisaremos como a AT&T, uma das maiores empregadoras do mundo, incita seus próprios pivots ao ajustar a alavanca de capital humano.

No momento de escrita deste livro, a AT&T estava no meio do desafio estratégico mais significativo de seus quase 150 anos de história. Os clientes haviam abandonado quase completamente o serviço de telefonia antigo, ao mesmo tempo que demonstravam uma demanda quase infinita por serviços de voz, vídeo e dados sem fio ricos em conteúdo. De 2007 — ano de introdução do iPhone, da Apple — até 2015, o tráfego de dados na rede móvel da AT&T aumentou mais de 150.000%!

Os serviços de comunicação corporativa também dispararam, pois as empresas transmitem quantidades crescentes de dados entre seus escritórios e para as infraestruturas de nuvem da Amazon, Google e Microsoft. Todos os dias, a rede cada vez mais centrada em fibra da AT&T lida com 130 petabytes de dados (em bytes, esse número é 1,3 seguido de 17 zeros), equivalente a mais de 40 vezes o acervo digital da Biblioteca do Congresso dos Estados Unidos.

Ainda assim, o crescimento está diminuindo conforme os consumidores antecipam a introdução de redes 5G, um protocolo de próxima geração que oferece melhorias expressivas em velocidade, confiabilidade e capacidade, mas que exigirá bilhões de dólares em novos investimentos em infraestrutura — obtidos em meio a uma prolongada guerra de preços entre as quatro principais operadoras de rede móvel dos EUA.

No que diz respeito à parte de entretenimento dos negócios da AT&T, os clientes de TV por assinatura estão migrando das tecnologias de redes fixas a cabo e de cobre para serviços baseados em satélite, e de satélite para conteúdo de streaming over-the--top [OTT] disponibilizado por uma grande e crescente base de novas concorrentes, incluindo muitas das fornecedoras e parceiras de conteúdo da AT&T.

Sob a gestão do CEO, Randall Stephenson, que assumiu o comando em 2007, a AT&T tem pivotado constantemente. Em 2014, a empresa adquiriu a provedora de satélite DirecTV por US$63 bilhões e, em 2018, concluiu uma fusão de US$85 bilhões com a gigante de conteúdo Time Warner, o que concedeu à empresa acesso aos talentos criativos e ao catálogo da HBO, CNN e Warner Bros. Studio.

Ao mesmo tempo, o departamento jurídico da empresa tem trabalhado com governos nacionais e locais para facilitar a desativação do restante de sua rede de voz analógica, transferindo clientes antigos e novos para comunicações de fibra óptica e móvel melhores, mais rápidas e mais baratas, baseadas em internet.

Porém, os colaboradores da AT&T têm as habilidades necessárias para trabalhar na empresa reinventada e conduzi-la aos mercados emergentes com a escala necessária para alcançar as concorrentes mais rápidas e poderosas do Vale do Silício? Em todo caso, esse é o desafio de Stephenson. A AT&T emprega cerca de 250 mil pessoas, a maioria das quais adquiriu formação e capacitação profissional em uma época distinta, para uma AT&T diferente.

Por um lado, esses colaboradores possuem considerável conhecimento institucional e cultural que a empresa não pode perder. Exceto pelos funcionários do call center, a permanência média de um funcionário da AT&T é de surpreendentes 22 anos. Por outro lado, o novo cenário empresarial exige habilidades que poucos funcionários atuais possuem em computação baseada em nuvem, desenvolvimento de software, ciência de dados e outras competências digital first. Muitas dessas áreas estão avançando tão rapidamente que os métodos tradicionais de treinamento e desenvolvimento no local de trabalho não conseguem acompanhá-las. Fora da empresa, a demanda é alta e a oferta é baixa, uma situação que eleva os salários.

Em 2013, pesquisas internas revelaram que apenas metade dos colaboradores da AT&T possuía as habilidades já necessárias em ciência, tecnologia, engenharia e matemática, uma porcentagem que cairia para 5% até 2020 — até esse mesmo ano, a empresa provavelmente inativaria o hardware sustentado por 100 mil trabalhadores. Essa situação acarretava um dilema à AT&T. Ela poderia tentar contratar novos talentos em tecnologia para atender às necessidades correntes de habilidades digital first e aos requisitos emergentes de entretenimento digital, análise, segurança computacional, desenvolvimento de aplicativos móveis, veículos autônomos e IoT. Porém, mesmo pagando preços elevados, era provável que a AT&T enfrentasse um deficit de talentos ao tentar preencher inúmeras vagas de software e engenharia.

E os funcionários já contratados? Substituir colaboradores não é apenas uma decisão traumática para eles, a empresa e as comunidades em que vivem e trabalham, mas também dispendiosa. De acordo com um estudo de 2012, o custo médio da substituição é superior a 20% do salário anual de um colaborador, um percentual que aumenta de acordo com o salário-base. Assim, a AT&T optou por requalificar a força de trabalho existente, proporcionando aos funcionários as habilidades necessárias para conduzir os negócios da empresa no novo. O processo começou com o

Workforce 2020, uma reestruturação intensa do organograma da AT&T. Mais de 2 mil cargos foram adaptados a um formato mais gerenciável, combinando funções com habilidades semelhantes em uma única descrição. Dezessete denominações de programação diferentes tornaram-se simplesmente "engenheiro de software".

Em seguida, surgiram os sistemas para requalificação de centenas de milhares de colaboradores. A AT&T investiu US$1 bilhão em um esforço plurianual chamado Future Ready, que inclui cursos online e colaborações com empresas de educação digital como Coursera e Udacity, além das principais universidades. Outras ferramentas ajudam os funcionários a descobrir que tipos de trabalho a empresa precisa preencher nos três estágios do ciclo de vida, possibilitando que eles organizem seu treinamento de acordo.

Para auxiliar esse planejamento, um portal online mostra quais vagas estão disponíveis, seus requisitos, possíveis faixas salariais *e* a probabilidade de cada categoria profissional expandir ou retrair. O sistema também avalia as habilidades atuais de cada funcionário e recomenda um cargo específico que eles podem preencher no futuro caso adquiram formação complementar. Os colaboradores podem escolher um objetivo diferente e ajustar o sistema para alertá-los à medida que as vagas correspondentes ao seu conjunto de habilidades preferido se tornarem disponíveis.

Desde 2017, mais da metade dos funcionários da empresa concluiu quase 3 milhões de cursos online em ciência de dados, cibersegurança, gerenciamento ágil de projetos e ciência da computação. Para obter um diploma de mestrado em ciência, outros 500 colaboradores da AT&T se matricularam no programa online de ciência da computação da Georgia Tech, um importante instituto de engenharia, e quase 100 deles já o concluíram. Em termos práticos, de acordo com um relatório da CNBC: "Os funcionários que estão se requalificando atualmente têm duas vezes mais chances de serem contratados para trabalhos mais novos e essenciais, e quatro vezes mais chances de progredir na carreira."

Em 2018, John Donovan, CEO da AT&T Communications, responsável pela maior parte dos negócios globais de serviços de comunicação e vídeo da empresa, afirmou à CNBC que a organização agora depende muito menos de empresas terceirizadas para obter habilidades técnicas. "Recorremos aos nossos funcionários, pois começamos a perceber o talento interno", disse. Em um artigo de 2016 publicado na *Harvard Business Review* em coautoria com Cathy Benko, Donovan descreveu três maneiras pelas quais a AT&T redefiniu suas práticas de talento a fim de gerenciar o realinhamento de habilidades:

- As métricas de desempenho foram simplificadas para focar como as pessoas contribuíam para os objetivos empresariais e para identificar melhor o valor de mercado das funções. Isso aumentou as recompensas financeiras para indivíduos com habilidades em alta demanda, incluindo cibersegurança, ciência de dados e redes de computadores;

- As expectativas de desempenho também foram elevadas. Na unidade de tecnologia e operações da AT&T, o número de gestores que recebiam as duas maiores classificações de desempenho em uma escala de 5 pontos diminuiu 5%, enquanto as duas pontuações inferiores aumentaram 37%;

- A reformulação dos planos de remuneração minimizou a senioridade, acrescentou maior remuneração variável para motivar colaboradores com alto desempenho e deu importância às habilidades em alta demanda.

Para a equipe profissional, a empresa esclareceu que a requalificação exigiria certo investimento de tempo e dinheiro por parte dos colaboradores. Motivar esse tipo de compromisso tem sido um desafio importante. Ademais, cerca de metade dos funcionários de carreira da AT&T são sindicalizados — a maior força de trabalho sindicalizada de período integral nos Estados Unidos. Portanto, desde 2013, novos contratos incluem detalhes sobre programas de treinamento e desenvolvimento. A empresa trabalhou em parceria com o sindicato, que reconhece os riscos para seus membros caso não haja atualização de habilidades.

A AT&T está apenas na metade do seu plano de cumprir as metas mais ambiciosas de 2020. A empresa ainda precisa requalificar dezenas de milhares de colaboradores a fim de alcançar seu objetivo de ter uma força de trabalho tecnicamente proficiente para a próxima década. Ao mesmo tempo, mais da metade da rede ainda precisa ser transferida para a tecnologia digital, o que significa que as habilidades no antigo ainda são muito procuradas.

Independentemente disso, há sinais promissores de sucesso. Em 2016, mais de 40% das 40 mil vagas disponíveis foram preenchidas por candidatos internos. No início de 2017, a AT&T estimou que 140 mil pessoas se preparavam de alguma forma para conseguir um cargo diferente na empresa.

O ajuste ousado da alavanca de capital humano da AT&T utiliza o poder da tecnologia para requalificar e ampliar a capacidade dos funcionários atuais de maneira econômica, alcançando o melhor dos dois mundos, além de refletir uma liberação substancial do valor retido nos níveis da empresa e da sociedade.

Esse exemplo elimina qualquer dúvida relacionada ao tamanho excessivo de uma empresa ou ao apego exagerado a seus próprios métodos como impedimento de uma ação rápida em vista da necessidade de um pivot sábio. Em 2017, Randall Stephenson, CEO da AT&T, afirmou à revista *Fortune*: "As mudanças tecnológicas se tornaram um tanto rotineiras. Mas quem é capaz de fazer a transição de seus talentos em grande escala ao passo que a tecnologia muda?"

A abordagem radical da AT&T em relação ao capital humano destaca algumas outras questões importantes que nossa pesquisa considerou e com as quais muitas empresas lidam atualmente:

- Qual é a sua responsabilidade em requalificar funcionários cujas habilidades se tornam obsoletas como consequência de uma disrupção compressiva ou big bang?

- Quanto se deve investir para desenvolver colaboradores altamente qualificados ou com capacidades singulares sabendo que eles podem pedir demissão ou, se permanecerem tempo suficiente, exigirem requalificação?

- Em alternativa, deve-se minimizar o investimento em habilidades incertas e imprevisíveis e apenas adquirir o talento necessário, compreendendo, no entanto, que o mercado freelancer sofre com uma escassez de habilidades técnicas mais atuais?

Evidentemente, não há respostas fáceis para essas perguntas e se deve considerar muitos conflitos específicos para seus negócios e posicionamento estratégico. Uma ampla oferta de colaboradores qualificados pode diminuir os lucros, enquanto funcionários com baixa qualificação podem aumentar os custos por meio de erros e mau atendimento ao cliente, isso sem mencionar níveis mais baixos do tipo de inovação bottom-up de que um pivot sábio depende.

Ainda assim, como evidenciado pela história da AT&T, independentemente de como se equilibra o portfólio financeiro no antigo, no atual e no novo, a execução bem-sucedida de um pivot sábio exige uma gestão criteriosa e estratégica de um dos seus ativos mais valiosos: sua equipe.

Abordaremos esse assunto no próximo, e último, capítulo.

Capítulo 8

O PIVOT DE PESSOAS

Liderança, Trabalho e Cultura

ENCERRAMOS NOSSA ANÁLISE do pivot de finanças ao abordar como as empresas de diferentes setores gerenciam os custos e os riscos de manter as habilidades dos funcionários atualizadas diante da acelerada disrupção impulsionada pela tecnologia.

Este capítulo se aprofunda no fator humano e na função que ele desempenha em um pivot sábio. Iremos além da quantificação de habilidades e falaremos mais especificamente sobre recursos humanos. Como qualquer um que já trabalhou para uma empresa grande ou pequena sabe, nada muda se as pessoas não mudarem primeiro.

Analisaremos, particularmente, como o êxito da gestão empresarial no antigo, no atual e no novo afeta a associação de uma ampla variedade de pessoas e culturas, e sua união para um objetivo comum, com o respeito à individualidade. Na Accenture, nos referimos a esse objetivo como tornar-se "verdadeiramente humano", uma abordagem holística que se concentra em estimular todo o Eu das pessoas — mente, corpo, coração e alma.

Tornar essa ambição um princípio central do seu negócio, assim como é para nós, exige a adoção de uma abordagem abrangente de recursos humanos, que abrange diversidade, inclusão, atenção plena e aprendizado contínuo. Desenvolver um portfólio de pessoas equilibrado não é apenas um bom negócio; é a única maneira de operar com êxito nos três estágios do ciclo de vida. Essa iniciativa é um componente essencial da cultura corporativa e um fator decisivo de sucesso do pivot sábio.

Neste capítulo, exploraremos as três últimas alavancas direcionadas, respectivamente, ao estilo de liderança; à fronteira dinâmica que converge em torno de seres humanos e máquinas; e à cultura corporativa.

Primeiro, analisaremos detalhadamente mais uma empresa do instável setor de comunicações e como o estilo de liderança não convencional do CEO de uma de suas subsidiárias impactou muito mais do que apenas os rendimentos líquidos.

ALIADOS IMPROVÁVEIS

Em 2012, a Deutsche Telekom, gigante de comunicação alemã, tomou uma decisão crítica. Para que a provedora de rede móvel T-Mobile, o principal ativo da empresa nos EUA, sobrevivesse em um mercado com poucas e mais fortes concorrentes, uma nova liderança seria necessária. Na época, a T-Mobile ocupava o último lugar em uma área de rápida consolidação das operadoras norte-americanas, ficando atrás da Verizon, AT&T e Sprint, que é controlada pela investidora japonesa SoftBank Group. A Deutsche Telekom havia parado de fazer grandes investimentos em ativos na T-Mobile, o que incapacitou a operadora de competir com sucesso enquanto a tecnologia mudava de 3G para 4G LTE.

A melhor opção da Deutsche Telekom para a T-Mobile parecia ser uma fusão de US$39 bilhões com a AT&T. No entanto, o acordo foi impedido pelas autoridades reguladoras dos EUA. Assim, a T-Mobile acabou com um presente de despedida no valor de US$4 bilhões, que incluía US$3 bilhões em dinheiro e algumas das melhores licenças de radiofrequência da AT&T, mas nenhuma estratégia para usá-las.

Então, John Legere, o autointitulado subversivo, foi contratado para transformar a T-Mobile. Ele rapidamente provou seu valor. Em 2013, seu primeiro ano completo como CEO, a empresa obteve impressionantes 1,65 milhão de assinantes e, após perder bilhões de dólares nos 2 anos anteriores, a T-Mobile conseguiu ter lucro.

Porém, apesar das conquistas de Legere, Timotheus Höettges, CEO da Deutsche Telekom que assumiu o cargo em 2014, enfrentava uma pressão constante para encontrar uma compradora para a T-Mobile. Por um lado, em meio a uma guerra de preços crescente entre as operadoras norte-americanas, era provável que o aumento dos assinantes e o retorno à lucratividade durassem pouco. A fim de realmente assumir a Verizon e a AT&T, a T-Mobile precisaria de muito mais investimento para atualizar sua infraestrutura ultrapassada — um requisito que provavelmente se repetirá daqui a uma década, quando a tecnologia 5G amadurecer. Ademais, a venda da T-Mobile também proporcionaria o dinheiro necessário para auxiliar a Deutsche Telekom a se defender contra ameaças disruptivas na Europa.

Timotheus Höettges e John Legere eram a combinação incomum das telecomunicações. Höettges, estoico e objetivo, é conhecido como um negociador intenso, absorto em detalhes, que considera uma estratégia abrangente. Legere é impetuoso, combativo, às vezes nem um pouco simpático e utiliza o Twitter para atacar os CEOs rivais. Höettges decidiu se arriscar em um pivot em direção ao novo, que primeiro exigia um investimento considerável no antigo e no atual. A liderança da Deutsche Telekom reconheceu a análise realizada por Legere sobre a necessidade de uma reformulação geral da T-Mobile, do produto à cultura corporativa. Legere teve liberdade para refazer a empresa à sua própria imagem ousada, o que incluía permitir que funcionários tivessem piercings faciais e tatuagens.

Sob sua gestão, a T-Mobile identificou uma fonte abundante de valor retido para seus clientes. Legere finalizou contratos de longo prazo de telefonia móvel e os substituiu por preços simples e transparentes; simplificou a atualização de dispositivos e eliminou as cobranças de roaming global; se ofereceu para pagar as multas de rescisão antecipada cobrada pelas concorrentes para clientes que estavam dispostos a mudar de operadora; facilitou as ligações gratuitas por redes Wi-Fi; e firmou um acordo com a Apple para vender o iPhone, sendo a última das quatro principais operadoras norte-americanas a fazê-lo.

À medida que o streaming de vídeo se tornava mais popular, a T-Mobile lançou o Binge On, que possibilita o acesso ao YouTube, à Netflix e a outros conteúdos de música e vídeo sem descontar o consumo da franquia de dados dos clientes. Em relação ao atual e ao novo, Legere venceu leilões públicos para aumentar seu alcance, melhorando a rede 4G LTE da T-Mobile e, ao mesmo tempo, fornecendo uma maior abertura para o 5G.

Legere impulsionava um crescimento inédito de assinantes, vendas, lucros e preço das ações. Contanto que continuasse a fazê-lo, Höettges não via necessidade de alienar a T-Mobile. Em 2014, no primeiro telefonema com os analistas, Höettges afirmou: "A equipe está realizando um excelente trabalho. Não há necessidade, pressa nem qualquer outra medida desesperada e indispensável de F&A da nossa parte."

Embora Höettges reconheça que o estilo de administração de Legere nunca funcionaria na Alemanha, a natureza competitiva do CEO da T-Mobile harmonizou perfeitamente com a cultura da Deutsche Telekom. Höettges afirmou em uma entrevista: "Gosto de pessoas sendo disruptivas. Gosto de pessoas corajosas. Ele se adéqua muito bem ao nosso DNA, o modo como pretendemos ser, mesmo que ele seja demasiadamente norte-americano em sua abordagem."

A abordagem norte-americana compensou. Em 2018, após 5 anos de reviravolta e reorganização que tornaram a T-Mobile uma verdadeira concorrente da Verizon e da AT&T, ela anunciou uma fusão com a Sprint — um acordo que valorizou a empresa combinada em US$146 bilhões. A fim de preservar o mecanismo de liderança que salvou o negócio, seus executivos ocuparão as principais funções da nova organização, que manterá o nome T-Mobile. Até o momento de escrita deste livro, havia probabilidade de que o acordo fosse aprovado pelas autoridades reguladoras interessadas em uma forte concorrência de 5G.

Para a Deutsche Telekom, dar poderes a Legere está longe de ser um acontecimento isolado. A fim de se preparar para um futuro em que as empresas de comunicação (como vimos nos exemplos da Comcast, AT&T, Jio e outras) deverão pivotar para se tornar inovadoras de conteúdo, aplicativos e tecnologia, a Deutsche Telekom precisará de mais criadores de negócios e pessoas que têm coragem de correr riscos, tanto na Alemanha quanto no exterior.

Höettges e sua equipe adotaram uma nova perspectiva, incluindo um programa de treinamento para executivos em todo o mundo, com foco na liderança de sucesso na era digital. Denominado levelUP, o curso de um ano oferece conteúdo personalizado sobre gestão de empresas digital first, como estratégias para expandir os principais negócios atuais e criar espaço para novos negócios escaláveis. Em 2017, 700 gestores da Deutsche Telekom da Alemanha e do exterior participaram do programa, que transmitiu maior urgência sobre a necessidade de mudar a empresa.

Porém, a gestão tem consciência de que precisa ter cuidado para não empurrar demais a alavanca em direção ao novo. "Simplesmente não é possível gerenciar um grupo como a Deutsche Telekom, com seus 230 mil funcionários em todo o mundo, da mesma forma que se faria com uma startup", disse o então diretor de recursos humanos Christian Illek em um post de blog em 2017. "O segredo é gerenciar a atividade principal com eficiência ao mesmo tempo que se desenvolve com êxito novas áreas de negócios digitais, como a nuvem."

Ilek argumenta que, enquanto as startups têm apenas um negócio para se preocupar, as empresas estabelecidas precisam administrar vários negócios em diferentes estágios de seu ciclo de vida. Isso implica gerenciar diferentes culturas empresariais — mais tradicionais no antigo, mais abertas no novo. Portanto, em resposta às disrupções big bang e compressiva, as quais a organização considera endêmicas no setor de comunicação, a Deutsche Telekom mudou a maneira como contrata e gerencia seus talentos, desde os CEOs até os funcionários do call center.

Essa iniciativa inclui ações diretas para melhorar a diversidade, tanto na liderança da empresa quanto em sua cultura. Durante grande parte da década passada, a Deutsche Telekom se esforçou para contratar mais mulheres em cargos de gestão e liderança, chegando ao ponto de estabelecer cotas. A porcentagem de mulheres no gerenciamento aumentou para 25% em 2017, em comparação a apenas 19% em 2010. A empresa também aumentou para 40% a porcentagem de mulheres nos conselhos fiscais. (A lei alemã exige que as empresas tenham esses conselhos, compostos de representantes de acionistas e funcionários da empresa, e uma parte substancial deles deve ser do gênero feminino.)

Aumentar a representação feminina na liderança da empresa e reduzir as disparidades de gênero no salário e nas oportunidades profissionais englobam questões políticas bastante polêmicas na Alemanha, mas, em vez de resistir, a Deutsche Telekom aceitou a intervenção regulamentar. Independentemente de obrigatório ou voluntário, estabelecer cotas pode não ser a solução ideal, mas, pelo menos por enquanto, é uma medida necessária. No site da empresa, Elke Frank, chefe de desenvolvimento de RH da Deutsche Telekom, afirma: "Eu certamente aprecio o efeito das cotas. Ficaria muito satisfeito se pudéssemos obter os mesmos resultados sem elas, mas isso simplesmente não parece ser possível na Alemanha. Portanto, devemos ser pragmáticos e instituí-las."

Desenvolver talentos diversos para cargos de gestão também implicou mudanças nas condições gerais de trabalho. Por exemplo, a Deutsche Telekom expandiu os programas de licença parental para todos os funcionários e estabeleceu horários mais flexíveis para os gestores, além de possibilitar mais modalidades de trabalho em meio período. Os colaboradores podem começar em regime de meio período ou mudar de período integral para meio período, podendo retornar à carga horária original de trabalho a qualquer momento.

As novas tecnologias também estão alterando os tipos de tarefas que os funcionários devem realizar ou não. A Deutsche Telekom pretende aumentar a receita em 1% ao ano até 2021, em parte pela simplificação da força de trabalho em prol da automação e da digitalização. A empresa está desenvolvendo soluções de IA, como "chatbots", a fim de tornar o atendimento ao cliente mais eficiente para clientes e funcionários. Os chatbots, que simulam conversas humanas por meio de texto ou áudio, são projetados para liberar os agentes de call center das tarefas padrão, concedendo-lhes mais tempo para lidar com o trabalho que apenas humanos podem fazer. Tinka, uma "funcionária virtual" da T-Mobile Austria, sabe mais de 1.500 respostas para questões comuns de clientes e é capaz de resolver cerca de 80% de todas as solicitações feitas a ela. Quando não consegue responder a uma pergunta, Tinka a encaminha para um agente humano.

O PIVOT DE PESSOAS

Como evidenciado pelo exemplo da Deutsche Telekom, as empresas que esperam otimizar sua força de trabalho em todos os três estágios do ciclo de vida — o antigo, o atual e o novo — precisarão executar um pivot de pessoas, ajustando sua abordagem de contratação e retenção de talentos. Esse tipo de pivot não se aplica apenas às "tropas". Ele também engloba a combinação adequada de líderes em todos os três estágios, bem como a receptividade às contribuições de fontes de talentos que transcendem os limites de seus próprios escritórios.

O setor específico e o tamanho da lacuna de valor retido que o pressiona a mudar também podem acarretar a criação de novas funções, aproveitando a capacidade das pessoas que trabalham com máquinas cada vez mais inteligentes.

Como integrar diferentes estilos de liderança e níveis de automação a uma cultura corporativa inclusiva, que mantém sua marca coerente e uma experiência do cliente consistente? A Deutsche Telekom, por exemplo, se esforçou para incorporar uma estratégia inclusiva, que não deve apenas motivar os funcionários, mas também respeitar as leis trabalhistas em constante mudança, incluindo a obtenção e o uso de dados dos colaboradores, um desafio para muitas empresas globais.

Similarmente, o próprio pivot sábio da Accenture exigiu uma nova mentalidade concernente à gestão de centenas de colaboradores que atuavam no negócio gerido como um portfólio entre o antigo, o atual e o novo. Considerando nossos distintos objetivos em cada período, precisávamos desenvolver as habilidades para conciliar estilos de trabalho e combinações de talentos ideais que difeririam significativamente. Isso incluía diferenças geográficas, culturais e geracionais que não podiam simplesmente ser ignoradas. Em alguns países em que operamos, a geração Y representa mais de dois terços da nossa força de trabalho. Aproveitar ao máximo essa geração mais jovem de colaboradores exigiu que adaptássemos nossos processos de liderança, treinamento e avaliação a eles, em vez de obrigá-los a se encaixar na cultura otimizada para uma época anterior.

Como já mencionado, o desafio específico era encontrar maneiras melhores de atrair e integrar líderes de organizações e culturas não nativas da Accenture, uma habilidade extraordinariamente importante e valiosa, que é essencial ao crescimento por meio da aquisição. Isso exigiu que reorganizássemos a gestão até os níveis mais profundos — uma evolução significativa do nosso DNA de liderança. Atualmente, ao adquirir empresas, buscamos culturas as quais desejamos que nos "contagiem"; isto é, pessoas que têm comportamentos e habilidades — técnicas, empreendedoras, criativas etc. — com as quais podemos aprender. Assim, o desafio passa a ser a criação de espaço para que elas nos ensinem.

Não eram apenas os talentos externos que precisavam de um ambiente mais acolhedor. O tipo de crescimento que alcançamos nos últimos cinco anos, principalmente em novos negócios, como marketing digital, IA e design de experiência do cliente, exigiu uma ampla reconsideração das funções tradicionais dos colaboradores, das definições de trabalho e das estratégias de contratação, bem como a criação de um local de trabalho mais flexível, com práticas e abordagens que acolhessem o maior número possível de talentos e contribuições.

Ademais, dada a crescente lacuna de valor retido, manter a experiência de nossos funcionários atualizada é essencial para oferecer um serviço superior ao cliente no futuro. Além da requalificação descrita no Capítulo 7, nosso pivot sábio se apoia firmemente na capacitação de funcionários com as mesmas tecnologias que continuam a causar disrupção em nosso setor. Como já observado, investimos intensamente em programas de treinamento. Nos últimos dois anos, requalificamos dezenas de milhares de pessoas cujas funções tradicionais provavelmente seriam automatizadas. Agora, esses funcionários realizam um trabalho de maior valor, em alguns casos usando IA e outras tecnologias para fornecer serviços avançados aos clientes.

Tradicionalmente, as empresas de serviços profissionais não são consideradas de alta tecnologia, porém, as novas tecnologias estão mudando rapidamente essa realidade. Para nós, isso implicou adotar as ferramentas e técnicas mais avançadas para design e visualização de dados, reinventar o desenvolvimento de software e nos tornar especialistas nas mais recentes arquiteturas computacionais. Também realizamos investimentos substanciais em videoconferência de última geração, software colaborativo e outras ferramentas que melhoram o trabalho em equipe.

No entanto, a inteligência artificial é o elefante na sala em qualquer análise do pivot de talentos de uma empresa. Muitos promotores e desenvolvedores de IA acreditam que ela em breve transformará o uso da automação para substituir os trabalhadores do conhecimento em uma opção econômica, especialmente para startups que buscam fontes ricas de valor retido em setores maduros orientados a serviços.

Todavia, grande parte do debate frequente sobre IA é inútil. A suposição subjacente é que humanos e máquinas são concorrentes e que a IA, com velocidade superior, capacidade de processamento crescente e inexauribilidade, substituirá os trabalhadores em todos os níveis. Nós não concordamos. Como nossos colegas Paul R. Daugherty e H. James Wilson argumentam em seu livro *Humano + Máquina*, o futuro mais provável é aquele em que funcionários e tecnologia trabalharão juntos de novas maneiras. Ainda precisaremos de pessoas, mesmo que com habilidades novas, diferentes e em constante evolução.

A verdade é que a IA já contribui significativamente de maneiras mais sutis para o crescente ritmo de disrupção tecnológica, subvertendo as funções, as hierarquias, as estratégias e os estilos de liderança convencionais da força de trabalho. Uma descoberta importante de nossa pesquisa é que há uma enorme oportunidade para *capacitar* os funcionários com tecnologia em vez de usá-la para substituí-los — um reconhecimento que ocupa papel de destaque no pivot da Deutsche Telekom.

No entanto, poucas empresas seguem o exemplo da gigante alemã. Nossas pesquisas revelam que a grande maioria dos executivos seniores planeja usar a IA nos próximos três anos para automatizar tarefas, diferenciar suas ofertas e aprimorar as capacidades humanas. Porém, quase nenhum planeja viabilizar essas atividades com o aumento dos investimentos em treinamento e requalificação durante o mesmo período.

Como preencher essa lacuna no âmbito de um pivot sábio? Como gerenciar os talentos em todos os níveis à medida que se percorre o antigo, o atual e o novo? E como a cultura empresarial precisará ser modificada nos três estágios, como resposta às pressões de mudança dos valores sociais, às preferências dos colaboradores mais jovens e à uma força de trabalho e base de clientes cada vez mais globais?

Responderemos a essas perguntas ao analisar em detalhes as três alavancas restantes do pivot sábio: liderança, trabalho e cultura:

- **LIDERANÇA**. Há um conflito inerente entre líderes focados na criação de negócio (empreendedores) e líderes que se concentram na execução do negócio (operadores). Em um ambiente caracterizado pela disrupção contínua, ambos são imprescindíveis. O executivo raro é aquele que consegue equilibrar os dois ao mesmo tempo, o que implica a provável necessidade de se ter vários líderes com habilidades e estilos diferentes. Na distribuição dos talentos de liderança nos três estágios do ciclo de vida, a verdadeira gestão provém do conhecimento de como investir e gerenciar a combinação adequada.

- **TRABALHO**. O medo de que as máquinas eliminem empregos remonta à Inglaterra do século XIX, quando os ludistas (seguindo o exemplo de Ned Ludd) destruíram as primeiras máquinas têxteis. Esse receio sempre foi, se não exagerado, definitivamente equivocado, mascarando oportunidades de melhoria da natureza do trabalho humano mediante o que a Accenture Research chama de "meio-campo ausente" — tecnologias que capacitam os trabalhadores em vez de desvalorizá-los. Os perfis exatos da força de trabalho futura podem permanecer indefinidos por algum tempo, mas é preciso dedicar seu próprio potencial ao meio-campo ausente o quanto antes.

- **CULTURA**. Geralmente, pivotar em direção ao novo requer uma adoção maior do tipo de cultura aberta e empreendedora que suscitou a revolução da informação, como os valores sociais e a ética de trabalho de uma geração mais jovem de trabalhadores. Além disso, ter funcionários que trabalham e atendem clientes em um mercado global desafia as empresas a mudarem do conjunto único de princípios operacionais uniformes para o modelo mais inclusivo: uma cultura de culturas. Ao fazê-lo, os líderes devem tomar cuidado para não perder de vista os princípios distintivos de sua marca, incluindo a missão compartilhada em que todos acreditam.

A ALAVANCA DE LIDERANÇA: DE OPERADORES A EMPREENDEDORES

Em um ensaio de 1936, F. Scott Fitzgerald escreveu: "O teste de uma inteligência superior consiste na capacidade de sustentar, ao mesmo tempo, duas ideias opostas na mente e, ainda assim, conservar a capacidade de agir." Esse é um insight particularmente apropriado aos atuais executivos de alto escalão, no qual dois tipos de liderança devem se unir para conduzir pivots de grande escala em direção ao novo: operadores que executam o negócio e empreendedores que criam novos negócios. Jus ao paradoxo de Fitzgerald, o pivot sábio exige os dois tipos de liderança.

A relação de trabalho bem-sucedida de Timotheus Höettges e John Legere ilustra perfeitamente o argumento de Fitzgerald. Executores do negócio como Höettges são pessoas detalhistas, que percebem como até mesmo pequenas mudanças no desempenho podem impactar o rendimento líquido. Essencialmente operadores, os executores tendem a encontrar oportunidades não tanto em mudanças disruptivas, mas em melhorias incrementais dos negócios, processos e sistemas existentes. Eles são os líderes perfeitos para gerenciar seu portfólio do pivot sábio no antigo e no atual.

Os criadores de negócio, por sua vez, apreciam a violação de regras em prol da inovação, gerando impactos cada vez maiores. Essencialmente empreendedores, eles tendem a sempre procurar a próxima grande novidade e dimensioná-la fervorosamente caso a encontrem. Os executores do negócio motivam o alto desempenho; os criadores de negócio inspiram a inovação — a combinação adequada para gerenciar a nova parte do portfólio.

Aceitar a necessidade de diferentes tipos de liderança pode ser um dos aspectos mais difíceis para os gerentes nos negócios atuais, especialmente quando seu próprio estilo não se encaixa nos requisitos de suas empresas no novo. A Accenture enfrentou exatamente esse desafio na execução de seu pivot sábio. Nossos negócios maduros de integração e terceirização de sistemas eram geridos habilmente e nossas práticas de consultoria e estratégia se desenvolviam bem. Mas onde estavam os empreendedores necessários para escalar os novos negócios digital first que sabíamos que seriam nosso futuro e nossa salvação?

Sinceramente, o tipo de líder que precisávamos operava sob paradigmas estranhos à nossa cultura corporativa rigorosamente elaborada, que enfatizava a qualidade reproduzível e o atendimento superior ao cliente em detrimento do inconformismo venerado pelo Vale do Silício. Nossa solução foi adotar totalmente a estratégia vencedora de inclusão, derrubando barreiras físicas e virtuais que fariam a vida na antiga Accenture parecer restrita e regrada para alguém como John Legere.

Para tanto, contamos com a ajuda de líderes empreendedores de muitas das empresas que adquirimos nos últimos cinco anos. Não apenas mantivemos essas pessoas talentosas, mas também, assim como a gestão do Walmart, as integramos em funções executivas, concedendo-lhes a liberdade de que precisam para escalar nossos novos negócios.

A nova combinação de talentos elevados aumentou consideravelmente a diversidade da liderança e da mentalidade da Accenture. Agora, nosso DNA corporativo exige executivos seniores que possam assumir objetivos operacionais e de empreendedorismo, com uma nova ênfase no último, incluindo a contribuição para a inovação; a colaboração interna e externa; e a disponibilização de soluções para nossos clientes que vão muito além do óbvio.

A fim de potencializar nossa reinvenção e expansão, aumentamos substancialmente a dimensão de nosso pool genético. Por exemplo, durante o ano fiscal de 2018, mesmo quando promovemos quase 700 novos diretores, também contratamos cerca de mais 300 de fora da Accenture — geralmente líderes empresariais seniores do setor —, acrescentando especialização significativa às nossas posições de liderança.

Entretanto, no topo, é o líder raro que consegue guiar uma empresa por meio de sucessivos pivots sábios, tanto como executor quanto como criador de negócios, alternando sua ênfase entre operador e empreendedor, conforme a disrupção surge nos três estágios do ciclo de vida, às vezes ao mesmo tempo, e sempre de forma imprevisível.

Considere Michael Dell, que primeiro causou disrupção no negócio de computadores pessoais com um modelo de personalização de todos os produtos com base nas preferências do consumidor. A produção sob encomenda da empresa, iniciada no dormitório de Michael na faculdade, logo derrotou gigantes como HP, Compaq e até IBM. Em 1992, aos 27 anos, ele se tornou o CEO mais jovem de uma empresa da Fortune 500.

No entanto, em meados da década de 2000, duas forças ameaçavam a atividade principal da Dell: um excesso de PCs de baixo custo produzidos por novas concorrentes no exterior e a mudança para smartphones e tablets. Em 2006, a empresa perdeu sua posição de líder no setor. Assim, em 2007, Michael retornou ao cargo de CEO, após renunciar às operações diárias apenas alguns anos antes. Essa reorganização era necessária. A empresa, que funcionava com sucesso há anos, precisava novamente de seu empreendedor.

Michael decidiu reinventar a empresa, transformando-a em um empreendimento mais sustentável, um império de tecnologia multifacetado com investimentos nos três estágios do ciclo de vida. Durante os anos seguintes, ele gastou bilhões adquirindo negócios em áreas nas quais havia aumento de demanda, incluindo a gigante de serviços de TI Perot Systems, as players de nuvem Boomi e Wyse Technology e empresas especializadas em segurança de computadores.

Em 2016, Michael realizou seu maior pivot, investindo US$67 bilhões para adquirir a EMC Corp, a principal fabricante de hardware e software de armazenamento e gerenciamento de dados, na expectativa de escalar rapidamente no mercado emergente ao sustentar conjuntos cada vez maiores de informações comerciais e de clientes. A negociação também incluía a VMware, subsidiária da EMC que era líder em tecnologia de "virtualização", a qual possibilita executar aplicativos em vários ambientes de hardware e de sistema operacional.

De modo geral, Michael supervisionou vários pivots significativos, que incluíam computadores pessoais, armazenamento de dados de nível corporativo e soluções de hardware e software em nuvem. A empresa que começou a produzir PCs sob encomenda agora supre completamente as necessidades de TI de algumas das maiores organizações do mundo. Líderes como Michael Dell são a exceção e não se limitam a setores de alta tecnologia ou a locais no Vale do Silício e outros hubs de tecnologia. Como observado, a liderança da Toyota foi capaz de criar um mercado de massa para veículos híbridos, ao mesmo tempo que manteve o crescimento nos carros tradicionais de combustão interna.

Nossa pesquisa sobre o pivot sábio identificou alguns outros líderes que podem operar o núcleo atual enquanto o reestruturam para o amanhã, geralmente recorrendo a meios não convencionais. Quais aspectos distinguem os executivos seniores que, assim como Michael, incorporam os papéis de executor e criador de negócios? Considere três características únicas:

O PIVOT DE PESSOAS

- Em vez de recorrer ao seu próprio interior, aplicando antigas teorias de planejamento estratégico para encontrar e ampliar suas "competências essenciais", esses líderes se concentram em fechar a lacuna de valor retido, colaborando com personalidades às vezes incomuns que preferem se manter por perto: investidores, empreendedores e desenvolvedores de tecnologia de última geração;

- Em vez de planos estratégicos, esses líderes solicitam ideias de clientes, fornecedores, estudantes e qualquer outro que tenha uma opinião sobre os tipos de produtos que fabricam. Assim como o laboratório FirstBuild da GEA, eles realizam hackathons, convidando pessoas de fora para colaborar com produtos futuros sem restrições ou acordos de confidencialidade;

- Esses líderes arriscam revelar suas intenções a potenciais concorrentes, trocando o sigilo pela chance de participar de experiências criativas. Essa troca faz sentido para escalar rapidamente no novo, mesmo que a inovação aberta acarrete apenas o insight necessário para adentrar rapidamente em novos mercados, os quais não podem ser descobertos por grupos focais ou outras técnicas de marketing que visam a melhoria incremental. Esses líderes minimizam o risco, tornando-se especialistas em saber quando e como lançar novas ofertas e iniciar novos empreendimentos.

É claro que, na maioria das empresas de nosso estudo, a execução de um pivot bem-sucedido exige uma combinação de líderes e estilos de liderança — a fim de alcançar a configuração adequada dessa importante alavanca. Essa estratégia também funciona, o que podemos constatar se retomarmos o exemplo do Walmart.

Quando Doug McMillon se tornou CEO da empresa em 2014, o tipo de expertise absoluta que Michael Dell personificava era inexistente na empresa. Porém, McMillon, que começou sua carreira no Walmart descarregando caminhões quando adolescente, teve a precaução de compreender que precisava do estímulo da mentalidade empreendedora. Para enfrentar a ameaça existencial de varejistas online, incluindo a Amazon, ele precisava adquirir maior capacidade de criar negócios. Então, com grande apoio da família Walton, o CEO da empresa decidiu empurrar abruptamente a alavanca de liderança em direção ao novo.

Como observamos no Capítulo 6, em 2016, para impulsionar o pivot do Walmart, McMillon adquiriu a inovadora de varejo online Jet.com, liderada por Marc Lore, seu fundador. Em vez de deixar que Lore continuasse desenvolvendo a Jet.com como hedge do Walmart para um novo escalável, McMillon o nomeou diretor de e-commerce. Apesar do tamanho relativamente pequeno de sua unidade de negócios, isso significava que Lore era um dos quatro CEOs/presidentes da equipe de liderança executiva, ocupando o mesmo patamar que os CEOs do Walmart EUA, do Sam's Club e do Walmart International. (Com a aquisição da Jet, Lore também se tornou o quarto maior acionista individual do Walmart, possuindo mais ações do que o restante da equipe executiva combinada.)

Juntos, McMillon e Lore concluíram um fluxo contínuo de aquisições de varejo digital, incluindo a Flipkart, maior varejista online da Índia, a um valor de US$16 bilhões; bem como o site de roupas e equipamentos para atividades ao ar livre Moosejaw; a varejista de moda vintage ModCloth; a Shoes.com; e o site de moda masculina Bonobos. Muitas das aquisições digitais do Walmart agora são gerenciadas por Andy Dunn, cofundador e CEO da Bonobos, que se reporta a Lore e detém o título de vice-presidente sênior de "marcas verticais digitalmente nativas" [DNVB, na sigla em inglês].

A estratégia de aquisição adotada por McMillon é tanto um pivot de pessoas quanto um pivot de inovação. De fato, o Walmart precisava da escala e da trajetória que as startups já haviam alcançado, mas as habilidades de empreendedorismo que os líderes dessas empresas haviam dominado eram igualmente importantes. A Jet recebeu permissão para continuar se desenvolvendo em seu próprio caminho, principalmente porque o Walmart precisava abrir espaço para seu maior pivot em direção ao novo. No entanto, o líder da Jet foi incumbido de auxiliar o Walmart a se tornar uma empresa digital first.

Além de promover Lore, McMillon aprovou sua proposta de designar vários executivos da Jet e outros ex-colegas para cargos de liderança nos negócios de e-commerce do Walmart. McMillon não apenas deu permissão, mas também ficou eufórico com a ideia. Não houve promessas em vão. McMillon estava determinado a realinhar a liderança existente do Walmart para se adequar melhor à evolução do varejo, não apenas em suas lojas, mas também em seus sites. Esforços digitais independentes foram combinados, incluindo a equipe de TI da empresa no Arkansas e seu grupo de e-commerce no Vale do Silício.

O PIVOT DE PESSOAS

O Walmart também pivotou seu modelo de remuneração. Para competir com concorrentes exclusivamente digitais, a empresa deixou de vincular o salário dos executivos diretamente ao montante da receita supervisionada, aplicando outras medidas de criação de valor que melhor se ajustam às contribuições dos executivos que administram marcas verticais digitalmente nativas.

Atualmente, o Walmart paga aos líderes de algumas de suas empresas de e-commerce adquiridas, e a outros talentos de startup contratados, um valor significativamente maior do que pode ganhar um executivo tradicional que administra uma de suas lojas de varejo com receitas semelhantes. Na verdade, alguns dos líderes mais bem remunerados dos negócios de e-commerce do Walmart administram sites que geram quase nenhuma receita, uma grande mudança cultural para a empresa.

Isso era o mínimo exigido para o pivot do Walmart em direção ao novo. E mais realinhamento estava por vir. Em um memorando de 2017 para os funcionários, McMillon solicitou "mais velocidade e menos burocracia" a fim de acelerar a missão principal de economizar o tempo e o dinheiro dos compradores. Para que a empresa permanecesse "enxuta e rápida", ele escreveu, algumas posições seriam eliminadas para que novas fossem criadas.

O pivot de pessoas do Walmart já está pagando dividendos. Graças às mudanças realizadas por Lore, incluindo a retirada de compras online, o estoque expandido no site da empresa e o frete gratuito com envio em dois dias para pedidos maiores, as vendas de e-commerce aumentaram substancialmente. Em 2017, um ano após a aquisição da Jet, o crescimento das vendas online disparou de 7% do ano anterior para 40%, totalizando mais de US$11 bilhões naquele ano.

Em meados de 2018, o Walmart registrou seu melhor crescimento geral de vendas trimestrais em mais de uma década. A empresa divulgou números particularmente favoráveis nas áreas de e-commerce e mercearia, desafiando a Amazon, que é líder na primeira e evidentemente se concentra na última, dada sua própria aquisição da rede de supermercados orgânicos Whole Foods Market. O Walmart disponibiliza a retirada de pedidos online em 2.200 locais e, até o fim de 2018, sua pretensão era atingir 40% das residências norte-americanas com a entrega em domicílio.

No fim de 2017, a Amazon ainda era responsável por cerca de metade de todas as vendas online, em comparação com o Walmart, que contabilizava menos de 5%. Porém, sua porcentagem aumentou significativamente nos últimos três anos. No fim de 2018, a empresa estava prestes a alcançar um crescimento anual de 40% no e-commerce e, assim, com a terceira maior participação no mercado online, superar a Apple. Ajustar a alavanca, passando da execução do negócio para a criação de negócio, foi a melhor escolha estratégica feita por Doug McMillon, CEO do Walmart.

Assim como a Deutsche Telekom e o Walmart, sua empresa exige operadores e empreendedores independentes — executores do negócio no antigo e no atual, e criadores de negócio no novo? Ou a equipe de liderança de hoje pode atravessar todos os três estágios do ciclo de vida de uma só vez sem perder o equilíbrio? A resposta, como sempre, dependerá do estado de disrupção no setor e do tamanho da lacuna de valor retido. Também dependerá, assim como na Dell, de quão arraigada está a ideia de pivot contínuo em sua cultura corporativa. Sobretudo, sua configuração ideal de liderança mudará de acordo com a natureza do trabalho que precisa ser realizado para satisfazer os clientes e com o nível de disrupção que as novas tecnologias exercem para alterá-la — o assunto da segunda alavanca do pivot de pessoas.

A ALAVANCA DE TRABALHO: AJUSTANDO O EQUILÍBRIO ENTRE HUMANOS E MÁQUINAS

Vivemos em uma época na qual o mundo dos filmes e séries de ficção científica como *Robocop* e *A Super Máquina* está se tornando realidade. Máquinas inteligentes e veículos autônomos já existem, mesmo que seus custos ainda não tenham diminuído o suficiente para a adoção em massa. Tanto nos roteiros de Hollywood quanto no jornalismo sério, a pergunta que não quer calar é: Haverá uma revolta de robôs?

A resposta é não. A pesquisa da Accenture revela que as máquinas não estão substituindo seres humanos nem eliminando sua necessidade no local de trabalho. Na verdade, máquinas e humanos estão se unindo em novas funções e novos tipos de parcerias colaborativas. Chamamos essas novas formas de trabalho de "meio-campo ausente", principalmente porque elas são inexistentes nas pesquisas e nos relatórios econômicos atuais. (Os relatórios de trabalho tendem a utilizar métricas baseadas em modelos industriais, em vez de medidas adequadas à era da informação.)

Durante anos, a análise tradicional de automação tem considerado humanos e máquinas como rivais, confrontando os trabalhos, por um lado, com a produtividade e, por outro, com a segurança (em alguns casos). Porém, essa perspectiva binária é uma simplificação extrema e grosseira, que negligencia as poderosas colaborações que ocorrem no meio-campo ausente.

O PIVOT DE PESSOAS

Entretanto, ter sucesso no meio-campo ausente exige um investimento significativo tanto em aplicativos de IA quanto em requalificação de funcionários que trabalharão com eles. Como observado, poucas empresas afirmam estar preparadas para assumir a segunda parte dessa equação. A boa notícia é que ela é realizável. Para as primeiras adeptas, isso pode gerar grandes aumentos no desempenho, pois, quando humanos e máquinas trabalham juntos como aliados, e não como adversários, é possível se beneficiar de suas forças complementares.

Os seres humanos podem prosperar em situações nas quais há pouco ou nenhum dado, enquanto as máquinas se sobressaem naquelas em que há muita informação. As empresas exigem ambas as capacidades, que podem se unir no meio-campo ausente, melhorando a natureza do trabalho humano no processo. Por exemplo, se os prestadores de serviços de saúde utilizassem sistemas inteligentes para minimizar a burocracia e a entrada de dados, seus funcionários teriam mais tempo para assistência ao paciente.

Pivotar em direção ao meio-campo ausente significa que certas habilidades humanas, como empatia e comunicação, ganharão importância; enquanto outras, como a administração, serão menos relevantes. Os seres humanos podem desenvolver, instruir, e gerenciar aplicativos de IA, possibilitando que esses sistemas funcionem como parte de verdadeiras parcerias entre humanos e máquinas. Nesse ínterim, as máquinas podem ampliar as capacidades humanas, principalmente ao processar e analisar quantidades sempre maiores dos dados disponíveis de cada vez mais fontes.

Porém, de acordo com Paul Daugherty e H. James Wilson, poucas empresas estão desenvolvendo soluções direcionadas ao meio-campo ausente, especialmente no que se refere às tecnologias de IA em rápida evolução, que incluem robótica avançada, aprendizado de máquina e reconhecimento de fala. Qual o impacto de aproveitamento dessa oportunidade? Nossa pesquisa constatou que, se todas as empresas investissem em IA e colaboração entre humano e máquina na mesma proporção que as organizações com melhor desempenho, elas poderiam aumentar as receitas em 38% entre 2018 e 2022, elevando os lucros globais a um total de US$4,8 trilhões. Para uma empresa típica do S&P 500, isso equivale a US$7,5 bilhões em novas receitas e US$880 milhões em lucro adicional durante esse período. Também verificamos que o emprego não diminuiria. Na verdade, aumentaria em 10%.

Essas colaborações nem sempre serão fáceis de implementar. A realidade é que muitos trabalhos deverão ser reconfigurados à medida que a tecnologia provoca mudanças nas funções. Segundo Daugherty e Wilson, "para aproveitar todo o potencial de um local de trabalho de máquinas e humanos", as empresas precisarão se engajar em "uma completa reimaginação dos processos empresariais".

A startup de e-commerce Stitch Fix, fundada em 2011, em um apartamento em Cambridge, Massachusetts, é um bom exemplo de como a reimaginação da colaboração entre humanos e máquinas pode levar a uma rápida escala no novo — o meio-campo ausente em ação. A missão da empresa, de acordo com seu site, é "mudar a maneira como as pessoas encontram roupas que amam, combinando a tecnologia com o toque pessoal de experientes especialistas em estilo". Os estilistas da Stitch Fix selecionam itens com base nos dados fornecidos — incluindo respostas de pesquisas, medições, preferências de marca e fotos de peças que agradaram — e depois enviam produtos diretamente para o cliente.

Os estilistas são auxiliados por algoritmos de aprendizado de máquina que os ajudam a analisar os dados e reduzir potencialmente milhões de opções a um número viável. A Stitch Fix adota uma estratégia hiper-relevante, liberando valor retido ao utilizar a IA para identificar soluções ultrapersonalizadas que se adaptam às mudanças de preferência de estilo dos clientes, vendendo mais um novo visual do que roupas.

Primeiro, cada pedido, denominado "Fix", é processado por cinco a dez algoritmos de estilo. Depois, outro algoritmo associa o Fix a um estilista humano, com base na melhor combinação com a expertise do profissional. Então, um outro algoritmo encaminha os Fixes para um armazém específico, que envia os pacotes. Caso o cliente não goste de nenhum dos itens, basta que ele os devolva.

O crescimento tem sido impressionante. Em 2018, a Stitch Fix contava com mais de 4 mil funcionários, incluindo 100 cientistas de dados. A empresa mudou o visual de quase 3 milhões de clientes, chegando a US$1 bilhão em vendas anuais. O modelo de negócios da Stitch Fix é tão valioso quanto a qualidade de suas sugestões de roupas. Assim, seres humanos e máquinas devem trabalhar juntos para que ambos deem certo. O software gerencia os dados mais estruturados, como medições e respostas de pesquisas; enquanto os estilistas humanos concentram-se nos dados não estruturados, como marcações em imagens nas mídias sociais e comentários de clientes pré-selecionados por máquinas que usam processamento de linguagem natural.

O desempenho dessa força de trabalho híbrida é medido de várias maneiras, incluindo a rapidez com que uma coleção é montada, o valor que um cliente gasta, quantos itens em uma remessa o cliente mantém e qual sua satisfação. Tanto humanos como máquinas aprendem e atualizam constantemente suas habilidades de decisão. Por exemplo, a escolha do cliente de manter ou não uma peça de roupa instrui o algoritmo a sugerir itens mais relevantes no futuro. Ao mesmo tempo, o estilista aprimora e ajusta os Fixes recomendados com base nos comentários do cliente e nos insights obtidos das interações anteriores.

Em 2018, Eric Colson, diretor de algoritmos, afirmou à *Forbes*: "Consideramos que nossos algoritmos são compostos tanto por julgamento humano especializado quanto por máquinas. Quando os clientes solicitam um Fix, a seleção é limitada e classificada por meio de um conjunto de algoritmos, mas as seleções finais são sempre feitas por um ser humano."

A Stitch Fix se distingue por ser uma empresa que entende a importância de melhorar a qualidade do trabalho realizado pelos profissionais. Em outras palavras, no meio-campo ausente, o software trabalha para os humanos, e não o contrário. Portanto, mesmo com monitoramento e avaliação regulares de seu desempenho, não é de se surpreender que a maioria dos estilistas da Stitch Fix esteja satisfeita com suas funções, principalmente porque eles passam mais tempo se dedicando aos aspectos criativos e menos à rotina.

Em um contexto muito diferente, a Mercedes-Benz, líder em automóveis premium, também adota uma estratégia hiper-relevante ao aplicar a IA no meio-campo ausente, diferenciando seus veículos com personalização e individualização. Sejam suportes para copos, sejam tampas para válvulas de pneus, cada modelo é adaptado às especificações pessoais de um cliente. Essa estratégia acarreta a necessidade de os trabalhadores humanos desempenharem um papel muito maior no chão de fábrica, pois, embora os robôs sejam bons em executar repetidamente tarefas definidas, eles não são muito bons (ainda) em se adequar às personalizações. A empresa precisa de adaptabilidade e flexibilidade, características nas quais os humanos continuam a superar os robôs.

Em 2016, Markus Schaefer, chefe de produção da montadora, afirmou a uma revista especializada: "Robôs não conseguem lidar com o grau de individualização e as muitas variantes que temos hoje. Estamos economizando dinheiro e resguardando nosso futuro ao empregar mais pessoas."

O setor automotivo é um dos maiores usuários de robôs industriais, mas, com a crescente concorrência no mercado de carros de luxo, a personalização é primordial. Assim, a Mercedes investe em um tipo diferente de automação, na qual os robôs trabalham lado a lado com os seres humanos. Nos últimos anos, como parte do ajuste de sua alavanca de trabalho, a empresa tem munido os trabalhadores com máquinas menores, mais leves e flexíveis a fim de aprimorar suas capacidades — iniciativa que chama de "criadouro de robôs".

Para o Mercedes E-Class, a empresa substituiu duas máquinas fixas por robôs menores e mais flexíveis, que ampliam o trabalho de engenheiros humanos responsáveis por executar tarefas de precisão, como alinhar o novo head-up display do carro, que projeta velocidade e direções no para-brisa. Nas palavras de Schaefer: "Ao possibilitar que as pessoas participem novamente dos processos industriais, nos afastamos da tentativa de maximizar a automação. Precisamos ser flexíveis. A variedade é extrema demais para as máquinas. Elas não conseguem trabalhar com todas as opções diferentes e acompanhar as mudanças."

Estilistas de moda, montadoras e outras empresas devem encontrar um equilíbrio cauteloso entre humanos e máquinas. Para alcançar uma "distância zero do consumidor" em mercados cada vez mais competitivos, as empresas devem fechar a lacuna de valor retido ao se tornarem hiper-relevantes, oferecendo aos clientes uma personalização cada vez mais detalhada. Porém, para manter parte do valor liberado, é preciso empregar tecnologias, como a IA, que melhoram a produtividade do trabalhador ao longo do processo.

Em outras palavras, ao considerar possíveis ajustes na alavanca de trabalho, ainda é importante avaliar o impacto das novas tecnologias nas funções organizacionais. É necessário fazê-lo em todos os três estágios do ciclo de vida, analisando-os pela perspectiva do meio-campo ausente, e não pelo jogo de soma zero entre homem e máquina.

A ALAVANCA DE CULTURA: CONTRAPOSIÇÃO ENTRE CULTURA ÚNICA E CULTURA DE CULTURAS

Para executar com êxito um pivot sábio, é preciso reconsiderar muitos aspectos da cultura corporativa. A importância e a dificuldade dessa iniciativa são proporcionais ao tempo de existência da sua empresa. Os ensinamentos de seus fundadores podem, com razão, ser muito estimados; seus produtos e serviços anteriormente bem-sucedidos podem ser considerados como referência para futura P&D; e seus valores e marca ferozmente protegidos como os ativos valiosos que de fato são.

Todavia, diante da disrupção big bang, ou compressiva, ou de ambas, até as empresas mais respeitáveis foram desafiadas a pivotar com sabedoria, adotando o modelo de portfólio nos três estágios do ciclo de vida. Às vezes, escalar para o novo exige o fortalecimento do alicerce cultural por meio dos novos elementos estruturais da tecnologia. Ou talvez a opção seja reconstruí-los do zero, como constatamos em um experimento único de identidade nacional que está em andamento na Estônia, país membro da União Europeia.

A Estônia reconquistou sua independência somente em 1991, após décadas de ocupação durante as quais sua história, seu idioma e seus documentos foram destruídos ou censurados. O país estava praticamente falido, com pouco em termos de infraestrutura ou desenvolvimento econômico.

A Accenture tem trabalhado em estreita colaboração com o governo estoniano para estabelecer uma identidade nacional única: uma das primeiras sociedades totalmente digitais do mundo. Por exemplo, mais de 90% dos 1,3 milhão de habitantes do país são usuários regulares da internet, com acesso à banda larga de alta velocidade.

O projeto e-Estonia vai muito além da inclusão, compreendendo uma reimaginação completa dos serviços governamentais, com o objetivo de torná-los facilmente acessíveis, eficientes e transparentes. Todos os dados que o país obtém sobre seus cidadãos estão sendo armazenados na nuvem. As informações são mantidas principalmente pelas escolas, hospitais e outras instituições que as coletam, mas também estão disponíveis a outros órgãos quando necessário.

O núcleo do e-Estonia é um sistema de identificação digital que a população do país utiliza para o acesso abrangente, incluindo prontuários médicos, votação e pagamento de impostos. Todo habitante tem uma identidade digital emitida pelo estado. As IDs também são usadas para atividades privadas, garantindo, por exemplo, a autenticidade de comentários publicados nos sites dos jornais estonianos. Evidentemente, proteger a ID digital é uma prioridade. Assim, a Estônia recorreu à tecnologia blockchain. Toda interação envolvendo a ID digital é catalogada em um registro virtual distribuído e criptografado.

Essa formulação garante não apenas segurança, mas também, e ainda mais importante, total transparência. Os estonianos podem conferir todas as interações nas quais suas informações foram acessadas e por quem. Em vez de usar a tecnologia para aumentar a capacidade governamental de policiar seus cidadãos, o sistema faz exatamente o contrário, concedendo aos habitantes a capacidade inédita de monitorar o governo.

Confiança e transparência são os principais recursos da nova identidade nacional que os estonianos vêm construindo juntos. Toomas Hendrik Ilves, que foi presidente da Estônia de 2006 a 2016, afirmou que o papel dos governos nacionais na era digital não é apenas autenticar a identidade de seus cidadãos, mas protegê-la. E essa não é apenas uma função governamental. Em um mundo em que a obtenção de dados e a manipulação de informações globais se tornam cada vez mais poderosas, a Estônia está determinada a criar um sistema confiável e seguro para todas as trocas de informações. No livro *How to Fix the Future* ["Como Corrigir o Futuro", em tradução livre], Ilves explicou ao autor Andrew Keen: "Alguém que sabe o meu tipo sanguíneo não é uma ameaça. Porém, se essa pessoa pudesse alterar os dados do meu tipo sanguíneo — isso poderia me matar."

As evidências sugerem que os esforços da Estônia para criar uma nova identidade estão funcionando. Pesquisas apontam que a maioria dos cidadãos afirma confiar no seu governo, praticamente o dobro da porcentagem do restante da UE. Os líderes da nação se esforçam para escalar rapidamente, aproveitando como uma vantagem competitiva o compromisso singular dos cidadãos com a confiança. A Estônia é o primeiro país do mundo a terceirizar serviços governamentais para pessoas sem cidadania, oferecendo "e-Residency" a qualquer interessado em fazer negócios no território e, por extensão, na UE. Um passaporte digital é emitido para os e-residentes, tornando-os elegíveis para alguns dos mesmos serviços disponíveis aos residentes. Por exemplo, eles podem solicitar transações eletrônicas seguras, acessar serviços de pagamento internacionais e assinar e transmitir documentos digitalmente, todos autenticados por um governo nacional.

A Estônia estabeleceu uma meta ambiciosa de inscrever 10 milhões de residentes até 2025 — 8 vezes a população atual da nação. A pretensão é se tornar um tipo de Suíça moderna: um país neutro, nesse caso, singularmente apto a oferecer ao mundo identidade digital segura e verificação de dados.

O exemplo da Estônia é notável por várias razões, mas particularmente por seu foco no uso da tecnologia de identidade nacional como uma espécie de marca digital homogênea. Com mais frequência, a alavanca de cultura se move na direção oposta, com os líderes empresariais reequilibrando uma forte cultura corporativa compartilhada no antigo com uma abordagem mais flexível e aberta no novo — o que chamamos de "cultura de culturas". Já apresentamos exemplos de empresas líderes, algumas com mais de um século, que adotaram uma abordagem mais fluida da cultura corporativa.

Relembremos que a Philips rompeu com uma tradição de mais de cem anos como fabricante líder de lâmpadas incandescentes, na qual os lucros eram determinados pela estrita adesão à eficiência operacional e à melhoria incremental. Diante da nova tecnologia que indicava inequivocamente a eventual, talvez iminente, substituição da tecnologia incandescente, a única escolha dos líderes da empresa era pivotar. Não somente em direção a novos produtos, mas a uma cultura de empreendedorismo e inovação disruptiva, não apenas na iluminação, mas também no setor de saúde, dominado pela tecnologia e com mudanças mais rápidas.

Similarmente, no início, as empresas automobilísticas hesitaram em investir na tecnologia de veículos autônomos. Mas agora elas reconhecem a oportunidade e o risco de ceder a inovação autônoma às startups, sendo necessária a reconfiguração de suas culturas historicamente conservadoras para se tornarem mais experimentais.

Neste capítulo, vimos como o Walmart, ainda a maior organização do mundo em termos de receita, se adaptou aos desafios reais das empresas de e-commerce, primeiro adquirindo e depois integrando seus próprios talentos de startup, muitos deles provenientes dos hubs de tecnologia mais descontraídos do mundo, incluindo o notoriamente informal Vale do Silício.

A reinvenção da Accenture também nos forçou a reavaliar o valor e a viabilidade de nosso antigo compromisso de fazer negócios e desenvolver nossa equipe por meio de um conjunto de processos claro, mas uniforme: aplicar nossa cultura de empresa única em todo o mundo. Como uma empresa de serviços profissionais, foi necessário aceitar a necessidade de se adaptar, principalmente em novos negócios, às culturas de diferentes regiões, países e, em particular, aos estilos de trabalho e aos diversos valores sociais dos funcionários mais jovens, e não o contrário.

Dado o ritmo acelerado de mudança nas preferências dos consumidores e sua capacidade crescente, em um mundo conectado, de organizá-las e comunicá-las às partes interessadas na cadeia de suprimentos, uma reconsideração semelhante está em curso nos setores de produtos de consumo. Isso implicou desafios significativos para, entre outras, a Procter & Gamble, a gigante dos produtos de consumo com quase 200 anos. Em 2015, o novo CEO, David Taylor, prometeu mudar a cultura corporativa interna, o que ele caracterizou como "grande intervenção" em uma entrevista ao *Financial Times*.

Taylor sabia que a P&G *tinha* que mudar. O crescimento diminuía, e a empresa estava despreparada, pois os consumidores começaram a fazer compras online ou com o dispositivo móvel em mãos na loja. Os clientes munidos de poderosas ferramentas de acesso à informação exigiam mais fatos, não apenas sobre os produtos, mas também sobre como eram produzidos e por quem. Eles também exigiam uma variedade mais ampla de opções personalizadas e ingredientes diferenciados.

Um dos grandes ajustes realizados por Taylor na alavanca de cultura foi conceder aos gerentes de produtos da P&G mais autonomia (e responsabilidade) para tomar decisões sobre investimentos em produtos, contratos com fornecedores e muito mais, eliminando uma cadeia hierárquica de aprovação que os antigos funcionários apelidaram de "o matagal". Os líderes globais de produtos passaram a controlar as equipes de vendas, que anteriormente se reportavam aos gerentes regionais. Outro ajuste consistiu em não apenas contratar mais pessoas de fora, mas também expandir a confiança em freelancers, o que não era um pivot insignificante. A P&G tem uma longa história de promoção de funcionários quase inteiramente internos. O próprio Taylor fez sua carreira como colaborador da P&G, tendo ingressado na empresa como gerente de produção após a faculdade.

Com um novo direcionamento para mudar a situação, Rich Postler, então diretor de recursos humanos, começou a experimentar mercados de talentos externos. Ele usou ferramentas digitais para ajudar a empresa a aproveitar, com base no sistema *just in time*, uma força de trabalho global de profissionais com habilidades específicas que poderiam ser necessárias, à medida que a demanda por conhecimentos específicos surgia e desaparecia. O esforço se concentrava explicitamente em acelerar a inovação na empresa conhecida por sua estrutura organizacional complexa e abordagem de desenvolvimento vinculada ao processo. Como Taylor explicou em uma entrevista de 2016: "Em muitas organizações, incluindo a nossa, existem processos aos quais as pessoas se apegaram. Quando um processo está profundamente arraigado, a empresa — e, por extensão, seus funcionários — pode não perceber o fato de que não está mais alcançando o resultado desejado."

A P&G acredita que a mudança para mais trabalhadores freelancers ajudará a eliminar processos que se tornaram dispensáveis. A pretensão é que colaboradores externos, que não são limitados pela forte cultura empresarial, trabalhem mais rápido e questionem a ineficiência, ao mesmo tempo que Taylor estimula talentos internos a fazerem o mesmo. Em 2018, durante uma conferência de liderança, ele afirmou: "Como líder, é preciso criar um ambiente que conceda às pessoas a coragem de abstrair e fazer com que o futuro seja diferente do passado."

No início de 2017, a empresa concluiu um programa piloto que testou o impacto de minimizar a hierarquia e a burocracia em um mercado aberto de talentos. A P&G experimentou várias plataformas de gestão de trabalho freelance baseadas em software, incluindo o Upwork Enterprise, o serviço da Upwork para empresas. O Upwork possibilita que as organizações publiquem vagas de emprego, que são combinadas com freelancers qualificados — uma espécie de Airbnb de talentos.

Para projetos pertencentes ao programa piloto, os gerentes da P&G usaram o mercado On-Demand Talent, uma versão personalizada do Upwork que possibilita que gerentes de projeto contratem freelancers. A plataforma simplificou e reduziu o custo da contratação de uma ampla gama de habilidades, incluindo pesquisa de clientes, desenvolvimento web e criativo, engenharia de software, design gráfico, análise de dados, ciências essenciais e até compliance. A empresa constatou que, em 60% das vezes, o programa piloto entregou os produtos mais rapidamente e a um custo menor do que os métodos convencionais. A qualidade do trabalho melhorou em 33%, enquanto o tempo despendido para encontrar a equipe necessária foi reduzido de 90 dias para apenas 4.

Ao mudar sua força de trabalho para uma que não conhecia os métodos da empresa, a P&G enfrentou o desafio de ensinar os gerentes de carreira a pensar em termos de projetos, e não de descrições de função. Antes, era comum que os líderes de projeto solicitassem a ajuda de um colaborador interno; agora, eles devem planejar com antecedência todo o trabalho que precisa ser feito, além da programação e a identificação das principais etapas. Os gerentes também precisam aprender novas habilidades para supervisionar trabalhadores remotos.

Analogamente, a empresa mudou sua cultura de P&D, passando de uma baseada inteiramente em invenção interna e proprietária para uma de inovação mais aberta. A P&G agora combina solucionadores de problemas externos com usuários internos que procuram alternativas criativas para problemas de design específicos.

A Connect and Develop, plataforma de inovação aberta da P&G, contribuiu para vários lançamentos recentes de produtos. Em 2017, por exemplo, para reagir rapidamente a um aumento repentino na demanda por protetores labiais, a empresa utilizou a plataforma para facilitar uma colaboração com o OraLabs, sua concorrente em outras categorias. Em vez de desenvolver o produto do zero, a P&G licenciou a tecnologia já desenvolvida pela OraLabs, trocando sigilo por agilidade. Ao que tudo indica, os esforços da P&G para adotar uma cultura mais simples e ágil estão compensando. Em 2018, a empresa voltou a ter um crescimento mais sólido.

>

Ao concluir este capítulo, o último de nossa jornada pelo pivot sábio, precisamos enfatizar um importante contraponto aos últimos exemplos.

Grande parte de nossa discussão sobre a alavanca de cultura se concentrou na necessidade de ajustá-la com um controle mais flexível da uniformidade, em direção a uma cultura de culturas. Agir assim geralmente é essencial para alcançar uma escala rápida no novo. Como observamos, fechar uma lacuna de valor retido em rápido crescimento requer criatividade, experimentação, empreendedorismo e outras habilidades que não costumam se mesclar bem com o tipo de cultura corporativa centrada em processos, a qual é essencial para o êxito no antigo e no atual, com ênfase na melhoria incremental e em operações previsíveis e eficientes.

Ainda assim, executar um pivot sábio requer foco e equilíbrio entre os três estágios do ciclo de vida. Não se pode simplesmente abandonar os produtos e serviços antigos que geram a maioria de sua receita (se não toda) nem a cultura que os mantém rentáveis. Como demonstrado por empresas de setores tão diferentes quanto os da Deutsche Telekom, da Mercedes-Benz e do Walmart, o pivot para o futuro exige que você mescle os melhores elementos do seu núcleo existente com as ferramentas e técnicas das disruptivas mais bem-sucedidas da atualidade, com as novas tecnologias que as impulsionam.

Essa combinação inclui recursos de sua cultura corporativa, não importa quantos anos ela tenha ou quão diferentes são os clientes que ela foi concebida para atender.

O PIVOT DE PESSOAS

Embora muitas das liberadoras de valor do nosso estudo tenham ajustado essa última alavanca em direção a uma cultura de culturas, nenhuma das empresas que analisamos foi capaz de desistir completamente das orientações e dos princípios éticos enraizados em marcas corporativas poderosas e confiáveis.

E nem poderiam. Sua empresa e aqueles com os quais ela interage nos ecossistemas do novo não podem funcionar, muito menos escalar outros negócios, sem o mesmo respeito mútuo e os valores compartilhados que asseguram o sucesso no antigo e no atual. Sem esse alicerce, sua marca não tem significado, muito menos compromisso de cumprir diariamente promessas nas quais clientes, funcionários, fornecedores, investidores ou autoridades reguladoras possam confiar. Uma cultura de culturas ainda precisa ter regras básicas.

Outra palavra para esse tipo de compromisso é "missão". Não nos referimos às "declarações" de missão genéricas que foram populares há algumas décadas — banalidades sem sentido, como "aumentar o valor para o acionista" (ou seja, "aumentar o preço das ações"). Elas podem ter tido uma boa aparência em placas e pôsteres, mas, no fim das contas, não obrigaram ninguém a fazer nada, muito menos reunir as partes interessadas a fim de que se esforçassem pelo mesmo objetivo, seguindo regras compartilhadas de engajamento para alcançá-lo.

Uma missão verdadeira consiste em uma promessa que fazemos uns aos outros, dentro e fora das empresas em que trabalhamos, para continuar a identificar e liberar valor retido da melhor maneira possível. Mesmo quando isso significa compartilhar os benefícios com funcionários, clientes e a sociedade como um todo. Sem uma missão real e realizável na qual todas as partes interessadas acreditem e a qual busquem com seu maior potencial, uma empresa é apenas um conjunto de recursos independentes e desconexos.

Na Accenture, por exemplo, ainda levamos muito a sério o compromisso de nossos fundadores em fornecer produtos e serviços que excedam as expectativas, independentemente de o projeto consistir em criar uma experiência do cliente interativa, ajudar uma empresa multinacional a migrar operações de TI antigas para a nuvem, ou fornecer resposta a incidentes de cibersegurança quando uma organização está sob ataque. Da mesma forma, não importa com quem ou onde trabalhamos, não abdicamos da forma como tratamos nossos colaboradores, ou como esperamos que eles tratem uns aos outros e aqueles com quem trabalham. Esse princípio integra o que entendemos por "verdadeiramente humano".

A partir dessa perspectiva, o conceito de empresa única tornou-se mais incorporado durante a rápida expansão da Accenture em tamanho, ofertas de serviços e diversidade geográfica no nosso pivot em direção ao novo. Crescemos não apesar de, mas por causa dessa cultura.

Abordamos todas as nove alavancas estratégicas que você precisa considerar e reconsiderar como parte de seu próprio pivot. Em breve, apresentaremos alguns pensamentos e sugestões finais sobre como começar a montar o quebra-cabeça. Por ora, recuperemos o fôlego.

Encerramento
ENCONTRE SUA PEÇA DE ENCAIXE

ASSIM COMO PIERRE NANTERME observou no início deste livro: "É preciso coragem." Há um motivo para essa afirmação. Pivotar para o futuro só é possível se os líderes estiverem preparados para sair de seu porto seguro atual — uma atitude que requer coragem.

Coragem para aceitar que as principais ofertas de hoje podem estar próximas do fim de sua rentabilidade. Coragem para se engajar em novas tecnologias que ainda não estão prontas para uma adoção sem problemas. Coragem para aderir a algumas das melhores inovações em ferramentas empresariais e abordagens de gestão provenientes do Vale do Silício e de outros hubs de tecnologia globais. Coragem para escalar novas ofertas quando as condições de mercado se alinham.

Sabemos o quão difícil pode ser encontrar e fomentar essa coragem, pois passamos por isso. Talvez esse seja o motivo pelo qual nossa história adquire um viés tão elucidativo em nosso diálogo contínuo com os CEOs que enfrentam os mesmos problemas. A idade da empresa, seu setor e onde seus consumidores e colaboradores vivem são aspectos que parecem não fazer diferença.

Mesmo quando estávamos prestes a finalizar este livro, nos encontramos com quase uma dúzia de líderes empresariais em diferentes partes do mundo. Praticamente todos fizeram as mesmas perguntas. Como evitar sofrer disrupção na minha atividade principal? Qual é o novo da minha empresa? Como defini-lo? Como pivotá-lo com velocidade e escala?

Outras perguntas igualmente provocativas continuaram surgindo. Quem na minha equipe executiva deve ser responsável pela experiência do cliente? Como convencer os investidores atuais da necessidade de maiores investimentos em inovação? Como minha empresa de produtos pode desenvolver uma cultura e um mindset de serviços? Como reinvestir continuamente o valor retido liberado em pivots subsequentes, sem afastar os acionistas? Como atrair funcionários com habilidades altamente requisitadas em novas tecnologias, que preferem trabalhar em uma nova e interessante startup?

Esperamos que algumas dessas questões tenham sido respondidas. Nestas páginas, que abarcam os estudos de caso de nossa pesquisa, a experiência pessoal de nosso próprio pivot, e a dos executivos seniores com quem trabalhamos, tentamos fornecer o máximo de detalhes possível sobre os prós e os contras de aderir à disrupção. Sem dúvida, mais perguntas surgirão quando você iniciar o seu pivot para o futuro. Continuaremos a respondê-las, tanto em nossa pesquisa quanto em nosso trabalho com clientes, com base no aprendizado de nossa própria reinvenção contínua. Esperamos que você participe do diálogo constante sobre o pivot sábio, compartilhando sua própria experiência e suas ideias. Junte-se a nós em www.pivottothefuture.com [conteúdo em inglês] para continuarmos essa conversa.

Encerraremos este livro com alguns conselhos finais, que se baseiam mais na intuição do que nos resultados específicos da pesquisa. Ainda assim, eles são os tipos de insights que gostaríamos de ter tido há sete anos, quando iniciamos nosso pivot:

SEJA PACIENTE — Há um antigo ditado entre as startups: "Estar adiantado é o mesmo que estar errado." As empresas que executam o pivot sábio se beneficiam com o avanço do tempo, mas nunca apressam o futuro. É como a frase de um comercial antigo da vinícola Paul Masson: "Não venderemos vinho antes do tempo."

Olhe para o futuro sem se deixar enganar por ele. O que parece ser uma lacuna de valor retido pronta para ser fechada pode ser apenas uma miragem, refletindo um oásis que, embora real, está muito mais distante do que parece. Por exemplo, a Toyota cronometrou o mercado de tecnologia híbrida, mas é importante salientar que o primeiro carro híbrido foi projetado em 1898 por Ferdinand Porsche (sim, esse Porsche) quando ele tinha apenas 18 anos. A produção foi cancelada após 8 anos e apenas 300 veículos foram vendidos.

Uma situação parecida ocorreu com o Friendster, o primeiro grande site de rede social que, fundado em 2002, antecedeu o Facebook em 2 anos. Apesar do investimento intenso de uma das empresas de capital de risco mais poderosas do mundo, o mercado tomou um rumo diferente. O MySpace, outro concorrente do Facebook, era de propriedade de uma das empresas de mídia mais influentes do mundo e, a certa altura, foi tão onipresente que o jornal *The Guardian* questionou em uma manchete de 2007: "Será que algum dia o MySpace perderá seu monopólio?"

Ser paciente não é sinônimo de não fazer nada, mas de reconhecer que os experimentos são apenas uma maneira de testar o futuro sem se comprometer a ir diretamente até ele. Afinal, você ainda precisa dos meios para viver no atual, sem mencionar os recursos para financiar o novo.

A AB InBev, como observamos, produz os tipos de cerveja artesanal que os consumidores mais novos desejam, mas sem abandonar as marcas de produção em massa que muitos ainda preferem, ou os ativos necessários para fabricá-las. (Afinal, as cervejas artesanais mais populares ainda precisarão ser produzidas em certa quantidade). As empresas de energia também desenvolvem ativamente a capacidade e a habilidade em fontes de energia mais sustentáveis, algo que não poderão continuar se abandonarem prematuramente os combustíveis fósseis.

A paciência é necessária mesmo quando se tem um produto melhor e mais barato disponível. O Kindle da Amazon não foi o primeiro e-reader do mercado, mas não porque a empresa não poderia tê-lo lançado antes. A Amazon esperou pacientemente a combinação adequada de fatores, incluindo custo de fabricação, contraste da tela, duração da bateria e número de títulos disponíveis, para conquistar o mercado rapidamente.

SEJA GENEROSO — Assim como a água, após liberado, o valor retido encontra seu próprio caminho até o oceano. Ao longo do percurso, seus consumidores e parceiros do setor se beneficiarão de seus esforços, talvez até mais do que você. É possível que as comunidades em maior situação de risco sejam mais favorecidas do que o seu próprio rendimento líquido. Talvez você até ajude suas concorrentes, afinal, os pivots executados por elas podem beneficiá-lo. Não tem problema. Contente-se com sua parte do valor liberado e fique feliz pelo excedente.

Uma das principais características que nossa pesquisa revelou sobre as liberadoras de valor — empresas que melhoraram os rendimentos líquidos atuais e o potencial futuro — consiste nas estratégias que elas conceberam para compartilhar a riqueza. É provável que essa iniciativa seja imprescindível para atrair os participantes do ecossistema necessários ao desenvolvimento de inovações que podem ser escaladas rapidamente. Constatamos que algumas das empresas que mais distribuíram foram as mesmas que cresceram em tempo recorde, ficando entre as mais valiosas do mundo.

Uma maneira de praticar a generosidade é focar a criação de valor, em vez de simplesmente alterá-lo. Considere as experiências tecnológicas da Amazon e de outras varejistas líderes que proporcionam, por exemplo, o que é conhecido como hands-free checkout, recurso que dispensa caixas de pagamento, pois as lojas são equipadas com tecnologias de radiofrequência, sensores e câmeras que possibilitam que o consumidor simplesmente saia com suas compras e seja cobrado de forma automática. Para as lojas físicas, o hands-free checkout representa uma redução de custo considerável, facilitando que os trabalhadores humanos se concentrem em formas mais valiosas de atendimento ao cliente, como responder a perguntas e fazer recomendações.

Porém, o cliente também se beneficia de serviço mais rápido, menos falhas, recompensas de fidelidade integradas e outras comodidades. De fato, uma situação mutuamente vantajosa.

SEJA REALISTA — Nem todo pivot será bem-sucedido. Alguns investimentos não gerarão retornos. Não tem problema.

Se tiver o cuidado de não apostar todas as suas fichas de uma vez, você conseguirá desenvolver uma estratégia viável que se adapte a novas tecnologias, concorrentes e demandas de clientes inesperadas. Assim, será possível tropeçar, redirecionar e pivotar novamente. A regra geral é que às vezes se ganha, outras se perde, mesmo para as empresas mais bem-sucedidas do mundo. Ninguém pode ser extraordinário o tempo todo.

No entanto, é possível melhorar suas chances. Gerenciar a inovação, os investimentos e outros ativos como um portfólio — equilibrado e focado nos três estágios do ciclo de vida — oferece a melhor garantia possível de que os investimentos fracassados não causarão uma crise existencial. Dessa forma, outras possibilidades de aposta surgirão, e o núcleo existente, fortalecido e expandido, possibilitará o avanço.

Ao ajustar algumas ou todas as nove alavancas do pivot sábio, você pode adequar o portfólio em tempo real, avaliando e aperfeiçoando sua estratégia de modo contínuo, e não apenas uma vez a cada poucos anos ou até mesmo com menos frequência, como geralmente constatamos ao analisar estratégias empresariais.

Finalizamos este livro com a história de uma empresa que enfrentou uma lacuna de valor retido, originada de forma repentina e aparentemente devastadora. Em vez de se desencorajar e recuar, a empresa voltou às suas raízes. Ela se reconectou com seus principais ativos e ofertas, e com sua poderosa cultura de inovação e atendimento ao cliente, emergindo ainda mais forte do que antes.

Há cerca de 15 anos, a fabricante de brinquedos LEGO Group, com quase um século de idade, estava à beira da falência, se esforçando para gerenciar custos e criar novos produtos que os consumidores desejavam. A tecnologia possibilitara uma nova geração de brinquedos eletrônicos e digitais acessíveis. Aparentemente, não havia nada mais entediante do que uma peça de encaixe feita de plástico.

Entretanto, em vez de se restringir a mercados cada vez menores de crianças sempre mais jovens, a LEGO pivotou para o futuro. Suas inovações inéditas incluíram o LEGO Digital Designer, um programa de computador gratuito no qual os montadores de LEGO podiam planejar suas criações antes de usar as peças físicas; o LEGO Boost, um kit de criação de robôs que combinava código computacional com construção física; e o LEGO Life, uma rede online na qual as crianças podiam compartilhar seus modelos de projeto com colegas em um ambiente seguro e atrativo.

As crianças adoraram a nova LEGO, retomando seu apreço pelo produto original. Após anos de crescimento de dois dígitos, a LEGO Group continua a pivotar. Em 2018, em uma entrevista ao *Wall Street Journal*, Niels B. Christiansen, diretor-executivo da empresa, resumiu os desafios e as oportunidades de administrar um negócio próximo à margem da lacuna de valor retido: "A peça de encaixe é o cerne de nossa atividade. Cada vez mais, utilizamos o digital para aperfeiçoá-la."

Esta é a essência do pivot sábio: encontre sua peça de encaixe e continue a aprimorá-la.

ÍNDICE

Símbolos
3M, 180

A
AB InBev, 253
abordagem
  bottom-up, 176
  enxuta, 53
  holística, 223
  top-down, 176
Accenture, 169, 176, 223
  Accenture Connected Learning (ACL), 123
  Accenture Interactive, 19, 116, 126
  Accenture Labs, 176
  Accenture Research, 3, 169, 176, 231
  Accenture Security, 116
  Accenture Studios, 176
  Accenture Ventures, 121, 176
  dilema de ambição, 189
  Industry X.0, 106
aceleradoras, 7
Airbnb, 74, 86, 203
Alan Kay, 173
alavancas do pivot sábio
  pivot de finanças
    alavanca de ativos fixos, 202–208
    alavanca de capital de giro, 207–213
    alavanca de capital humano, 213–222
  pivot de inovação
    alavanca de ambição, 186–194
    alavanca de concentração, 171–180
    alavanca de controle, 179–186
  pivot de pessoas
    alavanca de cultura, 242–250
    alavanca de liderança, 232–238
    alavanca de trabalho, 238–243
Alibaba, 86
AllLife, 81
Amazon, 7, 14, 25, 54, 181, 200, 237
  Alexa, 59
  Amazon Echo, 15, 59
  Amazon Prime, 14
  Amazon Video, 132
  Amazon Web Services (AWS), 6, 8, 191
  Kindle, 7, 253
ambição, alavanca de inovação, 171, 186–194
ameaça
  competitiva constante, 10
  existencial, 127
American Giant, 208
análise
  avançada, 81
  preditiva, 16

Apple, 25, 46, 58, 82, 203, 238
    Apple Stores, 203
    iTunes, 46
aprendizado
    contínuo, 223
    de máquina, 16, 81, 172, 210, 240
arquitetura
    de inovação, 116
    de negócios, 115
ativo inteligente, estratégia, 82–85
ativos fixos, alavanca de finanças, 202–208
AT&T, 215, 224

B

big bang, disrupção, 25, 164
blockchain, 84
Bosch, 94, 181
    Bosch Software Innovations, 94

C

capital de giro, alavanca de finanças, 207–213
capital humano, 42, 89
    alavanca de finanças, 213–222
características de de executor e criador de negócios, 234
Caterpillar, 93
    Cat Connect, 93
Chevron, 81
ciclo de vida do negócio, 2
cidadania corporativa, 86
cliente, experiência do, 76
cloud first, estratégia, 190
Comcast, 130, 216
    Xfinity, 133
comoditização, 104
competição digital, 77
comunidade maker, 184

concentração, alavanca de inovação, 170–179
consumidor
    excedente do, 34
    valor retido no, 34–36
controle, alavanca de inovação, 170, 179–186
conveniência, 16
cultura
    alavanca de pessoas, 242–250
    corporativa, xvii, 42, 98, 109, 223
    de culturas, 125, 245
    de inovação, xvi
    de reinvenção perpétua, xvi
    digital, 182
curva de sino, 63
curva S, 110, 117
    estágios da, 111
custos
    de coordenação, 33
    de informação, 51
    de transação, 32
CVS Health, 78
    CVS Pharmacy, 78

D

Daimler AG, 192
Data lakes, 74
Dell, 233
demanda latente, 13, 29
destruição criativa, 65
Deutsche Telekom, 224–238
Digital Asset, 84
Digital first, 19, 68
    estratégias, 68
Digital Service Factory, 178
dilema da inovação, 49
Disney, 126
    MagicBands, 126

ÍNDICE

disrupção, xv, xvi, 16, 53, 107, 223
   big bang, 25–29, 41, 50, 60, 103, 149, 164, 181, 227
   compressiva, 25–29, 41, 50, 103, 141, 181, 227
   constante, 194
   contínua, 10, 108, 231
   digital, 108
   futura, 30, 165
   negócios disruptivos, 4
   nível de, 163
   ondas de, 4
   startups disruptivas, 4
   tecnológica, 2, 133
dívida tecnológica, 73–75
DNA empresarial, 120
Doug McMillon, 235

E

e-commerce, 14, 16, 182–183, 187, 197, 236
economia gig, 88, 91
educação continuada, 201
empresa, valor retido na, 32
era da fidelização, 77
era digital, 4, 87, 114, 226
Estônia, 244
   e-Residency, 244
   projeto e-Estonia, 243
Etsy, 86
Everett Rogers, 25
excedente do consumidor, 34
externalidades positivas, 37

F

fast followers, 93, 108
fatores de disrupção, 3
finanças
   alavancas, 202–222
FirstBuild, 184–186
flexibilidade, 56, 67
fontes de receita sustentáveis, xvi
formação contínua, 90

G

generoso, a importância de ser, 253–254
GitHub, 6
Google, 25, 58, 181
   AdSense, 157
   Gmail, 157
   Google AdWords, 148
   Google Home, 15
   Google Search, 148
Groupon, 54

H

Haier Group Corporation, 66, 77
   Haier Open Partnership Ecosystem (HOPE), 97
   iSee mini, 96
   Zhang Ruimin, 65, 97
hiper-relevância, estratégia, 76–78
humanos e máquinas, equilíbrio, 238–244

I

Illumina, 40
   HiSeq X, 40
impressão 3D, 52
impulso por tecnologia, estratégia, 72–76
inclusão, estratégia, 85–88
incubadoras, 7
índice de novidade, 181
inovação
   alavancas, 170–194
   arquitetura de, 116
   colocando em prática, 96–100

dilema da, 49
disruptiva, 88, 108, 245
estratégica, 73
incremental, 170
pivot de, 168–172, 236
inteligência artificial, 6, 24, 53, 89, 193, 228
aplicações, 24
interconexão, estratégia, 92–96
Internet das Coisas (IoT), 31, 52, 59, 79, 106, 198

J
Jetblack, serviço de assinatura, 182

K
kaizen, filosofia, 199–200

L
lacuna de valor retido, 21, 107, 115, 139, 183, 235
LEGO Group, 255
   LEGO Boost, 255
   LEGO Digital Designer, 255
   LEGO Life, 255
lei de Haitz, 158
lei de Moore, 20, 158
liberadoras de valor, 68, 85, 93, 98–99, 103, 127, 134, 137, 141, 145, 150, 155, 164, 171, 179, 181, 183, 192, 210, 249, 253
liderança, alavanca de pessoas, 232–238
LinkedIn, 59
Liquid Studios, 177
Lucasfilm, 76
   digital backlot, 76
Lyft, 146

M
marketing digital, 20
Markus Schaefer, 241
mentalidade de gestão, 13
Mercedes-Benz, 241, 248
   Mercedes E-Class, 242
metodologia enxuta, 53
Michael Dell, 233
Michelle Obama, 165
Microsoft, 6, 25, 59, 73, 88, 210
   Microsoft Azure, 6
   Microsoft Translator, 88
   Satya Nadella, 6
   Surface Pro, 210
   Surface RT, 210
   Windows, 6
mindset empreendedor, 89
mudanças contínuas, 20, 68

N
negócios disruptivos, 4
Netflix, 8–9, 25, 54, 74, 130, 189
New York Times Company, 174–176
   Story[X], 175
Niantic, 51
   Pokémon Go, 51
Nike, 211
   Nike Plus, 212
   pivot da, 213
Nintendo, 189, 208
   evolução da disrupção Big Bang na, 190
   Switch, 189, 208
   Wii, 189
   Wii U, 209
nível de disrupção, 163
NVIDIA, 193
   ecossistema dinâmico de GPU, 194
   GeForce, 193

O

obsolescência digital, 52
ondas de disrupção, 4
Oracle, 191
orientação por dados, estratégia, 79–82
Overbuilding, 206

P

paciente, a importância de ser, 252–253
paradoxo de maturidade, 18
PepsiCo, 165–172
    Hive, 167
    Nutrition Greenhouse, 167, 172
    PepsiCo Ventures Group, 167
    pivot sábio da, 172
    reinvenção da, 169
personalização, 16
Philips, 7, 245
Pierre Nanterme, 176
pivot, 4
    contínuo, 238
    de finanças, 120–124, 195–222
        alavanca de ativos fixos, 202–208
        alavanca de capital de giro, 207–213
        alavanca de capital humano, 213–222
    de inovação, 115–119, 168–172, 236
        alavanca de ambição, 186–194
        alavanca de concentração, 171–179
        alavanca de controle, 179–186
    de pessoas, 123–126, 223–250
        alavanca de cultura, 242–250
        alavanca de liderança, 232–238
        alavanca de trabalho, 238–243
    de portfólio, 155–162
    estratégico, 3
    sábio, 3–6, 9, 26, 42–43, 68, 108, 135, 172, 223
        alavancas, 170

pretotipagem, 177
processo de comoditização, xvi
Procter & Gamble, 246
    Connect and Develop, 248
    On-Demand Talent, 247
projeto e-Estonia, 243

R

Randall Stephenson, 216
realista, a importância de ser, 254–255
recapacitar funcionários, 4
reciclagem profissional, 123
reequilibrar ativos, 4
reinvenção
    constante, 2
    global, 41
representação feminina, 227
requalificação contínua, 123
resiliência, falta de, 49
revolução
    da nuvem, 191
    digital, xv, 20, 158
    industrial, xv, 92
    tecnológica, 103
riqueza de talentos, estratégia, 88–91
Royal Philips, 7, 158
    Philips Lighting (Signify), 159

S

Salesforce, 191
saturação imediata, 54
Schneider Electric, 177–179
segurança de dados, violações de, 80
setor, valor retido no, 33–34
Siemens, 95
    MindSphere, 95
sistema
    just in time, 246

LIDAR, 24
Sleep Number, 94
   360 Smart Bed, 94
sociedade, valor retido na, 37–41
Spotify, 33, 46, 144
Sprint, 78
Starbucks, 181
startups
   disruptivas, 4
   internas e externas, 6
Stitch Fix, 240–241
   modelo de negócios, 240

T

tecnologia
   4G LTE, 205–206
   assistiva, 88
   emergente, 1
Tencent, 38, 181
   WeChat, 39, 189
tendência athleisure, 211
Tesla, 33, 51, 62, 188
   Model 3, 188
   Tesla Powerwall, 33
The Dock, 176
think tanks, 173
Tiffany, 17
T-Mobile, 224
   Binge On, 225
Toomas Hendrik Ilves, 244
Towergate, 75
Tower Records, 46, 52, 55
Toyota, 152, 234, 252
   Prius, 152
trabalho, alavanca de pessoas, 238–243

triângulo de equilíbrio, 10

U

Uber, 74, 86, 146, 192, 203
Uniqlo, 195–200
Upwork Enterprise, 247

V

valores
   centrais, 125
   sociais, 86
valor retido, 4, 13, 18, 40, 61, 91, 153, 168, 225
   como é retido, 18–27
   liberação de, 18
   na empresa, 32
   na sociedade, 37–41
   níveis do, 31
   no consumidor, 34–36
   no setor, 33–34
vantagem
   competitiva, 7, 42, 68, 81, 187, 244
   de maior estímulo, 151
visão computacional, 16

W

Walmart, 17, 181, 233, 237–238
   pivot do, 186
   Store Nº 8, 181, 188
   Walmart Labs, 182
WeChat, 39, 190

X

Xerox, 173
   Palo Alto Research Center (PARC), 173

Projetos corporativos e edições personalizadas
dentro da sua estratégia de negócio. Já pensou nisso?

Coordenação de Eventos
Viviane Paiva
viviane@altabooks.com.br

Assistente Comercial
Fillipe Amorim
vendas.corporativas@altabooks.com.br

A Alta Books tem criado experiências incríveis no meio corporativo. Com a crescente implementação da educação corporativa nas empresas, o livro entra como uma importante fonte de conhecimento. Com atendimento personalizado, conseguimos identificar as principais necessidades, e criar uma seleção de livros que podem ser utilizados de diversas maneiras, como por exemplo, para fortalecer relacionamento com suas equipes/ seus clientes. Você já utilizou o livro para alguma ação estratégica na sua empresa?

Entre em contato com nosso time para entender melhor as possibilidades de personalização e incentivo ao desenvolvimento pessoal e profissional.

PUBLIQUE SEU LIVRO

Publique seu livro com a Alta Books. Para mais informações envie um e-mail para: autoria@altabooks.com.br

 /altabooks   /alta-books   /altabooks   /altabooks

CONHEÇA OUTROS LIVROS DA **ALTA BOOKS**

Todas as imagens são meramente ilustrativas.

Este livro foi impresso nas oficinas gráficas da Editora Vozes Ltda.,
Rua Frei Luís, 100 – Petrópolis, RJ.